PHILOSOPHIE DU LANGAGE
II

TEXTES CLÉS

PHILOSOPHIE DU LANGAGE

Sens, usage et contexte

Textes réunis par
Bruno AMBROISE et Sandra LAUGIER

Présentés et traduits par
B. AMBROISE, D. CHAPUIS, S. LAUGIER, F. PATAUT,
F. RIVENC, Ph. DE ROUILHAN

PARIS
LIBRAIRIE PHILOSOPHIQUE J. VRIN
6, place de la Sorbonne, V^e
2011

L'éditeur s'est employé à identifier tous les détenteurs de droits. Il s'efforcera de rectifier, dès que possible, toute omission qu'il aurait involontairement commise.

© *Librairie Philosophique J. VRIN,* 2011
Imprimé en France
ISSN 1639-4216
ISBN 978-2-7116-2255-9

www.vrin.fr

SOMMAIRE DES VOLUMES I ET II

INTRODUCTION GÉNÉRALE

DE LA SÉMANTIQUE À LA PRAGMATIQUE

Le premier volume des *Textes clés de philosophie du langage* se consacrait aux différentes façons dont la philosophie du langage a pu penser au XXᵉ siècle le rapport du langage au monde sous la modalité spécifique de la connaissance[1]. Ce deuxième volume entend compléter le premier en voulant rendre compte des manières de considérer que le langage *fait* des choses – se rapporte au monde, mais de manière(s) différente(s). La première moitié du XXᵉ siècle fut marquée par une étude de la sémantique du langage, qui voulait se donner les moyens de comprendre comment le langage pouvait dire des choses, et notamment dire la vérité à leur propos. Il s'agissait donc d'examiner le langage dans sa relation cognitive au monde (sous l'angle de la vérité). La seconde moitié du vingtième siècle fut marquée, en revanche, par

---

1. On peut en effet considérer que la tradition « émotiviste » de l'analyse des énoncés moraux et esthétiques n'est que la contre-partie de la tradition de l'empirisme logique qui accordait toute son attention aux énoncés cognitifs – susceptibles de porter une connaissance – considérés comme les plus importants pour l'analyse. Il est d'ailleurs à noter que cette tradition émotiviste n'a pas vraiment eu d'héritage, tant l'attention s'est portée, dans le champ de la philosophie en général, et dans celui de la philosophie analytique en particulier, sur les énoncés de connaissance.

un renouvellement de la philosophie du langage, qui visait, entre autres, à se donner les moyens de comprendre comment le langage est une forme d'action; il s'agissait alors de l'étudier plutôt en tant que moyen de communication, qui met en relation des hommes et s'inscrit dans des contextes sociaux. Si donc le premier volume avait tendance à privilégier la dimension apophantique du langage, le présent volume s'attache plutôt à sa dimension communicationnelle. Les deux aspects peuvent être liés – et une façon de comprendre le second peut influer sur la façon de comprendre le premier – mais les modes d'approche, de fait, changent. Institutionnellement, cela s'est traduit entre autres par l'émergence d'une nouvelle discipline, la « pragmatique », qui forme désormais une partie de la linguistique après avoir été inventée, dans les années 1950, par une certaine philosophie du langage, la philosophie du « langage ordinaire », dissidente par rapport à la philosophie analytique de la première moitié du XXe siècle (dite parfois « première analyse ») qui se concentrait sur les rapports du langage avec la vérité et la connaissance.

Il serait cependant erroné de dire que la seconde approche (ou « seconde analyse ») ait renoncé à ces questions, mais elle ne les considérait plus comme prioritaires (d'un point de vue à la fois logique et épistémologique) et posait qu'il convient d'étudier comment le langage fonctionne d'un point de vue communicationnel ou pratique, avant de voir comment il parvient à dire, par exemple, la vérité. Ainsi, on considérait dans cette approche que l'*usage* du langage était premier et qu'il se concrétisait sous la forme de multiples *pratiques* (ayant chacune des rapports spécifiques avec le monde[1]). À l'origine, cette décision

---

1. Il est en effet important de noter que l'étude pragmatique du langage ne correspond pas à un oubli ou un déni du rapport que le langage entretient avec le monde, mais forme plutôt une tentative pour rendre compte d'une relation avec le

méthodologique s'adossait à tout un mouvement philosophique, dit « du langage ordinaire », qui contestait précisément la priorité donnée à l'analyse logique, en considérant qu'il y avait là une « erreur scolastique » consistant à prendre, à nouveau, les choses de la logique pour la logique des choses. Selon lui, il faut d'abord voir « ce qu'on dirait quand » et dans quelles conditions pratiques, et comprendre comment on use réellement du langage, et non pas comment on *doit* en user pour parler correctement selon les canons construits par les philosophes[1]. C'est en partant de cette perspective « réaliste » que J.L. Austin et L. Wittgenstein ont (re)découvert[2], parallèlement et sans jamais communiquer sur ce point, que le langage sert avant tout à faire des choses : à ordonner, à promettre, à invoquer, à prier, à souhaiter et, subsidiairement, à dire le monde. Pour en rendre compte, J.L. Austin a introduit les concepts de « performatifs » et d'« actes de parole » et Wittgenstein ceux d'« usage » et de « jeux de langage ». Ce sont ces concepts qui ont (temporairement) bouleversé la philosophie du langage et qui, retravaillés, ont donné naissance à la

monde qui n'est pas, ou pas seulement, cognitive mais plutôt *pratique*. En ce sens, l'étude pragmatique peut être tout autant normative quant au rapport avec le réel : on ne peut pas faire n'importe quoi si on veut (bien) agir.

1. Sur ce courant, auquel on peut associer les noms de J.L. Austin, L. Wittgenstein, G. Ryle, G.J. Warnock et E. Anscombe. Voir Ch. Al-Saleh et S. Laugier (éds.), *La philosophie du langage ordinaire*, Hildesheim, Olms, 2011. Sur l'approche réaliste et l'usage, voir S. Laugier, *Wittgenstein, les sens de l'usage*, Paris, Vrin, 2009.

2. L'idée que le langage est une activité, ou sert à faire des choses, n'avait pas été ignorée, depuis Aristote jusqu'à Gardiner, Malinowski ou Reinach, en passant par les Médiévaux. Mais elle avait été occultée par la théorie dominante dans le monde anglo-saxon. Le coup de force d'Austin et Wittgenstein a consisté à remettre en cause les fondements même de la théorie dominante à partir de cette redécouverte. Sur cette histoire, voir B. Nerlich et D.D. Clarke, *Language, Action and Context*, Amsterdam, John Benjamins, 1996.

pragmatique comme discipline à part entière[1], héritière des œuvres de Wittgenstein et d'Austin, pourtant fort différentes et profondément disjointes.

En effet, marqués par les travaux de Wittgenstein et ceux (tragiquement interrompus par la mort) d'Austin, bon nombre de philosophes se sont ingéniés à étudier tous les effets que le langage pouvait entraîner. Incités à le faire par la nouvelle compréhension du langage comme activité, ils ont mis au jour de multiples façons dont le langage pouvait avoir des effets – des effets d'un type spécifique – dans la relation de communication. Le présent volume s'attache à exposer les différentes directions explorées à partir de cette perspective, en les regroupant, de manière quelque peu arbitraire[2], sous deux ensembles : la première partie présente ces formes de réintroduction du langage au sein du concret des pratiques linguistiques. Les analyses présentées ici montrent les modalités de prise en compte du contexte d'usage ; le langage est toujours incarné, situé, particularisé, et loin de voir là un obstacle à sa capacité descriptive, on peut, en l'analysant ainsi, comprendre sa façon de « faire sens », et

1. Il convient en effet de noter que la pragmatique linguistique ne s'appuie plus nécessairement sur les mêmes considérations philosophiques et que, désormais, c'est majoritairement au sein de la philosophie analytique issue du mouvement de la première analyse – et parce qu'elle est majoritaire – que la pragmatique développe ses acquis. Le parcours de ce volume témoigne partiellement de cette réintégration de la pragmatique au sein de la première analyse au travers des textes de Grice et de Lewis. Il n'empêche qu'elle n'est pas nécessaire, sinon improbable d'un point de vue philosophique ou même historique. Comme on le comprendra, c'est la figure de Grice qui a joué un rôle central dans ce « rétropédalage » complexe.

2. Le découpage proposé n'est en effet pas étanche et ne peut pas l'être. Si d'autres thématiques avaient été choisies comme fils conducteurs, les textes auraient été distribués différemment. Cela témoigne de ce qu'une façon de traiter un problème influe sur la façon d'en traiter un autre.

comment il se rapporte au monde. On trouvera ainsi dans ces textes un prolongement critique et important du premier volume des *Textes clés de philosophie du langage*. La perspective reste, en un sens, la même : notre recherche se retourne, pour reprendre l'expression de Wittgenstein, sur l'axe de « notre besoin véritable » (*Recherches Philosophiques*, § 108). La deuxième partie regroupe des textes qui veulent explorer les effets propres du langage au niveau pratique, ceux qui ont lieu au sein de la communauté linguistique, que ce soit sur un plan purement communicationnel (ce qui se donne à comprendre) ou sur un plan plus social ou « symbolique » (les droits et obligations ainsi créés). Si le premier ensemble contribue à approfondir l'aspect sémantique en prenant en compte les contributions dues au contexte, et si le second envisage plutôt les changements opérés dans le réel au moyen du langage, reste que la frontière entre les deux domaines n'est pas si nette, et c'est tout l'objet de la philosophie du langage ordinaire. La recension d'un effet dans le réel peut amener à comprendre autrement l'enrichissement sémantique d'un énoncé. Un cas exemplaire est le concept d'implicitation (*implicature*) de Grice : ce dernier entend penser par son moyen les effets de sens obtenus de manière implicite. Ces effets sont d'ordre pragmatique : ils ne sont pas obtenus au moyen de la sémantique des énoncés prononcés (en ce sens qu'ils ne font pas partie du contenu sémantique des phrases utilisées, tel qu'on peut l'analyser, par exemple, en termes de conditions de vérité), mais en raison de l'usage particulier qui en est fait, selon qu'il respecte, ou non, certaines « maximes conversationnelles », relativement aux traits pertinents du contexte de cet usage. Pourtant, l'effet obtenu peut être caractérisé comme étant néanmoins d'ordre sémantique, puisqu'il vient modifier ce qui est à comprendre : le sens (ou l'information) transmis(e) par les mots. Grice considèrera ainsi avoir identifié une *signification* d'un type particulier, comprise en termes d'effets de compréhension. La frontière entre le sémantique et le pragmatique est donc fragile et contestée – on le verra plus encore avec l'article de David Lewis qui clôt le volume – et c'est toujours l'un des enjeux contemporains que de l'explorer, la renforcer ou la faire exploser. Il n'en reste pas moins que le passage à une seconde analyse constitue une véritable rupture philosophique, qu'on n'a pas fini d'explorer – en dépit du discrédit prématuré de la philosophie du langage ordinaire, et des prétentions historicistes de la philosophie analytique dominante, qui a tendance à présenter cette approche philosophique comme largement dépassée par le triomphe des approches cognitivistes.

Historiquement et conceptuellement, il est possible d'illustrer le passage, dans la philosophie anglo-saxonne, d'une conception sémantique du langage à une conception plus pragmatique, à travers la lecture de la controverse qui eut lieu entre Strawson et Russell, à propos de la référence [1]. Dans son fameux article, « On Denoting » [2], Russell avance l'idée qu'une proposition du type « L'actuel roi de France est chauve », énoncée alors qu'il n'y a pas de roi de France, est manifestement fausse. Il conviendrait en effet d'analyser ce type d'expression comme une quantification existentielle portant sur les objets qui sont susceptibles d'être des rois de France. Cette proposition pourrait s'analyser ainsi : « Il existe quelqu'un (un x) qui est roi de France et cette personne (ce x) est

---

1. Sur cette question, nous nous permettons de renvoyer à B. Ambroise, « Strawson, critique de Russell : la question des descriptions définies et des présuppositions pragmatiques », dans J. Benoist et S. Laugier (éds.), *Langage ordinaire et métaphysique, Strawson*, Paris, Vrin, 2005, p. 187-207.

2. B. Russell, « On Denoting », *Mind*, vol. 14, 1905, p. 479-493 ; trad. fr. J.-M. Roy, « De la dénotation », dans B. Russell, *Écrits de logique philosophique*, Paris, PUF, 1989, p. 201-218.

chauve ». Or, cette proposition est, selon Russell, manifestement fausse dès lors qu'il n'existe pas de roi de France (ou s'il n'y a aucun *x* qui est roi de France). Ce type d'énoncé doit donc présupposer une condition existentielle qui est satisfaite : celle selon laquelle il existe un roi de France. Or, Russell considérait que cette condition était implicitement assertée, qu'on pouvait l'analyser et en rendre compte en termes de conditions de vérité ; il restait donc dans l'ordre de la sémantique. C'est ce point que Strawson conteste : il montre que la signification d'une phrase ne détermine pas ses conditions de vérité et qu'il faut y faire intervenir l'usage. Il soutient notamment que la question de savoir si « Le roi de France est chauve » est vrai ou faux n'a pas de sens en tant que telle, parce que c'est une question relative à chaque *usage* singulier de ladite phrase. Ainsi, pour Strawson, la question de la vérité ou de la référence ne se règle pas au niveau de la signification des énoncés, mais de leur *usage* et il est donc vain de prétendre analyser les phrases prédicatives en termes d'énoncés existentiels.

Il s'ensuit de cette analyse, qui distingue usage et signification, qu'il n'est pas exact que l'analyse logique de la phrase « Le roi de France est chauve » conduit à extraire une condition existentielle implicite. En effet, « le roi de France est chauve » n'est tout simplement pas équivalente à « Il y a un unique *x* tel que *x* est roi de France et *x* est chauve », parce qu'on confond alors la signification de la phrase avec un *usage* possible des expressions qui la composent. C'est une première façon de récuser la simple analyse logique des expressions pour en comprendre l'usage, notamment descriptif. Au contraire, c'est l'usage qui vient déterminer ce qui est dit et ce qui est décrit (lorsque quelque chose est décrit) au moyen des expressions.

Ce point est également illustré par la critique que Wittgenstein apporte à Russell dans le début des *Recherches philosophiques*[1]. Dans la « Philosophie de l'atomisme logique »[2], Russell développe la théorie des descriptions définies, qui permettent d'identifier précisément la référence dont on parle, en la décrivant. Il considère à l'inverse qu'on ne peut pas *décrire* les composants élémentaires de la réalité (les « simples »), puisqu'alors ils ne seraient pas élémentaires. Ces derniers, on ne peut que les dénommer – telle est la fonction du *nom*, au sens logique du terme. Comme il le dit : « Un nom, au sens logique précis d'un mot dont le sens est un particulier, ne peut être appliqué qu'à un particulier que le locuteur connaît directement, parce qu'on ne peut nommer que ce que l'on connaît directement »[3]. Le nom propre dénomme véritablement un simple, ou un particulier, en ce qu'il est toujours le nom de cela, ou de ceci, connu par « accointance » dans toute sa singularité. Le véritable nom propre doit ainsi accomplir une fonction de désignation directe[4], et il est nécessairement lié à un particulier (le nom de ceci n'est pas le nom de cela). Par l'analyse logico-sémantique du langage, Russell prétendait donc pouvoir identifier les composants élémentaires de la réalité. Or, ce que montra Wittgenstein, c'est qu'il est illusoire de prétendre ainsi déterminer et distinguer

---

1. Voir L. Wittgenstein, *Philosophische Untersuchungen/Philosophical Investigations*, G.E.M. Anscombe (ed.), Oxford, Blackwell, 1953 ; trad. fr. E. Rigal (dir.), *Recherches philosophiques*, Paris, Gallimard, 2004, § 47 *sq.*

2. B. Russell, « The Philosophy of Logical Atomism », dans *Logical Knowledge*, R.C. March (ed.), London, G. Allen Unwin Ltd., 1956, p. 175-281 ; trad. fr. J.-M. Roy, « La philosophie de l'atomisme logique », dans *Écrits de logique philosophique*, *op. cit.*, p. 335-442.

3. *Ibid.*, p. 357.

4. Voir A. Benmakhlouf, *Bertrand Russell. L'atomisme logique*, Paris, PUF, 1996, p. 56-57.

ce qui est simple et ce qui ne l'est pas à partir d'une analyse logique, car quelque chose de simple ne l'est précisément que par rapport à un certain usage. En effet, prenant l'exemple des constituants d'un fauteuil au § 47 des *Recherches philosophiques*, Wittgenstein montre qu'il n'est nul besoin de vouloir identifier un composant comme le composant ultime, indivisible et absolument simple du fauteuil; selon les circonstances, les besoins, cela peut tout aussi bien être le bois que les molécules, ou bien encore les parties du fauteuil. Le critère d'individuation retenu dépendra nécessairement des circonstances de son usage, en ce sens qu'il ne sera pertinent qu'en fonction d'un contexte. C'est ainsi que Wittgenstein souligne le fait que ce qu'on *veut dire* au moyen d'un mot ou d'une phrase dépend de son usage et des circonstances de celui-ci. D'où la conception «grammaticale» du sens du «second» Wittgenstein (voir l'extrait du *Cahier Bleu*, p. 52-54): la signification n'est plus figée ou dénotative mais elle est au contraire relative à un jeu de langage donné et déterminée par les *règles d'usage relatives* au jeu de langage au sein duquel un mot ou une expression sont employés, c'est-à-dire par une *grammaire*. Et cette grammaire n'a d'application que dans une «forme de vie», qui vient spécifier, à chaque occasion d'utiliser une phrase, comment la comprendre. Dès lors, là encore, l'usage vient bien déterminer la signification des termes. Reste à savoir comment s'effectue une telle détermination, et comment la signification peut être «déterminée» par des usages constamment en mouvement et voués à l'instabilité. C'est tout le sens de la découverte des actes de langage, et de la pragmatique, irréductible alors à la sémantique.

C'est un point sur lequel Wittgenstein (malgré leurs importantes différences sur ces questions) s'accorde avec Austin qui, dans « La signification d'un mot »[1], défend l'idée que les différentes significations que peuvent avoir les phrases et les mots dépendent de leur usage et qu'il faut toujours les situer pour bien comprendre ce qu'ils veulent dire ou signifient. Mais Austin ne souligne pas seulement que l'usage du langage sert à spécifier la signification des termes qui le composent : il découvre (même si on trouve quelques formulations antérieures de l'idée chez Adolf Reinach analysant les actes sociaux[2], et dans certaines réflexions médiévales sur l'efficacité des sacrements[3]) aussi bien que le langage sert véritablement à faire des choses, c'est-à-dire à modifier le réel (dans un sens spécifique). Inaugurant la compréhension du langage en termes « d'actes de parole », il montre que tout énoncé utilisé sert à faire des choses et il ouvre ainsi la voie à ce qui deviendra la pragmatique (laquelle, on va le voir, s'est ensuite éloignée des idées originelles d'Austin).

Il est certain que la théorie des actes de parole et la pragmatique entendent toutes deux étudier des phénomènes laissés inexpliqués, ou réduits à des suppléments affectifs, par l'analyse logique ou grammaticale du langage, qui constituait la conception *mainstream* de la signification dans la philosophie analytique du langage du XXᵉ siècle[4]. Ce défaut avait déjà été remarqué au début du XXᵉ siècle par des penseurs européens

1. J.L. Austin, « The Meaning of a Word », dans *Philosophical Papers*, Oxford, Oxford UP, 1979, p. 55-75 ; trad. fr. L. Aubert et A.-L. Hacker, « La signification d'un mot », dans *Écrits philosophiques*, Paris, Seuil, 1994, p. 21-44.

2. Voir le texte de Reinach dans ce volume, p. 223-231.

3. Voir les importants travaux d'I. Rosier-Catach, *La parole comme acte*, Paris, Vrin, 1994 et *La parole efficace*, Paris, Seuil, 2004.

4. Voir sur ce point, et en général la question du non-cognitivisme, la présentation de S. Laugier, *Éthique, littérature, vie humaine*, Paris, PUF, 2006.

comme Reinach[1], Alan Gardiner[2] ou Charles Morris[3]. Ils avaient déjà tous plus ou moins anticipé, voire préfiguré, l'idée que le langage fait des choses en plus de les dire et, pour certains, avaient clairement avancé l'idée que parler consistait à agir. Mais c'est véritablement avec Austin que les réflexions pragmatiques entrent sur la scène philosophique avec ce qu'on appelle « les actes de parole ». Austin, proche en cela de Wittgenstein, considère en effet que les conceptions véri-conditionnelles du langage sont victimes d'une « illusion descriptive » qui les conduit à supposer que le langage vise avant tout et principalement à dire des choses vraies, à transmettre un certain « contenu » ou une « information » à propos de quelque chose (qu'il s'agisse du monde ou des croyances du locuteur à propos du monde). Or, Austin veut souligner les phénomènes *pragmatiques* qui ont lieu dans le discours et le fait que le discours peut non seulement décrire ou susciter, mais aussi accomplir des actions.

Portant son attention sur l'usage du langage, c'est-à-dire sur ce qui est dit (les énoncés) plutôt que sur les entités phrases (ou propositions), il montre que les énoncés font toujours quelque chose (ou ont une fonction) et qu'en cela, ils n'ont pas tant des conditions de vérité que des conditions de *félicité*, spécifiques à chaque type d'énoncés (ou de fonctions qu'ils exécutent). Les énoncés déclaratifs sont également des actions en ce qu'ils ont des

---

1. A. Reinach, « Die apriorischen Grundlagen des Bürgerlichen Rechtes », *Jahrbuch für Philosophie und phänomenologische Forschung*, 1913; trad. fr. R. de Calan, *Les principes a priori du droit civil*, Paris, Vrin, 2004

2. A. Gardiner, *The Theory of Speech and Language*, Oxford, Clarendon Press, 1932; trad. fr. C. Douay, *Langage et acte de langage*, Lille, Presses Universitaires de Lille, 1989.

3. Ch. Morris, *Foundations of the Theory of Signs*, Chicago, University of Chicago Press, 1938; trad. fr. partielle, « Fondements de la théorie des signes », dans *Langages*, vol. 35, Paris, Larousse, 1974, p. 15-21.

conditions de félicités déterminant leur bonne réussite : ils sont de fait des *actes de parole*. On peut alors distinguer différents types d'actes de parole, tels que les promesses, les jurons, les déclarations, les serments, les affirmations, etc., selon la fonction qu'ils exécutent et les conditions de félicité spécifiques qui sont les leurs, lesquelles sont conventionnellement et contextuellement déterminées et ont peu à voir avec des conditions de vérité. La réussite d'un énoncé, voire sa vérité, va ainsi dépendre du respect de certaines conventions. Ces actes de parole sont alors des actes en ce qu'ils accomplissent des actions spécifiques, dont on peut dire qu'elles sont conventionnelles puisque leurs effets propres sont des effets purement conventionnels (en tant qu'ils s'opposent à des effets naturels), du moins en ce qui concerne ce que Austin appelle « l'effet illocutoire ». Cet aspect illocutoire dépend de ce que tout énoncé est conventionnellement déterminé et normé. Car, contrairement par exemple aux actes perlocutoires dont les effets propres sont contingents parce qu'ils dépendent des réactions naturelles des agents[1], les actes illocutoires et leurs effets ont une certaine nécessité qui tient à leur définition conventionnelle : les actes illocutoires s'appuient sur des procédures conventionnelles pour être réalisés puisque celles-ci impliquent que tout interlocuteur (appartenant à une communauté de parole donnée) va nécessairement considérer que la profération d'un énoncé dans certaines circonstances et sous certaines conditions (de félicité) consiste à modifier le monde, dans un sens légal ou conventionnel. C'est là que se situe le rôle central dévolu par Austin à l'« *uptake* » – la reprise ou la reconnaissance par l'interlocuteur de l'effet propre que le locuteur veut donner à son énoncé.

---

1. Voir l'analyse originale du perlocutoire par S. Cavell, « La passion », dans *Quelle philosophie pour le XXIe siècle ?*, Paris, Folio, Gallimard, 1996.

On comprend donc que la théorie des actes de parole, telle qu'élaborée par Austin, est une explication foncièrement conventionnaliste du langage, qui souligne les pratiques de type rituel auxquelles contribue la parole, et révèle ainsi deux types spécifiques d'action accomplies par la parole : l'acte illocutoire et l'acte perlocutoire. Ce faisant, Austin révèle, de manière révolutionnaire, que le langage modifie l'état du monde, tout en faisant partie intégrante du réel.

Il s'ensuit une modification dans la définition même de la « philosophie du langage » qui devient problématique, tant sur le plan conceptuel, qu'historique. Il est en effet remarquable qu'on n'ait guère interrogé l'idée de *philosophie du langage* et supposé en général, en bonne ou mauvaise part, que l'affirmation fondatrice en était, on l'a vu dans le volume I, que les problèmes philosophiques traditionnels sont des problèmes de langage, qui doivent se résoudre en termes d'analyse logico-linguistique. Or, on voit à la lecture des textes rassemblés ici que ni Wittgenstein, ni Austin, ni Strawson ne font, en ce sens *étroit*, de philosophie du langage. L'intérêt, et aussi la difficulté spécifique de la définition de la philosophie du langage, c'est que parler du langage, c'est parler de *ce dont* il parle – bref, du réel. Austin l'a fort bien dit dans son « Plaidoyer pour les excuses » : « Quand nous examinons ce que nous dirions quand, quels mots employer dans quelles situations, nous ne regardons pas seulement les mots, mais également les réalités dont nous parlons en faisant usage de ces mots ». L'intérêt, directement cognitif et pratique à la fois, qu'il y a alors à s'intéresser au langage est que l'examen du langage est ce qui nous permet de rendre compte le plus exactement, c'est-à-dire : précisément, avec le plus de détails, *de ce dont il parle*.

Cet enjeu, c'était bien celui de la philosophie du langage dès son origine, avec Frege et Wittgenstein. Il pouvait sembler insuffisamment exploré dans la version *mainstream* (dominante) de la philosophie analytique et cela ne s'est probablement guère arrangé avec l'articulation, renforcée depuis, entre la philosophie du langage et la philosophie de l'esprit. C'est pourquoi il reste encore aujourd'hui à mettre en évidence la puissance élucidatrice de la philosophie du langage ordinaire issue d'Austin. Ce travail doit également être accompli dans une perspective *critique*, et par un retour sur l'*histoire* contemporaine de la philosophie analytique, ses étapes et choix successifs, notamment l'effacement, dans la philosophie analytique des années 1960-1970, de cette voie alternative qu'aurait été la philosophie du langage ordinaire [1] que dessinait l'ouvrage de Cavell, *Dire et vouloir dire*. L'enjeu pour la philosophie du langage est double. 1) Historique : mettre en évidence les termes, méthodes et étapes du « tournant linguistique » dans la philosophie contemporaine. 2) Actuel : aller jusqu'au bout de la philosophie du langage proprement dite, que certains voudraient abandonner au profit d'un second tournant, « mentaliste ». Ce deuxième pas est-il nécessaire ? En tout cas, d'autres voies peuvent être explorées, et seul un historicisme naïf peut cautionner l'idée que la philosophie du langage se prolonge dans la philosophie de l'esprit qui en retour détermine une version singulièrement pauvre du fonctionnement du langage.

Un tel point de vue ne signifie pas qu'il faille renoncer au réalisme, mais le chercher ailleurs que dans la théorie de la connaissance ou de la vérité, à l'aide d'Austin et Wittgenstein : dans la nature même du langage – de « ce que nous disons » comme toujours *dit* dans une situation – et dans notre nature, en tant que sujets parlants et bien réels. C'est l'*esprit réaliste* wittgensteinien, qui prolonge l'exigence clarifiante du *Tractatus*

---

1. *Cf.* S. Laugier, *Du réel à l'ordinaire*, Paris, Vrin, 1999, et S. Cavell, *Must We Mean What We Say?* [1969], Cambridge, Cambridge UP, 1976 ; trad. fr. C. Fournier et S. Laugier, *Dire et vouloir dire*, Paris, Le Cerf, 2009.

vers la seconde philosophie de Wittgenstein, par une conception du sens qui intègre toutes les dimensions, y compris expressives et pragmatiques, de « ce que nous disons », non comme supplément de sens, ou force additionnelle, mais comme partie intégrante du vouloir-dire[1]. Ainsi s'accomplit le passage de la première à la seconde philosophie du langage : le langage ordinaire, conçu comme dépositaire – par sa capacité à faire voir les différences – de ce que nous *entendons* comme « réel ». Reste à approfondir et valider la capacité du langage ordinaire à entrer dans le détail du réel, et l'articuler, avec la rigueur nécessaire, à la voix et à la conversation humaines. Car la philosophie du langage ordinaire ne prétend pas offrir une philosophie première (même, pour citer encore Austin, le *First Word* à défaut du *Last Word*). Elle reconnaît au contraire que nous ne savons pas d'emblée quels sont *nos* usages du langage, et que *nos* accords n'ont rien d'immédiat ni de transparent : il faut les explorer et expérimenter.

On est loin, semble-t-il, de la vérité, frégenne ou austinienne. Il s'agit pourtant toujours du même problème de la philosophie de la connaissance devenue du langage, celui de la possibilité, pour l'humain, de trouver une juste tonalité, une harmonie du langage avec le monde ; la réponse se trouvant dans l'attention, dit Wittgenstein, au détail, à ce qui est sous nos yeux. C'est cette ambition réaliste qui donne, semble-t-il, son actualité à la philosophie du langage ordinaire : que ce soit dans l'œuvre de Cavell, toujours fidèle au projet austinien de la recherche d'une justesse de ton qui soit mieux, et pas moins, que la vérité, ou dans l'ethnographie conversationnelle de Goffman, qui retrouve, dans *Les cadres de l'expérience*, l'exigence d'attention au détail et de

---

1. S. Laugier, *Wittgenstein, les sens de l'usage*, Paris, Vrin, 2009, qui prolonge *Du réel à l'ordinaire*, Paris, Vrin, 1999.

perception fine qui est constamment à l'œuvre dans la philosophie du langage ordinaire.

Or, l'héritage d'Austin, tel qu'il se prolonge dans l'œuvre de J.R. Searle[1], n'a plus exactement la même ambition, puisqu'il se prolonge dans une visée plus systématique et mentaliste. Alors qu'Austin essayait d'échapper à l'orthodoxie véri-condition-naliste de la philosophie analytique, Searle essaie en effet de construire une analyse des actes de parole en accord avec cette orthodoxie. Il transforme notamment l'analyse du langage ordinaire en une analyse logique des actes de parole[2] vus comme des phénomènes d'ordre sémantique (d'où la traduction française par «actes de langage»). Reprenant une distinction frégéenne, il considère qu'un acte de parole est composé d'une *force illocutoire* et d'un contenu propositionnel, qui peut être expliqué en termes véri-conditionnels. Prenons ainsi la promesse « Je promets de me coucher tôt » : elle a la force illocutoire de la promesse et le contenu propositionnel « Je me couche tôt ». Prenons la phrase « Le chat est sur le tapis » : dans un certain usage, elle a la force illocutoire de l'affirmation et le contenu propositionnel « Le chat est sur le tapis ». Il existerait autant de forces illocutoires que de types d'actes de parole, chacun ayant certaines conditions d'usage et de satisfaction. Ici, le contenu propositionnel est classi-quement analysé en termes de conditions de vérité, auxquelles s'adjoignent des conditions d'usage. De cette façon, deux actes de parole différents peuvent avoir le même contenu proposition-

---

1. Notamment dans *Speech Acts : An Essay in the Philosophy of Language*, Cambridge (Mass.), Cambridge UP, 1969; trad. fr. H. Pauchard, *Les actes de langage*, Paris, Hermann, 1972.

2. Voir J.R. Searle et D. Vanderveken, *Foundations of Illocutionary Logic*, Cambridge (Mass.), Cambridge UP, 1985.

nel en ayant deux forces illocutoires différentes : par exemple, je peux utiliser le contenu propositionnel « je me couche tôt » pour faire une promesse ou une affirmation.

Accomplir un acte de langage, selon Searle, c'est ainsi générer un contenu propositionnel lié à une force illocutoire. Pour générer cette force illocutoire, il faut suivre différents types de règles sémantiques (correspondant aux conditions de félicité austiniennes) : les conditions préparatoires, la condition de sincérité et la condition essentielle. Les conditions préparatoires incluent les facteurs linguistiques et contextuels déjà notés par Austin. La condition de sincérité acquiert un rôle déterminant et englobe les facteurs intentionnels concernant le locuteur ; par exemple, si je veux accomplir une promesse, je dois avoir l'intention de faire ce que je dis. La condition essentielle inclut la règle (conventionnelle et constitutive) permettant à l'auditoire de prendre certains énoncés comme étant la performance de certains actes de langage ; par exemple, si je veux faire une promesse, mon énoncé doit valoir, pour mon auditoire, comme la prise d'une obligation de ma part. Il inclut l'engagement pris en faisant un acte de langage donné, qui doit être explicite à travers les intentions du locuteur : pour accomplir un acte de langage donné, il doit avoir l'intention de prendre les engagements qui y sont attachés.

Reste que l'analyse des actes de parole offerte par Searle prend ses distances avec les idées d'Austin. Un premier aspect important, à cet égard, de la théorie searlienne est sa distinction rigide entre le contenu et la force d'un énoncé. Un deuxième point important est que l'analyse searlienne repose de manière décisive sur une conception intentionnaliste ou mentaliste selon laquelle les intentions du locuteur – et leur reconnaissance par son auditoire – sont essentielles à la bonne réalisation de l'acte de parole (alors que, pour Austin, l'appel aux intentions ne peut pas expliquer la réussite d'un acte de parole et peut même l'entraver !).

Car, en définitive, selon Searle, on ne peut réaliser un acte de parole que si on manifeste son intention de le faire en utilisant une phrase donnée et si on manifeste son intention de prendre tous les engagements associés à l'acte de parole qu'on a l'intention de réaliser. L'analyse de Searle combine ainsi des aspects conventionnalistes et intentionnalistes pour offrir une nouvelle conception sémantique de la parole, au sens où ce qu'on doit rendre manifeste pour accomplir un acte de parole donné n'est plus le respect d'une certaine procédure mais un contenu cognitif précis (une certaine intention). L'*uptake* ne concerne plus des conventions mais des intentions. En ce sens, l'acte de parole n'opère plus véritablement un changement dans le monde : il entraîne maintenant un changement dans la façon dont l'auditoire prend les intentions du locuteur (« dans sa tête »).

Une telle conception intentionnaliste ouvre la voie à une vision de l'échange linguistique en termes communicationnels : à partir de l'idée que parler consiste à rendre explicite ses intentions de faire tel ou tel acte de parole, on peut arriver à l'idée que parler consiste à communiquer ses intentions. C'est bien là l'idée de Grice consistant à appréhender le langage prioritairement comme un moyen de communication et, plus précisément, comme un moyen de communiquer des intentions communicatives[1]. Grice, qui étudia et enseigna à Oxford en même temps qu'Austin, entend là se démarquer explicitement des idées austiniennes, du moins de sa méthode. Il n'offre d'ailleurs plus une théorie des actes de parole mais une théorie de la communication qui initiera la « pragmatique ».

Grice commence par offrir une nouvelle conception de la signification. Ce faisant, reprenant une distinction médiévale, il

---

1. Voir H.P. Grice, *Studies in the Way of Words*, Cambridge (Mass.), Harvard UP, 1989.

distingue la signification naturelle et la signification non-naturelle – cette dernière étant à la fois conventionnelle *et* intentionnelle. Elle inclut toutes les significations conventionnelles et
donc linguistiques. Or le projet de Grice, explicitement anti-
austinien, est d'offrir une explication fondationnelle de la signification non-naturelle en termes d'intentions du locuteur (plutôt
qu'en termes de conventions, qui interviennent secondairement) :
un locuteur signifie (ou veut dire) quelque chose non-naturelle-
ment lorsqu'il utilise quelque chose intentionnellement pour
convoyer une certaine information à un interlocuteur. Par
exemple, en disant « Il pleut », j'ai l'intention de produire, chez
mon interlocuteur, la croyance qu'il pleut en faisant en sorte qu'il
reconnaît, en raison de mon usage de cette phrase, mon intention de l'amener à croire qu'il pleut. Ce processus expliquerait
en dernière instance comment la phrase « Il pleut » acquiert sa
signification. C'est suite à ce processus intentionnel qu'une
conventionnalisation fixe la signification de la phrase, c'est-
à-dire son usage intentionnel, pour faire du langage un code doté
d'un contenu sémantique donné à décoder.

Mais Grice remarque que le langage lui-même peut-être utilisé
pour communiquer un autre contenu que celui qui lui est conventionnellement rattaché. Si je dis « Il pleut » en voulant dire « Je ne
vais pas sortir », ce que je signifie ou communique ne fait pas
partie de la signification (conventionnelle) de la phrase « Il pleut »
(c'est-à-dire de son contenu propositionnel) et ne peut pas être
ainsi réduit à ce que je dis. Cela est plutôt inféré à partir de ce que je
dis, ou mieux : cela est *implicité* (*implicated*). Ce type d'inférence
ou d'implicitation est rendue possible parce que la communication linguistique est conçue comme une pratique coopérative
déterminée par plusieurs principes conversationnels universels
(eux-mêmes gouvernés par le principe général de la coopération)
qui viennent régler le comportement linguistique et permettre

ces inférences linguistiques. Si ces inférences ne sont faites qu'en fonction de la signification linguistique des mots utilisés, les implicitations sont alors dites conventionnelles (en disant « Il pleut », je peux conventionnellement impliciter « Le temps est mauvais »). Si les inférences ne dérivent pas des seules significations linguistiques, alors les implicitations sont dites conversationnelles et dérivent de principes conversationnels : si je dis « Peut-on trouver des toilettes ici ? » au cours d'une soirée, ma supposée rationalité conjuguée au principe de coopération permet à l'auditoire d'en inférer que j'ai besoin d'aller aux toilettes (alors même que ce contenu n'est pas signifié par mes mots). Et si le locuteur viole un ou plusieurs principes conversationnels, cette violation même permet à l'auditoire d'interpréter son comportement linguistique d'une manière rationnelle : la non-pertinence est alors vue comme un moyen de signifier quelque chose.

On comprend ainsi que Grice identifie une façon d'analyser des phénomènes que la linguistique traditionnelle n'arrivait pas à expliquer et qu'Austin appelait des « présuppositions ». Il le fait en donnant un certain rôle à des éléments contextuels (non sémantiques) mais, de manière assez surprenante, cela le conduit à élaborer une théorie du comportement communicationnel humain gouverné par des principes rationnels (et non pas contextuels). Par ailleurs et surtout, on observe un changement radical de perspective par rapport à Austin : il ne s'agit plus d'expliquer ce que le langage fait ou comment il agit ; il convient maintenant de comprendre comment il communique un contenu qui n'est pas explicitement dit. L'analyse se concentre donc (à nouveau) sur le contenu cognitif du langage (aussi contextuellement déterminé soit-il), plutôt que sur ses conditions et ses effets pragmatiques.

Ce changement de perspective est plus marqué encore avec la « pointe avancée » de la pragmatique contemporaine, telle qu'elle est représentée par les travaux de Sperber et Wilson[1]. Leur théorie de « la pertinence » entend ainsi expliquer la rationalité communicationnelle humaine d'une façon qui rend le fonctionnement du langage étroitement dépendant d'une théorie de l'esprit[2]. Ici, la communication est vue comme un processus plus *inférentiel* que coopératif. Quand des individus communiquent, ils ne décodent pas simplement un langage codé, mais ils infèrent certaines hypothèses sur le comportement communicationnel de l'agent qui parle. Si je regarde de manière appuyée le ciel, les observateurs peuvent en déduire, étant donnés certains facteurs contextuels et environnementaux supplémentaires, que je signifie quelque chose par ce comportement ostensible – par exemple, qu'il va pleuvoir. Dans une interaction linguistique, le message linguistiquement codé ne convoie pas toute l'information en fait contenue dans cette interaction. Il fournit seulement des éléments permettant des inférences supplémentaires, de telle sorte que la communication n'est pas réussie quand l'auditoire reconnaît seulement la signification linguistique mais plutôt quand ils en infèrent correctement la signification que veut leur donner le locuteur. Les auditeurs doivent alors identifier l'intention informationnelle du locuteur de les informer de quelque chose, en même temps que son intention communicationnelle de les informer de son intention informationnelle.

Sperber et Wilson expliquent la possibilité de faire ces inférences d'une manière naturaliste et psychologique : les êtres

1. Voir D. Sperber et D. Wilson, *Relevance, Communication and Cognition*, Oxford, Basil Blackwell, 1986, 2e éd. 1995 ; trad. fr. A. Gerschenfeld et D. Sperber, *La pertinence*, Paris, Minuit, 1989.

2. Le livre d'un ténor des approches pragmatiques, F. Recanati, *Philosophie du langage (et de l'esprit)*, Paris, Folio-Gallimard, 2009, illustre et défend l'idée d'une théorie (pragmatique) du langage reposant ainsi sur une théorie de l'esprit.

humains seraient des systèmes complexes capables de traiter l'information d'une manière *pertinente*. Quelque chose est pertinent s'il permet qu'on en infère une nouvelle information lorsqu'il est combiné à des prémisses plus anciennes contenues dans un arrière-plan mental composé d'assomptions (à propos du monde, de l'état des choses, du locuteur, des auditeurs, etc.). Le processus d'inférence vise à obtenir une *efficacité cognitive* – c'est-à-dire à obtenir certains effets contextuels sur les assomptions représentationnelles de chacun. Ce qui est le plus efficace (ou le moins coûteux) est ce qui est le plus pertinent. Par exemple, si on répond « Il pleut » à ma question « Aimerais-tu sortir avec moi ? », il peut sembler à première vue que la réponse ne va pas. Aussi, l'inférence la plus efficiente qui puisse être faite dans un contexte dans lequel je sais que le personne à qui je m'adresse sort juste d'une séance chez le coiffeur est de supposer qu'elle ne veut pas ruiner sa mise en pli. Cette inférence permet à la réponse de gagner une certaine pertinence qui vient garantir l'efficacité de l'interaction verbale.

Pour garantir cette pertinence, le locuteur doit s'assurer que l'interlocuteur prendra son énoncé comme visant à être pertinent et doit donc ostensiblement communiquer une présomption de pertinence optimale. Tel est le principe de pertinence de Sperber et Wilson : un sorte de processus naturel intervenant nécessairement dans toutes les interactions communicatives. Ainsi, un locuteur rationnel doit avoir l'intention que son énonciation apparaisse suffisamment pertinente pour capter l'attention de l'interlocuteur. Par ailleurs, cette énonciation doit permettre à l'interlocuteur de faire les inférences correctes au moindre coût en faisant les meilleures inférences pertinentes dans cette situation afin d'interpréter la signification qu'on a eu l'intention de faire comprendre. Et pour s'assurer qu'il réussit à transmettre son intention de communiquer, le locuteur doit choisir une phrase qui rende son intention informative mutuellement manifeste.

On comprend donc bien que Sperber et Wilson offrent une conception radicalement intentionnaliste de l'efficacité du langage et que, suivant le chemin tracé par Searle et Grice, ils s'écartent résolument des aperçus austiniens. Avec eux, la signification se trouve ramenée à un usage du langage complètement déterminé par les intentions du locuteurs, de telle sorte que les phénomènes linguistiques en viennent à dépendre de la psychologie. Par ailleurs, ils offrent une sorte d'accomplissement de l'exténuation de l'idée d'acte de parole, puisque la seule efficacité encore reconnue par eux au discours est une efficacité d'ordre clairement cognitif qui ne change rien à l'état du monde (objectif).

Or, ce type de théorie est désormais devenue une sorte de nouvelle orthodoxie dans la philosophie analytique du langage, parfois mâtinée d'un contextualisme modéré[1] qui n'entend surtout pas aller à l'encontre de l'idée que l'esprit vient déterminer en dernière instance le langage. Ainsi, si l'analyse des différents effets contextuels, des présuppositions, des implicitations, etc. trouve bien son origine dans des idées séminales d'Austin, son traitement n'a plus rien d'austinien et constitue même bien souvent un revirement complet par rapport à la voie indiquée par la théorie des actes de parole. La pragmatique prend seulement en compte plus d'éléments contextuels que l'analyse classique ne le faisait. On peut même dire que la pragmatique contemporaine parachève une sorte d'oubli de la théorie des actes de parole, en ce qu'elle refoule complètement l'idée que la parole agit autrement qu'en ayant des effets cognitifs. Bien plutôt, ce

---

1. Le contextualisme est souvent modéré par peur d'une pente glissante qui le mènerait, par excès, à une forme de relativisme. Pourtant, un contextualisme radical, plus proche des idées d'Austin, ne mène en rien au relativisme. Voir Ch. Travis, *Thought's Footing*, Oxford, Oxford UP, 2006, ainsi que le texte dans ce volume, p. 181-211.

faisant, elle retombe précisément dans l'illusion scolastique dénoncée par Austin et qui consiste à considérer que le langage sert essentiellement à transmettre un contenu portant un type de connaissance (en l'occurrence, les intentions du locuteur). En ce sens, la pragmatique contemporaine est une sorte de revanche masquée de la sémantique, qui trouve son apothéose dans la pragmatique véri-conditionnelle qui vient contredire totalement le projet austinien d'analyser les effets de la parole en fonction de ses conditions de félicité [1] !

On observe donc un changement radical de perspective dans la pragmatique depuis les années 1950 : l'attention n'est plus concentrée sur les actes réalisés par la parole, mais sur la signification (ou le contenu) non-explicite véhiculée par ce qui est encore appelé un « acte de parole », même si plus personne ne sait de quel acte on parle, ni pourquoi on en parle. Pour autant, d'autres types d'analyses de ces phénomènes peuvent être développés qui ne laissent pas d'interroger cet aspect surprenant du langage qui consiste à exister et agir dans le monde. Mais c'est alors plutôt vers des théories issues de l'analyse conversationnelle inspirée des travaux d'E. Goffman [2], se concentrant sur l'interaction discursive en contexte social, ou vers l'analyse des effets illocutoires en termes de modalités déontiques [3] (comme on

---

1. Y contribue l'analyse des performatifs produite par D. Lewis qui clôt ce volume.

2. Voir E. Goffman, *Forms of Talk*, Philadelphia, University of Pennsylvania Press, 1981 ; trad. fr. A. Kihm, *Façons de parler*, Paris, Minuit, 1987, et *Frame Analysis* [1974], trad. fr. I. Joseph, *Les cadres de l'expérience*, Paris, Minuit, 1994.

3. Comme on peut en trouver l'ébauche dans les travaux de M. Sbisà, « On Illocutionary Types », *Journal of Pragmatics*, 8, 1984, p. 93-112 ; « Speech Acts Without Propositions ? », *Grazer Philosophische Studien*, *Propositions : Semantic and Ontological Issues*, vol. 72, 2006, p. 162-163. Voir aussi M. Sbisà, *Linguaggio, ragione, interazione. Per una teoria pragmatica degli atti linguistici*, Bologna, Il Mulino, 1989.

en trouve chez R. Brandom[1]) qu'il faut se tourner pour essayer d'y voir plus clair dans l'efficacité linguistique.

En jetant le voile sur l'efficacité illocutoire propre aux actes de parole, la pragmatique contemporaine qui se concentre exclusivement sur les effets contextuels du langage dans le cadre d'une analyse véri-conditionnelle a-t-elle progressé conceptuellement par rapport aux années 1950, voire par rapport aux réflexions scolastiques qui interrogeaient la nature de l'efficacité du sacrement ? On peut se poser la question, et en attendant d'y répondre, peut-être pourra-t-on remarquer et apprécier la richesse et la diversité de l'héritage de la philosophie du langage aujourd'hui, en philosophie comme en éthique et en sciences sociales : à condition d'être entendue au sens large – et définitivement non sémantique – d'un examen concret et démentalisé des usages de la parole, et des formes de l'action du langage dans et sur le monde humain.

Bruno AMBROISE
Sandra LAUGIER

Note des éditeurs

Dans les textes qui suivent, les notes originales des auteurs sont données en bas de page et appelées alphabétiquement en continu. Les notes des traducteurs, également en bas de page, sont appelées numériquement à chaque page.

Le cas échéant, les précisions des traducteurs sont indiquées entre crochets droits [ ], aussi bien dans les notes que dans le texte.

---

1. Voir R. Brandom, *Between Saying and Doing : Towards an Analytic Pragmatism*, Oxford, Oxford UP, 2008.

SENS, INDEX, CONTEXTE

INTRODUCTION

Les textes qu'on trouvera dans la première partie du présent volume opèrent tous, d'une manière ou d'une autre, une déviation par rapport à la théorie orthodoxe de la signification qui prévaut dans la philosophie analytique, telle qu'elle a pu être présentée dans plusieurs textes du volume 1 des *Textes clés de philosophie du langage* (notamment ceux de Frege, Russell et Davidson). Cette dernière est fondée sur l'idée frégéenne d'une détermination de la référence d'un énoncé par son sens, lequel, à son tour, est déterminé par les conditions de vérité de l'énoncé. Cette idée est devenue centrale dans la philosophie du langage analytique et une bonne partie de celle-ci consiste à explorer, ramifier et développer cet héritage frégéen, en étudiant cette dimension spécifiquement cognitive du sens et la détermination de ce qu'il dénote.

Mais les analyses présentées ici sont toutes marquées par une prise en compte d'un élément extérieur au « sens » frégéen pur, mais qui l'affecte – et qui, en ce sens, doit être pris en compte dans l'analyse sémantique ou, du moins, doit la compléter. Cet élément, on l'appellera le « contexte ». Il comprend ici plusieurs éléments et intervient à plusieurs titres et à divers degrés, selon l'importance qu'on lui donne.

Une première compréhension « maximaliste » de celui-ci trouve son illustration dans la manière dont Ludwig Wittgenstein reconfigure totalement la compréhension de la signification en termes d'usage : il s'agit de l'usage réglé de certains énoncés dans certains jeux de langage publics. Comprendre le fonctionnement du langage implique, pour le « second » Wittgenstein, non plus de s'attacher aux sens des termes ou des énoncés pris isolément de leurs conditions d'utilisation, mais de comprendre bien plutôt comment ce sont ces conditions mêmes qui déterminent ce qu'on peut vouloir dire par un énoncé donné en une occasion donnée. En effet, bien loin de trouver le sens d'un énoncé dans la pensée (ou l'intention) qui lui est associée, ni dans ses conditions de vérité déterminées avant usage, Wittgenstein montre, en subvertissant toute la philosophie de l'esprit à venir, que le langage ne gagne un sens qu'à être utilisé dans certains contextes, en fonction de certaines règles, qui viennent précisément déterminer, de manière publique, ce qu'on peut dire par son moyen (dans ce contexte) – chose qu'une détermination mentale (quelle qu'elle soit) ne peut pas faire, étant donnés son caractère nécessairement privé et l'impossibilité pour elle de fonder un accord sur ce qu'il *convient* de dire ou de comprendre par ce qui est dit[1]. Il s'agit bien plutôt d'élucider la « grammaire », c'est-à-dire les règles d'usage normatives, du langage, qui permettent d'élucider, de manière « conceptuelle », ce qu'on peut dire au moyen du langage, c'est-à-dire également ce qu'on peut penser par son moyen (ou, plus exactement, de déterminer les limites du pensable, à la mode du *Tractatus*). Dès lors, on le comprend, la signification n'est plus

---

1. Sur la critique de la possibilité d'un langage privé par Wittgenstein et ce que cela signifie pour la philosophie, voir l'ouvrage magistral de J. Bouveresse, *Le mythe de l'intériorité*, Paris, Minuit, 1987.

figée ou dénotative (en tout cas pas dans tous les jeux de langage) mais elle est au contraire (relativement, c'est-à-dire contextuellement) déterminée par les *règles d'usage relatives* au jeu de langage au sein duquel un mot ou une expression sont employés, c'est-à-dire par une *grammaire*. En même temps, cette grammaire ne trouve toujours à s'appliquer que dans le contexte d'une « forme de vie », qui vient spécifier, occasion par occasion, comment prendre ce qui est dit. Les règles permettant à une expression de signifier n'ont donc pas d'application mécanique, mais toujours au cas par cas – une application liée à l'occasion de la mettre en œuvre et donc au contexte toujours particulier de celle-ci. En ce sens, il est même difficile, dans cette perspective, de prétendre à une détermination *a priori* du sens, lequel semble toujours se rejouer en fonction du contexte dans lequel il émerge.

Sans adopter une position aussi radicale, le texte de Peter Frederick Strawson prend en compte le contexte d'énonciation pour lui faire jouer un rôle similaire dans la détermination du sens d'une expression. Rappelant que le langage est toujours situé par et dans des pratiques linguistiques, en ce qu'il est précisément un moyen de communication entre deux locuteurs ayant des visées précises et des raisons particulières de l'utiliser, Strawson adopte une conception qu'on peut dire « pragmatique » de la signification. S'inspirant d'Austin et de Grice, il montre en effet que la signification d'un énoncé est elle-même déterminée par les objectifs pragmatiques de son usage, c'est-à-dire, en définitive, par le contexte d'énonciation. Strawson va ainsi contester la distinction généralement établie entre un niveau sémantique, indemne de toute intervention contextuelle, un niveau pragmatique correspondant à la caractérisation illocutoire de l'usage qu'il en fait (qui permet de spécifier l'action réalisée par son moyen[1]) et un niveau communicationnel correspondant aux effets de sens produits par un énoncé en fonction du contexte dans lequel il est utilisé. Selon la conception standard, le dernier niveau n'est pas sémantique et doit être bien distingué du premier niveau, qui n'est pas affecté par le contexte. Or, Strawson va montrer, dans le texte ici présenté, que l'identification stricte des trois strates différentes se révèle illusoire en raison même de la dépendance contextuelle de l'usage du langage. Il le montre notamment, à propos du premier et du dernier niveau, en faisant remarquer qu'il est très difficile de ne pas associer, si ce n'est identifier, la signification sémantique à la signification communicationnelle dès lors que la référence des termes intervient : car il faut parfois savoir quels sont les effets visés par le locuteur en situation pour identifier précisément le caractère référentiel d'une expression. Or, souvent, la signification sémantique d'une expression ne permet pas de déterminer comment régler la question de sa propre référence : seul le contexte dans lequel elle est utilisée permet de le faire. Cela conduit Strawson dans ce texte à défendre l'idée d'une relative indétermination linguistique des phénomènes sémantiques (le sens littéral des termes ne permet pas de déterminer précisément ce qu'ils servent à dire en contexte) et à contester toute étude de la langue qui voudrait rendre compte de son fonctionnement en évacuant tout élément extra-linguistique contextuel, puisque la langue n'est précisément signifiante qu'à intégrer ce type d'élément contextuel.

C'est d'une autre façon que le texte important[2] de Saul Kripke s'inscrit contre la théorie standard de la référence. Selon celle-ci,

---

1. Voir la deuxième partie du présent volume.
2. Sur l'importance de ce texte pour la philosophie analytique et pour une présentation claire et rigoureuse, voir S. Soames, *Philosophical Analysis in the*

et notamment depuis Russell, un énoncé (ou un nom propre du langage commun[1]) identifie un objet singulier s'il fonctionne comme une «description définie», c'est-à-dire un énoncé qui spécifie les propriétés qu'un seul individu peut posséder[2]. Kripke conteste cette analyse et défend plutôt, au moyen d'une conception bien particulière des modalités, une forme «d'externalisme sémantique»[3] selon lequel les noms propres ne fonctionnent pas selon des descriptions définies et ne renvoient pas à tels ou tels objets en fonction des caractéristiques que ceux-ci doivent posséder (qui seraient liées à leurs supposées conditions de vérité). Ce n'est donc pas sémantiquement que les références des noms propres sont fixées. Bien plutôt, les noms propres trouvent un référent en fonction des relations causales établies historiquement entre les usages de ces noms et les objets qu'ils désignent. C'est donc l'histoire causale – ce qu'on peut comprendre comme le contexte historique dans lequel les locuteurs se trouvent plongés – des individus utilisant le langage qui fixe la dénotation des noms. Mais l'intervention du contexte ne vient pas contrarier l'idée d'une nécessité de l'identité de ce que désigne un nom. Au contraire, Kripke défend l'idée qu'un nom propre désigne nécessairement quelque chose qui reste identique à soi dans tous les

Twentieth Century, vol. 2, *The Age of Meaning*, Princeton, Princeton UP, 2003, p. 335-456.

1. À la différence des «noms propres véritables» qui, selon Russell, ne peuvent identifier qu'une singularité absolue qui ne peut pas du tout être qualifiée et dont on ne peut donc pas donner de description.

2. Voir le texte de B. Russell et sa présentation dans *Philosophie du langage*, B. Ambroise et S. Laugier (dir.), vol. 1, *Signification, vérité et réalité*, Paris, Vrin, 2009, p. 125-146.

3. D'une certain façon, H. Putnam a généralisé la conception externaliste de la signification, dans son texte «Signification et référence», présentation et trad. fr. dans *Philosophie du langage*, vol. 1, *op. cit.*, p. 339-361.

mondes possibles, ou qui est toujours le même (quelle que soit la connaissance qu'on en ait). C'est pourquoi Kriple considère que les noms propres fonctionnent comme des «désignateurs rigides», c'est-à-dire des termes qui ont la même dénotation dans tous les mondes possibles, qui n'en changent pas même si les circonstances avaient été différentes : un nom propre désigne ainsi le même individu dans toutes les situations ou mondes possibles où cet individu existe ou pourrait avoir existé. Kripke soutient en effet que, par exemple, les circonstances eût-elles été différentes et l'orateur qui a dénoncé Catilina n'eût-il point écrit les œuvres signées Cicéron, Cicéron aurait encore été Tullius, c'est-à-dire qu'il aurait encore été Cicéron. Car on aurait alors seulement dit qu'en de telles circonstances, Cicéron n'aurait pas écrit d'œuvre littéraire (en considérant pourtant que Cicéron était bien Cicéron). Comme Kripke l'explique, ce qui peut arriver, c'est que nous *fixions la référence* du terme « Cicéron » en utilisant une certaine expression descriptive, telle que « l'auteur de ces œuvres » – telle est l'histoire causale expliquant la référence du nom. Mais une fois que nous avons fixé la référence pour faire un certain usage du nom « Cicéron », nous utilisons alors « Cicéron » de manière *rigide* pour désigner l'homme que nous avons en fait identifié comme ayant écrit ces œuvres. Autrement dit, la référence est bel et bien historiquement fixée au moyen d'un désignateur rigide qui ne peut pas changer de référence sans perdre sa fonction. Les connaissances que nous pouvons acquérir ultérieurement sur Cicéron et qui viennent éventuellement préciser les évènements contingents qui l'ont affecté ne remettront pas en cause l'usage que nous ferons du nom propre en question. C'est pourquoi il ne faut pas, comme Russell, se méprendre sur la relation entre un nom et une description utilisée pour fixer sa référence, et les prendre pour synonymes. Ils n'ont tout simplement pas le même *usage* ni la même signification, car les rapports qu'ils entretiennent avec le monde ne sont pas les mêmes.

C'est en introduisant la problématique de ces éléments linguistiques nommés « indexicaux » que D. Kaplan vient quant à lui bouleverser la théorie traditionnelle du sens, tout en s'inscrivant dans le mouvement de « la référence directe » illustrée ci-dessus par Kripke. Selon lui, les indexicaux sont des éléments qui, précisément, font directement référence à ce qu'ils désignent, sans passer par le niveau intermédiaire frégéen du « sens », en tant que celui-ci détermine de manière précise ce à quoi il réfère (ou qu'il serait « informatif »). Le trait distinctif des éléments indexicaux – tels les démonstratifs « je », « tu », « il », les adverbes « maintenant », « ici », etc. – est en effet que leur référent n'est pas fixé une fois pour toutes, mais qu'il dépend du contexte dans lequel ils sont utilisés. « Il » désigne ainsi à chaque fois la personne différente qu'il sert à désigner dans le contexte de son utilisation. En ce sens, si les termes indexicaux ont une signification linguistique correspondant à leurs règles d'usage, ils ne peuvent déterminer ou « présenter » l'individu qu'il sera question d'identifier par son moyen en contexte (les règles d'usage ne se donnent pas comme un synonyme de l'individu identifié par leur moyen et, en ce sens, ne constituent pas le contenu de l'occurrence d'un indexical). Toutefois, Kaplan ajoute qu'une fois déterminé le contexte d'usage, alors ce qui est désigné reste le même dans toutes les circonstances d'évaluation déterminées par ledit contexte d'usage. Reste que c'est là encore l'intervention du contexte qui vient modifier la compréhension que l'on avait jusque là du sens d'un énoncé : on voit que, pour tous les énoncés comprenant des indexicaux, seule la prise en compte du contexte d'énonciation permet non seulement de comprendre ce qui est dit, mais également de spécifier précisément le référent dont on parle, tout en comprenant que ce rôle du contexte est irréductible à une détermination sémantique.

On peut alors radicaliser ce type d'approche pour redonner au contexte un rôle encore plus décisif. Ainsi, Charles Travis va, dans une perspective wittgensteinienne, généraliser cet aspect indexical du langage en considérant que, peu ou prou, tous les énoncés fonctionnent comme des indexicaux et nécessitent de faire intervenir le contexte pour spécifier ce dont ils parlent ; il faut donc le mobiliser également pour savoir de quoi ils sont vrais. On assiste alors à un véritable renversement de la théorie *mainstream* : ce n'est plus la signification d'un énoncé qui permet de déterminer ses conditions de vérité, c'est-à-dire le contexte dans lequel il est vrai, et donc sa référence ; c'est le contexte qui intervient pour spécifier ce qui est signifié et donc ce que l'on peut dire de vrai à propos du monde en utilisant tel énoncé dans ledit contexte. L'élément-clé qui permet de comprendre le rôle néces-saire du contexte est la *compréhension* que peut admettre un énoncé donné : en effet, tout énoncé peut être compris de diffé-rente manière (notamment quant à ce dont il parle) selon le contexte dans lequel il est prononcé. Ainsi, l'énoncé « le chat est sur le tapis » peut très bien parler du chaton préféré de ma sœur ou d'un morceau de viande. Et, selon le contexte dans lequel il sera considéré, c'est-à-dire également selon les attentes et les enjeux des locuteurs, il pourra être vrai ou pas que le chat est sur le tapis si c'est un morceau de viande qui y est. Autrement dit, la séman-tique d'un énoncé ne détermine pas à elle seule les circonstances dans lesquelles celui-ci peut être considéré comme vrai. Cette détermination dépend d'une compréhension de l'énoncé qui elle-même est relative au contexte dans lequel elle est accomplie. Il convient donc de renverser la conception du sens en termes de conditions de vérité et, en comprenant le rôle décisif du contexte dans le langage (c'est-à-dire en reconnaissant que celui-ci est avant tout une pratique), d'admettre que l'évaluation en termes de vérité ne peut se faire qu'en fonction de certains usages de l'énoncé, lesquels font appel à certains éléments contextuels, propres à l'occasion précise où ils sont mis en pratique.

LUDWIG WITTGENSTEIN

QU'EST-CE QUE LA SIGNIFICATION ?

Présentation, par Sandra Laugier

Le texte de Wittgenstein qui suit met en lumière, comme beaucoup d'écrits de sa seconde philosophie, une connexion entre la philosophie du langage et de l'esprit. Une telle connexion, souvent revendiquée dans la philosophie contemporaine, est ici bien particulière, car elle est opérée dans la découverte du langage ordinaire. Le changement de perspective sur le langage qui apparaît dans le *Cahier bleu* tient d'abord à l'examen philosophique qu'il propose, non plus de termes et de concepts généraux, mais d'usages particuliers.

On sait que le *Cahier bleu* est un recueil de notes de cours : dans les années 30, Wittgenstein, de retour à Cambridge, commença à enseigner « ses nouvelles idées », et le recueil de ses notes, dictées en 1933-1934, reçut le titre de *Blue Book*, de même qu'un autre, dicté en 1934-1935, reçut celui de *Brown Book*, à cause des couleurs des chemises qui les contenaient. *Blue Book* est, par son caractère pédagogique et conversationnel, un résumé admirable de la manière – du ton, du style, et de la méthode – du second Wittgenstein.

La rupture est stylistique, mais pas forcément conceptuelle, et il y a une continuité entre le premier et le second Wittgenstein. Le *Tractatus logico-philosophicus*[1] est l'ouvrage contemporain qui va le plus loin dans l'exploration logique et linguistique de l'esprit, dans la question de l'articulation de la pensée et du monde. La suite des réflexions de l'auteur est moins systématique, mais Wittgenstein procède aussi à un examen du fonctionnement du langage et de l'esprit, mais cette fois du point de vue de l'usage et de l'apprentissage. Cela ne signifie pas que Wittgenstein propose une nouvelle philosophie du langage : comme on le voit ici, il n'a pas de théorie du langage. Il s'agit juste, dans le *Cahier Bleu* comme dans l'ouvrage ultérieur dont on trouve ici quelques éléments, les *Recherches Philosophiques*, de rendre compte de ce qui se passe dans le langage. Wittgenstein précise qu'il ne vise qu'à *se faire une idée claire* sur l'usage d'un mot : il ne vise pas à produire une théorie de la signification, ni de l'esprit. Ni même une critique.

> Et ainsi nous avons l'air d'avoir nié les processus psychiques. Alors que nous ne voulons naturellement pas les nier ! (RP, § 308)

Il attire simplement notre attention sur le fait est que c'est l'examen de nos usages, de ce que nous disons, qui nous apprend tout ce qu'il y a d'important à dire sur les processus dont voudrait s'occuper la philosophie de l'esprit. On peut faire un parallèle avec les mathématiques.

> Il faut sans cesse se rappeler à nouveau le peu d'importance d'un « processus interne » ou d'un « état interne », et se demander « Pourquoi est-il censé être important ? En quoi me concerne-t-il ? ». Ce qui est important, c'est la manière dont nous utilisons les propositions mathématiques. (BGM, § 38)

---

1. Cf. *Philosophie du langage*, vol. I, *op. cit.*, p. 9-37.

Ce qui est important, c'est notre usage de mots comme penser, se rappeler, attendre etc., obscurci à nos yeux pour nous par les images – communes alors à la psychologie, à la science et à la philosophie – de « processus intérieur », d'état mental, de représentation, qui nous bloquent l'accès à l'usage du mot (§ 305), à ce qu'est « opérer avec des signes ».

> Nous voyons revenir toujours à nouveau l'idée que ce que nous voyons du signe est uniquement une face extérieure d'un intérieur, dans lequel ont lieu les véritables opérations du sens et de la signification. (Z, § 140).

La philosophie s'intéresse au « phénomène spatio-temporel du langage », mais pas à la manière d'une science : en *décrivant* une *grammaire* – pas un ensemble de contraintes auxquelles nous soumettre, mais des usages, des connexions, comme celles qui existent entre les pièces d'un jeu d'échecs et le jeu.

> La philosophie de la logique parle des phrases et des mots exactement au sens où nous parlons d'eux dans la vie ordinaire lorsque nous disons par ex. « ici il y a une phrase écrite en chinois », ou « non, cela ressemble à de l'écriture, mais c'est en fait juste un ornement », etc.
> Nous parlons du phénomène spatio-temporel du langage, non d'un fantasme [*Unding*] non spatial et non temporel. Mais nous en parlons comme des pièces d'un jeu d'échecs, en indiquant les règles du jeu, non pas en décrivant leurs propriétés physiques. (RP, § 108)

À partir des années 30, Wittgenstein change. La « nécessité » qui préside à l'examen du langage n'est plus celle de la logique (celle de « la pureté de cristal de la logique », RP, § 107, 108), mais celle de l'usage.

> – Mais que devient dès lors la logique ? Sa rigueur semble ici se relâcher. – Mais dans ce cas ne disparaît-elle pas complètement ? – Or comment peut-être perdre sa rigueur ? Naturellement pas du fait

> qu'on en rabattrait quelque chose. – Le préjugé de la pureté de cristal ne peut être enlevé que par un retournement de toute notre recherche (on pourrait dire : notre recherche doit tourner, mais autour du point fixe de notre besoin véritable). (RP, § 108)

Reconnaître que ce sont l'usage, les règles d'utilisation, qui donnent vie au signe (et pas quoi que ce soit de psychologique), ce n'est pas renoncer à « la rigueur de la logique », mais la retrouver là où on s'y attend le moins, dans nos usages mêmes. L'usage est ce que nous faisons de nos mots, il n'est pas transcendant. L'usage et l'humanité sont une seule et même chose.

> « Tout se trouve déjà dans… » Comment se fait-il que cette flèche >>——> montre ? Ne semble-t-elle pas porter en elle quelque chose d'autre qu'elle-même ? – « Non, ce n'est pas ce trait mort ; seul le psychique, la signification le peut ». – C'est vrai, et c'est faux. La flèche montre seulement dans l'application que l'être humain en fait.

On ne va pas demander ce qu'est LA signification, mais ce qu'on fait quand on cherche ce qu'est une signification. C'est cela le tournant de la seconde philosophie : cette attention nouvelle aux différences, aux usages, aux circonstances, aux exemples. Contre la « pulsion de généralité » Wittgenstein revendique alors le particulier. C'est dans cette perspective que Wittgenstein introduit, dès la première page du *Cahier bleu*, le mot de *grammaire* entendue comme série des usages d'un mot ou d'une expression. Nos explications sont grammaticales, elles ne dévoilent rien de caché : c'est ce que Wittgenstein entendra ensuite par l'expression « l'essence est exprimée par la grammaire » (il ne s'intéresse pas plus à l'essence qu'au signification).

Certaines scènes du *Cahier bleu* peuvent alors apparaître comme des scènes de répétition, préparant la grande scène d'instruction qui ouvre les *Recherches Philosophiques* ou la scénette symétrique de l'épicerie où j'achète des pommes. Le seul fondement du langage ou sa nature, c'est sa transmission, le fait qu'il soit hérité des autres, mes aînés, de qui je l'apprends – « l'apprentissage du langage n'est pas une explication, mais un dressage » – et le fait qu'il soit utilisé dans une forme de vie, qu'on fasse avec. Les *Recherches Philosophiques* vont poursuivre et mener à son terme le travail de clarification qu'esquisse Wittgenstein.

Wittgenstein critique déjà dans le *Cahier bleu* l'idée spontanée de la signification comme *déterminant* l'usage des expressions qui lui « correspondent », comme *précédant* au lieu d'*être* l'usage. Wittgenstein critique non seulement l'idée que la signification est un objet mental, conception qui, *en elle-même*, n'est pas problématique (même si elle ne sert à rien). Il critique l'idée de LA signification, ou le mythe d'un *corps de signification* qui donnerait du sens à nos énoncés ordinaires – du sens au sens, pour ainsi dire.

Le *Cahier bleu* permet ainsi de clarifier quelques malentendus. On dit souvent que pour Wittgenstein, la signification c'est l'usage. S'il s'agit de dire que la signification n'est pas quelque chose qu'on a dans la tête, pourquoi pas ? Mais si l'on espère par là redéfinir le sens d'un mot, ou d'une expression, par la liste de ses usages ou règles d'emploi, on est très loin de Wittgenstein – même et surtout si on se met à appeler cela *grammaire*. Le slogan de la signification qui *est* usage (RP, § 43) n'est en aucun cas une thèse sur la signification : la signification est usage en tant qu'elle en appelle souvent à des habitudes, des coutumes, des pratiques. Et parfois pas. L'usage renvoie non à des règles mécaniquement applicables mais à la communauté des formes de vie. Le jeu de langage, dit Wittgenstein dans le *Cahier bleu*, est d'abord une comptine, une rengaine d'enfants. L'enjeu de la philosophie du langage ordinaire telle que l'invente ici Wittgenstein est de faire comprendre que le langage est *dit*, prononcé par une voix humaine, dans une situation particulière, au sein d'une « forme de vie ».

Dès le *Cahier bleu*, on constate que Wittgenstein mettait en garde contre la « pulsion de généralité » qui caractérise la philosophie.

> Cette pulsion de généralité [*this craving for generality*] est la résultante de nombreuses tendances liées à des confusions philosophiques particulières. [...] Au lieu de « soif de généralité », j'aurais aussi bien pu dire « l'attitude dédaigneuse à l'égard du cas particulier ». (BB, p. 57-58)

Il n'y a pas d'ensemble de caractéristiques communes à ce à quoi nous donnons le même nom– ce nom serait-il « langage ». Wittgenstein nous montre, dans une démarche proche de celle du *Tractatus* (en plaçant ce que nous disons devant nous, afin que nous en voyions le non-sens) qu'il est *dépourvu de sens* de fournir « une explication générale de la généralité du langage ».

> Il n'existe pas d'ensemble unique de caractéristiques qui serait commun à toutes les choses que nous appelons des « jeux », et donc il n'existe pas de caractéristique appelée « qui est déterminé par des règles ». Le langage n'a pas d'essence. (RP, § 66)

QU'EST-CE QUE LA SIGNIFICATION ?[*]

Si nous disons que penser consiste essentiellement à opérer avec des signes, voici la première question que vous pourriez poser : « Que sont les signes ? » – Au lieu de donner je ne sais

[*] L. Wittgenstein, *The Blue and Brown Books*, R. Rhees (ed.), Oxford, Blackwell, 1958, 2e éd. 1969 ; trad. fr. M. Goldberg et J. Sackur, *Le cahier bleu et le cahier brun*, préface C. Imbert, Paris, Gallimard, 1996, p. 55-56.

quelle réponse générale à cette question, je vous propose d'examiner en détail des cas particuliers que nous appellerions « opérer avec des signes ». Examinons un exemple simple où l'on opère avec des mots. Je donne à quelqu'un cet ordre : « Va me chercher six pommes chez l'épicier », et je vais décrire une manière d'utiliser un ordre de ce genre : les mots « six pommes » sont écrits sur un bout de papier, le papier est tendu à l'épicier, l'épicier compare le mot « pomme » avec des étiquettes sur différentes étagères. Il s'aperçoit que le mot s'accorde avec l'une des étiquettes, il compte de 1 jusqu'au nombre écrit sur le morceau de papier et, à chaque nombre qu'il compte, il prend un fruit de l'étagère et le met dans un sac. – Vous avez ici un cas d'utilisation de mots. À l'avenir, j'attirerai inlassablement votre attention sur ce que j'appellerai des jeux de langage. Ce sont des manières d'utiliser des signes plus simples que celles dont nous utilisons les signes de notre langage quotidien, qui est extrêmement plus compliqué. Les jeux de langage sont les formes de langage par lesquelles un enfant commence à utiliser les mots. L'étude des jeux de langage est l'étude des formes primitives du langage, ou de langages primitifs. Si nous voulons étudier les problèmes de la vérité et de l'erreur, de l'accord et du désaccord des propositions avec la réalité, de la nature de l'assertion, de la supposition et de l'interrogation, nous aurons tout intérêt à examiner des formes primitives de langage, dans lesquelles ces formes de pensée apparaissent sans l'arrière-plan troublant de processus de pensée extrêmement compliqués. Lorsque nous examinons de telles formes simples de langage, la brume mentale qui semble envelopper notre utilisation ordinaire du langage disparaît. Nous voyons des activités et des réactions clairement dessinées et transparentes. Mais en même temps dans ces processus simples, nous reconnaissons des formes de langage sans rupture avec nos formes de langage plus compliquées. Nous voyons que nous pouvons construire les formes compliquées à partir des formes primitives, en ajoutant progressivement de nouvelles formes.

Mais il nous est difficile d'adopter cette direction de recherche, parce que nous sommes assoiffés de généralité.

PETER STRAWSON

CONTEXTE ET SIGNIFICATION

Présentation, par Bruno Ambroise

Ce texte est représentatif du tournant que la théorie de la signification a dû opérer à la suite des approches pragmatiques proposées par P.F. Strawson, J.L. Austin et H.P. Grice. Le premier prend ici pour point de départ une réflexion sur la théorie austinienne des actes de parole[1], selon laquelle il convient de distinguer dans tout énoncé sa composante sémantique (portée par l'acte locutoire) et sa composante actionnelle (portée par l'acte illocutoire); il présente ensuite une conception pragmatique de la signification particulièrement complexe, qui repose essentiellement sur l'aspect communicationnel, et à ce titre contextuel, de tout discours.

Strawson est connu pour avoir montré, contre Russell, que, si tout usage référentiel correct présuppose bien la satisfaction d'une condition existentielle[2], cette condition n'est pas sémantique (ou

---

1. Voir le texte « Les énoncés performatifs » dans le présent volume, p. 233-259, et, plus généralement, la seconde partie du volume.

2. Condition existentielle selon laquelle, pour qu'une proposition ait un sens, doit nécessairement exister le sujet de la prédication.

vériconditionnelle), mais pragmatique (relative à l'usage[1]). Il insistait sur le fait que la condition existentielle de Russell ne fait pas partie de ce que dit la phrase, mais qu'elle forme bien plutôt un *présupposé* de son usage référentiel, c'est-à-dire une *condition pragmatique de son usage correct*. Il défendait ainsi l'idée que, pour comprendre le fonctionnement du langage, il fallait s'attacher à son *usage* et aux choses qu'il permet de *faire*. Strawson approfondit ici son analyse pragmatique du langage en rejoignant Austin et en s'inscrivant dans la suite des travaux de Grice[2] : il montre que la signification d'un énoncé est elle-même déterminée par les objectifs pragmatiques de son usage, c'est-à-dire, en définitive, par le contexte d'énonciation. La prise en compte de cette dépendance contextuelle le conduit à radicaliser les aperçus de Grice en contestant le caractère bien délimité des distinctions de la pragmatique orthodoxe entre « sens lexical », « sens illocutoire » et « sens impliqué ». Il prend ainsi position pour une sémantique contextualiste, très proche des réflexions d'Austin et des travaux, plus récents, de Charles Travis, sans abandonner pour autant l'ambition systématisante qui caractérise sa philosophie.

Strawson propose initialement un prototype de théorie pragmatique orthodoxe en distinguant trois types de signification portés par une phrase lors d'un usage, qui rendraient compte de la totalité du « contenu » communiqué. La signification-A correspondrait à l'ensemble des éléments signifiants relatifs à la langue, qu'ils soient sémantiques ou syntaxiques (par exemple, la phrase « Prend ton parapluie » signifie-A *qu'il faut que tu prennes ton*

1. P.F. Strawson, « On Referring », *Mind*, vol. 59, 1950, rééd. dans *Logico-Linguistic Papers*, London, Methuen & Co Ltd, 1971, p. 1-27.

2. Voir H.P. Grice, *Studies in the Way of Words*, Cambridge (Mass.), Harvard UP, 1991, et le texte « La signification revisitée » dans le présent volume, p. 293-329.

parapluie). La signification-B comprendrait, en plus de la signification-A, la force illocutoire de l'énoncé, qui correspond à la fonction qu'il remplit dans l'usage qui en est fait (par exemple, l'énoncé « Prends ton parapluie » signifie-B *un ordre de prendre ton parapluie*). Enfin, la signification-C correspondrait aux effets de compréhension qui s'ajoutent, en contexte, à la signification-B produite par l'usage d'une phrase dotée d'une signification-A (par exemple, dans un certain contexte, l'énonciation de « Prends ton parapluie » signifie-C *qu'il pleut dehors*).

Déjà, ces trois types de signification ne sont pas sur le même plan, ne sont pas produits de la même façon et, du fait qu'ils ne reposent pas sur des règles purement linguistiques mais sur des éléments contextuels, ne s'entraînent pas mutuellement de manière déterminée. Strawson tient toutefois qu'ils contribuent tous au phénomène de la « signification » : comprendre un énoncé, c'est comprendre ces trois aspects signifiants ; il ne faut donc abandonner aucun de ces trois aspects dans une théorie du langage et, *a fortiori*, de la signification.

Or, Strawson va montrer que l'identification stricte de ces trois strates se révèle, en raison même de la dépendance contextuelle de l'usage du langage, particulièrement problématique. Une première chose à remarquer est que, dans certains cas, la signification-C peut être telle qu'elle contredit la signification-A supposée, comme lorsque, par exemple, la phrase utilisée l'est à tort. Dans d'autres cas, c'est la signification-B supposée que la signification-C contredit, comme par exemple quand est impliqué, au moyen de l'ironie, le contraire de ce qui est asserté. Strawson défend alors l'idée qu'il ne faut pas intégrer dans la signification-C les implications générales liées à la fonction communicative générale de tout énoncé – ce que Grice appelait des implicitations. Enfin, Strawson fait remarquer qu'il est très difficile de ne pas associer la signification-A à la signification-C dès lors que la référence des termes intervient : car il faut parfois savoir quels sont les effets visés par le locuteur en situation pour identifier précisément le caractère référentiel d'une expression. Or, la signification-A d'une expression ne permet souvent même pas de déterminer comment régler la question de sa propre référence : seul le contexte permettra de le faire.

Toutes ces remarques de Strawson contribuent à défaire la conception orthodoxe de la signification qui la voit comme un mixte de sens littéral et de référence, déterminé indépendamment du contexte d'usage de la phrase, ainsi que la schéma proposé initialement, qui établissait des distinctions déterminées entre les niveaux de signification. Il faut plutôt admettre que le contexte intervient à tous les niveaux, ainsi que dans le passage d'un niveau à l'autre. Cela conduit à une relative indétermination linguistique des phénomènes sémantiques et amène à contester toute étude de la langue qui voudrait rendre compte de son fonction-nement en évacuant tout élément extra-linguistique, puisque la langue n'est précisément signifiante qu'à intégrer ce type d'élément.

Strawson entend néanmoins défendre la pertinence de l'idée d'une distinction entre ce qui est signifié au niveau linguistique et ce qui est signifié au niveau communicationnel. Cette distinction est en effet nécessaire dès lors que l'on entend construire une théorie systématique de la signification, afin de trouver des principes permettant le cas échéant de dériver la signification complète à partir de la signification restreinte fournie par les éléments linguistiques. Il s'agit ainsi pour lui de tenir ensemble l'exigence de systématicité, qui recherche des principes fondés sur des identités signifiantes (des unités de sens clairement iden-tifiables), et le respect des faits, qui amène à prendre en compte la forte détermination contextuelle du contenu véhiculé dans un échange discursif. C'est pour lui toute la difficulté d'une théorie philosophique du langage qui n'abandonne pas l'ambition d'expliquer celui-ci en tant qu'il est avant tout un moyen de *communication* – projet initialement mis en œuvre par son ami Grice[1] et auquel Strawson contribue ici.

CONTEXTE ET SIGNIFICATION[*]

Ce texte s'intéresse à la manière dont le contexte des énoncés pèse sur la signification de ce qui est dit lorsqu'on prononce sérieusement une phrase.

Je commence par y résumer brièvement la distinction tripartite exposée en détail dans la première partie de mon article « Austin and "Locutionary Meaning" »[a] (auquel je renvoie le lecteur). Puis, en des termes appropriés à cette distinction, je donne quelques réponses préliminaires plutôt évidentes à la question qui me concerne. Ainsi est construite la première partie de ce texte.

Ensuite, j'avance quelques remarques sur différentes façons possibles de considérer que le schéma proposé précédemment est trop simpliste, car la situation est ou pourrait être plus complexe que ne le suggère ce schéma. Cela forme la seconde partie.

---

[*] P.F. Strawson, « Meaning and Context » (1970), dans *Entity and Identity*, Oxford, Oxford UP, 1997, p. 216-231, traduction B. Ambroise.

a. Dans I. Berlin *et alii*, *Essays on J.L. Austin*, Oxford, Oxford UP, 1973, p. 46-68.

1. Comme on le verra avec le texte de Grice dans le présent volume, se joue là, dans l'approche du langage en termes de visées communicatives, tout un pan de la révolution pragmatique consistant à voir dans l'usage du langage la production de certains effets (sur le locuteur).

Finalement, dans la dernière partie, je considérerai plusieurs questions liées aux précédentes, qui intéressent les philosophes et probablement aussi les linguistes.

I

Commençons donc par la distinction tripartite. Supposons qu'une personne *X* sache qu'une certaine phrase *P* d'un langage *L* fut prononcée sérieusement en une occasion donnée. Supposons que *X* ne sache rien d'autre de la situation, mais possède un savoir idéalement complet du lexique et de la grammaire de *L*. Supposons également que, si *P* souffre de ce qu'on appelle habituellement une ambiguïté lexicale ou syntaxique, *X* sache, parmi ceux possibles, quel(le) était l'item lexical ou la construction syntaxique visé(e) [*meant*] par le locuteur. Dès lors, que *P* souffre ou non d'ambiguïté, dans chaque cas il existe un sens de la locution selon lequel on peut dire que *X* connaît *la signification de ce qui fut dit*. (Il est capable de donner une traduction fidèle de ce qui fut dit, dans un autre langage tout aussi riche et qu'il connaît tout aussi bien.) J'appelle ce sens la *signification linguistique* ou la *signification-au-sens-A* de ce qui fut dit.

La connaissance que *X* possède de la signification-au-sens-A de ce qui fut dit n'inclut pas la connaissance de la référence des noms propres ou des expressions indexicales que *P* peut contenir. Dès lors, si *P* contient effectivement de telles expressions et que *X* apprend leurs références, il connaît en un sens plus complet que le sens-A la signification de ce qui fut dit. J'appelle ce sens plus complet le sens *linguistique-référentiel* ou la *signification-au-sens-B* de ce qui fut dit.

Mais ce n'est pas tout. Car même si *X* connaît la signification-au-sens-B de ce qui fut dit, il peut encore tout à fait ignorer sa force illocutoire[b]; il peut également très bien ignorer tout ce que le locuteur entendait faire comprendre comme étant impliqué (c'est-à-dire *signifié* [*meant*], en un autre sens encore) par ce qui fut dit. Ce sont là des raisons pour introduire un troisième sens, encore plus complet, de l'expression « la signification de ce qui fut dit ». J'appelle ce sens *la signification complète* ou *la-signification-au-sens-C* de ce qui fut dit.

Il semble, à première vue, que le progrès de la connaissance de ce qui fut dit qui s'opère en passant du sens-A au sens-B, puis du sens-B au sens-C, soit généralement additif. Chaque étape inclut assurément celle qui la précède et vient, semble-t-il, y ajouter quelque chose. Mais pas toujours. Si P est totalement général, la connaissance de B n'a rien à ajouter à la connaissance de A. Si la signification-au-sens-A convoie de manière correcte la force illocutoire, et si ce qui est dit n'est pas censé comporter autre chose que ce qui est inclus dans la signification-au-sens-B, alors la signification-C n'a rien à ajouter à la signification-B. Il est néanmoins vrai que, très souvent, et peut-être même de façon générale, on rencontre ce type de progrès.

Cela suffit pour ce qui concerne le résumé. Tournons-nous maintenant vers le problème qui nous intéresse ici : le contexte ou le cadre – linguistique ou non-linguistique – de l'énoncé pèse-t-il sur la détermination de la signification de ce qui est dit dans ces trois sens ? Et, si tel est le cas, comment pèse-t-il ? Il est évident que le contexte pèse sur la détermination de la signification-au-sens-A dans les seuls cas où P souffre de ce qu'on a coutume d'appeler une ambiguïté syntaxique et/ou lexicale. Il est tout aussi évident que le contexte pèse sur la détermination de la

b. Voir « Austin and "Locutionary Meaning" », art. cit., et J.L. Austin, *How To Do Things With Words*, Oxford, Oxford UP, 1962 [trad. fr. G. Lane, *Quand dire c'est faire*, Paris, Seuil, 1970, 1991].

signification-au-sens-B dans tous les cas, exceptés ceux où *B* n'a rien à ajouter à *A*. Et il est évident que le contexte, dans son sens le plus large, pèse sur la détermination de la signification-au-sens-C dans tous les cas où la signification-C est plus riche que la signification-au-sens-B.

Quelles sont les façons spécifiques dont, dans les trois cas, la signification de ce qui est dit dépend du contexte ? Notamment, dans quels cas et à quel degré cette dépendance peut-elle être elle-même représentée comme gouvernée par une règle ou une convention linguistique ? La question de la désambiguïsation d'une phrase par le contexte au niveau de la signification-A n'est clairement pas, de manière générale, une question de convention. Aussi longtemps que ces ambiguïtés sont résolues par le contexte, indépendamment de la détermination supplémentaire de la signification-B ou -C, leur résolution dépend d'un jugement portant sur la pertinence ou la plausibilité globale, plutôt que de l'application d'une règle.

La situation est très différente avec la détermination supplémentaire de la signification-B. Si ce n'est aux yeux de quelques logiciens attachés aux rêves philosophiques des « langages idéaux », la dépendance par rapport au contexte linguistique ou non-linguistique de ces éléments de la signification que *B* ajoute à *A* n'est pas une imperfection, mais une caractéristique cruciale de la communication linguistique. Aucun exposé des règles sémantiques d'aucun langage naturel ne pourrait être complet sans contenir des règles gouvernant cette dépendance contextuelle. Bien sûr, ces règles permettent dans certains cas une relative indétermination qu'elles ne permettent pas dans d'autres : même si je connais ces règles et suis conscient du contexte et de l'origine de l'énoncé, il se peut que, dans un cas particulier, je comprenne mal « ici » d'une façon dont je pourrais très difficilement mal comprendre « je ». On ne peut pas non plus dire que la dépendance de la signification référentielle par rapport au contexte pourrait toujours être liée à une règle du *langage naturel* auquel appartient l'énoncé. Ce n'est pas en appliquant, de manière tacite, une règle de l'anglais aux circonstances de l'énoncé que vous savez de qui je veux parler [*mean*] par « John » ou « Henry », lorsque je prononce un énoncé contenant ces noms propres ; même si c'est sans doute en vertu d'une convention d'un type moins général que vous le savez. En général, donc, le rôle du contexte pour combler le fossé qui sépare la connaissance de la signification-au-sens-A et celle de la signification-au-sens-B est partiellement, mais pas totalement, gouverné par des règles du langage.

En ce qui concerne le fossé – lorsqu'il existe – entre la signification-au-sens-B et la signification-au-sens-C, il n'existe évidemment aucune classe spécifique de règles-du-langage-naturel qui soient appliquées par un auditoire pour combler ce fossé, ou pour juger qu'il n'y a aucun fossé à combler. Si vous dites « Il est très prudent », ayant l'intention que ce que vous dites soit pris comme un éloge, et que moi, tout en comprenant la signification-au-sens-B de ce que vous dites, je le prenne comme entendu par vous comme un blâme, alors je n'ai certainement pas totalement saisi la signification-C de ce que vous avez dit ; mais mon erreur de compréhension n'est pas une erreur linguistique. Nous ne devons toutefois pas conclure que l'échec ou la réussite à combler correctement le fossé entre *B* et *C* n'est qu'une question de jugement avisé (ou de son manque), de la part de l'auditoire, à propos de ces traits circonstanciels (y compris le tempérament du locuteur) qui devraient être, pour ainsi dire, les indices dont dispose l'auditoire pour l'interprétation. Après tout, il peut s'agir d'une question de connaissance des conventions – d'un *certain* type. Austin insistait beaucoup sur les circonstances institution-nelles ou procédurales qui pouvaient, en raison d'une conven-tion, conférer une force (ou un poids) assez spécial(e), ou des implications assez spécifiques à l'énonciation d'une certaine expression – par exemple, à l'énonciation de «Je vous déclare coupable» par le président d'un jury dans une cour de justice, ou à l'énonciation de «Contre» par quelqu'un jouant au bridge (lorsque c'est à lui de faire une annonce). Mais n'est-il pas possible que *certains* de ces usages conventionnels en viennent à valoir comme des conventions, non pas seulement de la procédure concernée, mais du langage naturel en question? Ne peuvent-ils pas, pour ainsi dire, gagner une place dans le dictionnaire? Ils le peuvent en effet. Mais ils sont alors bien sûr pertinents pour déterminer la signification-A; il n'est plus vrai que ces usages n'interviennent qu'au niveau de la signification-C. Dès lors, le problème général concernant le comblement du fossé existant entre la signification-B et la signification-C – c'est-à-dire le fait que cela ne relève pas d'une règle linguistique – s'avère tout aussi indéniable [*secure*] que n'importe quelle tautologie. D'un autre côté, nous sommes obligés de corriger une chose concernant la détermination de la signification-A elle-même. Car nous comprenons désormais que la détermination de la signification-A peut, dans certains cas, être directement liée, *en raison d'une règle*, au contexte d'énonciation – à savoir dans ces cas précis où le dictionnaire donne un sens procédural ou institutionnel à une expression, et où cette expression est utilisée en ce sens dans le contexte de la procédure ou de l'institution correspondante.

II

Nous devons maintenant examiner à quels égards le schéma que nous venons d'esquisser est trop simple pour rendre justice aux faits ou, du moins, demande qu'on l'y applique avec des précautions particulières.

1. Nous avons commencé par imaginer quelqu'un, X, disposant d'une maîtrise parfaite de la syntaxe et de la sémantique normales d'un langage naturel L (ou d'un dialecte de L). Mais s'agit-il d'une idée très claire? Supposons qu'elle le soit. Une manière privilégiée de donner une forme définie à cette supposition consiste à supposer que la connaissance de X puisse, en principe, être articulée sous la forme d'une grammaire et d'un dictionnaire idéaux, ce dernier répertoriant chacun des sens de chaque unité expressive de L. Lorsqu'une unité expressive figurant dans une phrase P énoncée possède plus d'un sens répertorié, c'est-à-dire correspond à plusieurs entrées dans le dictionnaire, la détermination de la signification-au-sens-A de ce qui est dit impliquera une sélection de l'entrée appropriée, c'est-à-dire du sens que l'expression est censée véhiculer lorsque P est énoncée de cette façon.

Suivant le schéma esquissé en I, une certaine signification-au-sens-A fera toujours partie de la signification complète (sens-C) de ce qui fut dit. Mais c'est un lieu commun de rappeler que les mots peuvent naturellement acquérir ou véhiculer, en contexte, des sens étendus ou figurés, ou simplement différents ou incorrects, en raison de l'ignorance ou de l'analphabétisme du locuteur (voir les mauvais usages que les journalistes anglais font de « *refute* », « *flaunt* », « *mitigate* », etc.). Et voici un dilemme. Devons-nous supposer que tous les sens de ce type sont précédemment répertoriés dans le dictionnaire idéal de X? Si tel est le cas, alors (jusqu'ici) nous pouvons conserver le principe selon lequel une certaine signification-au-sens-A est toujours incluse dans la signification complète de ce qui est dit. Mais nous le conservons au prix d'une distorsion, ou d'une mauvaise représentation des faits, assez peu réaliste, sinon brutale. Car, à la vérité, les ressources sémantiques existantes d'une langue sont, par nature, capables de varier et de se développer de façon plus ou moins idiosyncrasique, selon des voies qu'on peut difficilement réduire à une règle avant que cela n'ait réellement lieu, c'est-à-dire avant que les choses ne soient vraiment dites et comprises[c]. Si, par ailleurs, nous n'empruntons pas cette voie irréaliste, alors il nous faut sacrifier notre principe. Car il est possible que, étant donné un certain usage d'une expression dans un sens étendu, figuré, analphabète ou incorrect dans l'énonciation d'une phrase, il n'y ait aucune signification-au-sens-A qui soit assignable à cette phrase dans la signification complète de ce qui a été dit. Nous pouvons peut-être atteindre un compromis : il faut alors admettre que le dictionnaire idéal de X soit révisé en incluant le nouveau sens étendu au moment même de la compréhension qu'il a de ce qui est dit ! Mais alors, dans ce cas, nous rendons le dictionnaire dépendant de la compréhension de X au lieu de rendre sa compréhension dépendante du dictionnaire.

À ce premier égard, donc, le schéma esquissé au début se révèle trop simple.

2. En voici un second. Dans certains cas, il n'y a strictement aucune difficulté à assigner ce qui apparaît comme une signification-B à ce qui est dit, sans que pourtant la signification-C inclue (sinon dans un sens paradoxal) la signification-B apparente, mais plutôt la contredise. Dans le texte précédent [« Austin on "Locutionary Meaning" »], pour illustrer la façon dont la signification-C inclut la signification-B tout en allant au-delà, j'ai utilisé l'exemple de quelqu'un qui dit « Le Président a défendu l'idée que l'âge idéal pour ce poste est de 50 ans » et qui entend

---

c. Quelques vagues principes généraux d'extension et de développement peuvent être signalés. Voir L.J. Cohen, « Review of *The Structure of Language*, ed. J.A. Fodor and J.J. Katz », *Philosophical Quaterly*, 1966.

qu'on le comprenne comme impliquant par là que le Président a certaines raisons de soutenir cette idée[d]. La signification-B de ce qui est dit dans ce cas est correctement caractérisée comme une assertion présomptive concernant un certain homme (le Président), à un certain moment, etc. La signification-C est obtenue en confirmant la présomption assertive et en *ajoutant* une implication à l'assertion. Mais supposons que l'on modifie légèrement l'exemple. Le locuteur dit plutôt : « Le Président défend vigoureusement l'idée que l'âge idéal etc. » ; mais on peut supposer que le locuteur entend être compris comme impliquant que le Président n'est pas vraiment de cet avis, mais qu'il prétend seulement l'être pour promouvoir les chances de son favori. Nous ne pouvons pas dire ici que la signification-C inclut la signification-B et s'y ajoute, mais seulement que la signification-C *contredit* l'*apparente* signification-B.

Nous pouvons être tentés de défendre contre cette objection le schéma exposé en I en l'intégrant dans une large classe d'autres cas réputés exclus de ce schéma en raison de la restriction apportée à l'énoncé original figurant en I au moyen de « sérieusement » – ce qui donne : « Supposons qu'une certaine phrase *P* d'un langage *L* soit énoncée sérieusement en une certain occasion ». L'énonciation ironique d'une phrase sera alors classée comme un usage *secondaire* ou *non-sérieux* du langage, comme le sont l'énonciation de phrases faite par des acteurs sur scène, la lecture à haute voix d'un roman, l'écriture d'un poème, etc. Mais si on exclut l'ironie, combien d'autres choses devra-t-on exclure avec elle ? La litote (dire par exemple « Il fait plutôt chaud » en voulant dire que la température est extrêmement élevée) ? L'hyperbole ? Les énoncés formellement très polis et qui

d. Voir « Austin on "Locutionary Meaning" », art. cit.

entendent être pris ainsi? Tout cas d'énoncé où l'implication recherchée [*intended*] fait porter en retour une ombre sur la signification-B apparente? Nous pouvons commencer à soupçonner qu'une telle défense du schéma prend un air trop *ad hoc*; que le seul principe discernable sur la base duquel le cachet de sérieux doit être accordé ou retenu est celui qui consiste à s'assurer que la décision retenue ne menace pas le schéma de départ. Et cela semble à peine moins arbitraire que le refus de reconnaître cette créativité sémantique à laquelle nous avons fait référence dans la première partie.

3. Ce qui suit ne constitue pas tant une critique du schéma initial qu'une mise en garde à propos de la façon dont on l'interprète. La signification complète d'une phrase énoncée devait inclure, lorsqu'il y en a, les implications qu'elle vise. Mais il convient ici d'établir une distinction, celle que nous pouvons appeler la distinction entre l'implication spécifiquement contextuelle et l'implication présomptive générale. Les exemples donnés jusqu'ici sont de la première forme. C'est-à-dire que le locuteur entend que ses mots, tels qu'ils les énonce en une occasion donnée, soient compris comme véhiculant une certaine implication. Mais les mots utilisés ne sont pas tels qu'ils seraient *normalement* ou *habituellement* compris comme portant cette implication. Le locuteur énonce *P*, impliquant *q*; et il est vrai qu'une partie de ce qu'il veut dire [*mean*] par ce qu'il dit est que *q*. Une telle implication spécifiquement liée à l'occasion d'énonciation appartient à la signification-C.

Il existe néanmoins un autre type d'implication, qui n'est pas attribuable aux intentions spécifiques que des locuteurs ont en des occasions particulières, mais à certaines présomptions générales concernant l'objet et l'objectif du discours dans son ensemble[e]. Par exemple, si on répond à une question en donnant une réponse peu précise, disons disjonctive (par exemple, « soit verte, soit rouge », « à Londres ou à Cambridge », « 27 ou 31 »), lorsqu'il est évident qu'une réponse plus précise (par exemple, « rouge », « à Londres », « 27 ») – à supposer que l'interlocuteur ait pu être en position de la donner – aurait mieux répondu aux attentes d'informations du questionneur, alors on présumera *normalement* que l'interlocuteur ne sait pas quelle est la réponse précise correcte ; même si, bien sûr, cette présomption peut être annulée dans des circonstances particulières. Le fait qu'il réponde comme il le fait sera néanmoins *normalement* considéré comme impliquant le fait qu'il ignore la réponse précise. On peut même dire de manière correcte qu'il l'a impliqué en répondant comme il le fit. Bien sûr, un grand nombre de remarques ou d'observations peuvent être parfaitement vraies sans pour autant n'avoir aucune pertinence s'il n'existe pas quelques raisons préalables de supposer qu'elles pourraient ne pas être vraies ; par conséquent, la production de ces remarques peut très bien être normalement comprise comme impliquant qu'est précisément remplie une condition leur conférant une certaine pertinence. Par exemple, « Le Président était suffisamment en forme pour faire une petite promenade aujourd'hui » sera normalement compris comme impliquant au moins que le Président n'était pas en parfaite santé ; « Il a signé le rapport volontairement » sera normalement compris

e. Voir H.P. Grice, « The Causal Theory of Perception », « Utterer's Meaning and Intention », « Logic and Conversation », dans *Studies in the Way of Words*, Cambridge (Mass.), Harvard UP, 1989. [Voir également le texte de Grice dans ce volume, p. 293-329.]

comme impliquant qu'il y avait des raisons de penser qu'il avait agi sous pression[f].

Si un locuteur énonce une phrase qui véhicule une telle implication présomptive générale, et si rien dans les circonstances n'annule cette implication, alors il amènera certainement son auditoire à penser que (il pense que) cette implication est valable; et il peut avoir l'intention d'obtenir ce résultat. Mais je ne pense pas qu'il s'ensuit que le fait qu'une telle implication est valable fasse partie de ce que le locuteur *signifie* [*means*] par un tel énoncé. Ce point ne pourrait être vraiment défendu que dans le cadre d'une théorie complète de la communication, pour laquelle il n'y a pas la place ici. Qu'il suffise ici de distinguer ces deux types d'implications et de remarquer qu'une implication présomptive générale ne gagne pas, du fait de sa simple existence, une place dans la signification-C de l'énoncé.

4. Je vais ensuite faire allusion au problème obscur et complexe de la référence. J'essaie en premier lieu d'illustrer, non pas tant une imperfection du schéma de la première partie, qu'une perplexité quant à son application. En deuxième lieu, je suggère une faiblesse plus profonde de ce schéma.

Certains des problèmes présents dans ce domaine, mais pas tous, s'éclairent d'eux-mêmes à travers le traitement, offert par des logiciens ou des philosophes du langage, de «l'opacité référentielle». Prenez la phrase française «Smith espère que votre frère sera élu» et imaginez-la prononcée sérieusement en une occasion donnée. Cette phrase semble susceptible de recevoir plusieurs interprétations. Selon l'une d'elles, évidente, il n'est pas

f. Voir H.P. Grice, *ibid.*, et J.R. Searle, *Speech Acts*, Cambridge (Mass.), Cambridge UP, 1969 [trad. fr. H. Pauchard, *Les actes de langage*, Paris, Hermann, 1972].

impliqué que Smith sait que la personne qu'il souhaite voir élue est le frère de la personne à qui l'on s'adresse ; le contraire n'est pas impliqué non plus. L'expression « Votre frère » est simplement utilisée par le locuteur *afin que l'auditeur* identifie la personne dont il est affirmé que Smith souhaite qu'elle soit élue (c'est-à-dire que, en gros, Smith souhaite que la personne qui, en réalité, est votre frère soit élue). Mais il est assez évident que les expressions de ce genre dans les phrases de ce type ne sont pas toujours utilisées de cette façon ; car, dans certains cas, leur usage pourrait être pris – et être fait dans l'intention qu'il soit ainsi pris – de telle sorte que la valeur de vérité de ce qui était dit soit affectée par la question de savoir si Smith savait (ou croyait) que la personne qu'il souhaitait voir élue était le frère de la personne à qui l'on s'adressait. Cela donne, en gros : Smith espère que la personne qui est en fait votre frère, et qu'il sait être votre frère, sera élue. Il se peut même que la remarque soit censée véhiculer l'idée que c'est en tant qu'il est le frère de la personne à qui l'on s'adresse que Smith espère voir son favori élu, ou du moins que c'est en tant que Smith le croit tel – ce qui donne : Smith espère que la personne qui est en réalité votre frère et qu'il croit être votre frère sera élue, et Smith espère que cette personne sera élue *parce qu'*il sait ou croit qu'elle est votre frère.

Comme un premier pas vers une solution d'au moins quelques uns de ces cas (dont la complexité va bien au-delà de mon illustration succincte), certains logiciens ont invoqué la notion d'ambiguïté sémantique ou syntaxique, c'est-à-dire d'ambiguïté au niveau de notre initial niveau-de-sens-A. Des mots comme « espérer » ou « croire », ont-ils suggéré, ont des sens différents ; ou, a-t-on alternativement suggéré, les phrases de ce type peuvent révéler une ambiguïté syntaxique au niveau de leur structure de surface, en ce qu'elles ont des histoires transformationnelles différentes. Les avis à l'égard du caractère plausible de ces

suggestions sont variables[g]. Mais il faut noter que d'autres possibilités existent. Par exemple, on pourrait soutenir l'idée que les
phrases de ce type problématique ne sont pas ambigües, mais ont
intrinsèquement un sens *indéfini*; et la résolution de ce caractère
indéfini ne peut pas se situer à un niveau moins élevé que celui de
la signification-C. Il est certes vrai que, selon toutes les conceptions envisagées, le contexte contribue à déterminer la signification de ce qui est dit. Mais aussi longtemps que nous ne faisons
aucun choix théorique parmi ces conceptions, le niveau où a
lieu cette détermination reste obscur si on utilise les termes du
schéma de I.

Mon exemple ne servait qu'à illustrer une incertitude quant à
l'application de ce schéma. Mais la situation est bien pire. Une
fois que nous commençons à prendre au sérieux et dans toute sa
complexité l'objet de la référence, se trouve remise en cause une
présomption non-interrogée du schéma. Il s'agit de la présomption selon laquelle, une fois déterminée la signification-au-sens-A
d'un énoncé, alors sont automatiquement déterminés les éléments
en fonction desquels se pose la question, de niveau-B, de la détermination de la référence. Mais si nous adoptons et étendons la
thèse de l'indétermination intrinsèque de la signification-au-
sens-A à laquelle nous venons de faire allusion, alors cette
présomption semble s'effondrer dans de nombreux cas. Il est
possible qu'une seule phrase admette différentes interprétations,
dans l'une desquelles un élément de la phrase (disons une description définie) a un *usage* référentiel tandis que dans d'autres il n'a
pas cet *usage*. Pensons par exemple à « Le prochain dirigeant du

g. Dans « Belief, Reference, and Quantification », dans *Entity and Identity*,
op. cit., p. 100-122, je soutiens que les verbes comme « croire », etc., n'ont pas
des sens différents, « notionnel » et « relationnel ». Si nous devons mettre de
l'ambiguïté quelque part, nous devons la considérer comme structurale.

parti aura de nombreux ennemis ». La locution descriptive définie peut être utilisée pour référer à un individu défini, qu'on peut dénommer, et dans l'intention d'être prise comme faisant référence à cet individu. Alternativement, cette phrase peut être utilisée avec la valeur de « Quel que soit le prochain dirigeant du parti, il aura de nombreux ennemis ». Ce n'est que dans le premier cas que se pose la question de niveau-B consistant à déterminer la référence. Le contexte peut certes résoudre la question de savoir dans quel cas on se situe. Mais l'image d'une progression continue dans la détermination de la signification de ce qui est dit – de A à B puis C – n'est plus valable. Car, si on généralise l'hypothèse du caractère indéfini de la signification, la résolution des questions-A ne peut pas toujours en soi déterminer quelles sont les questions-B à résoudre.

III

Pour finir, il y a trois façons dont certaines des questions chichement discutées auparavant ont de l'importance pour d'autres problèmes qui intéressent les logiciens, les philosophes du langage et, peut-être, les linguistes.

1. *Les propositions.* Les logiciens s'intéressent à un découpage du matériel linguistique que nous avons examiné selon des principes assez différents de ceux mentionnés jusqu'ici. Frege disait que le mot « vrai » indique quels sont les objets de la logique, de la même manière que le mot « beau » indique quels sont les objets de l'esthétique et que le mot « bien » indique ceux de l'éthique. Les logiciens s'intéressent assurément à la *transmission* de la vérité d'une ou plusieurs proposition(s) à une autre proposition (qui vaut comme conclusion) dans les cas où les principes de cette transmission ont une sorte de généralité qui

peut être démontrée de manière formelle, selon un certain style. Le style le plus courant met en avant la démonstration de l'identité des propositions, ou des clauses propositionnelles, d'une occasion de leur occurrence à une autre – de même que l'identité des prédicats logiques et, à un moindre degré, de la référence individuelle.

Préoccupé par ces questions, le logicien qui souhaite établir un lien entre sa formule et le langage naturel aura des raisons différentes de celles que nous avons exposées de ne pas être satisfait du schéma de la première partie. La détermination de la signification-au-sens-A des phrases énoncées sera généralement à la fois trop faible et trop forte pour ses objectifs. Pour connaître quelles propositions (les porteurs de valeur de vérité) sont en question, il doit connaître la valeur des éléments déictiques et référentiels des phrases énoncées ; car deux phrases (ou clauses) énoncées (ou deux énoncés d'une même phrase ou clause) ayant la même signification-au-sens-A exprimeront différentes propositions si la signification référentielle de ces éléments diffère. La signification-au-sens-B de ce qui est dit ne correspond pas plus à ce qu'il recherche. Même si le passage de *A* à *B* corrige les *manques* de la signification-au-sens-A, ce passage ne corrige pas ses *excès*. Car *B*, en ce que, selon le schéma de I, il inclut tout de *A*, peut entraîner des différences dans la signification de ce qui est dit là où le logicien aurait tendance à trouver une *identité* des propositions, comme ce serait le cas avec les phrases « C'est un Anglais, aussi est-il sympathique » et « C'est un Anglais, mais il est sympathique », énoncées, nous faut-il supposer, avec la même référence.

Ce n'est pas uniquement le logicien qui ressentira le besoin d'ajouter au schéma I des principes différents d'abstraction. Dans les domaines où la vérité et la fausseté importent, tout philosophe du langage peut considérer qu'il est important de distinguer ce qui est en fait affirmé de ce qui est, d'une façon ou d'une autre, véhiculé dans le fait de dire ce qui est dit, que ces ajouts soient ou non véhiculés par des outils linguistiques conventionnellement adaptés à cette fin. Austin, qui n'était en rien un logicien formel, ressentit certainement la force de cette idée, comme nous avons pu le voir en essayant d'éclaircir sa propre distinction entre la signification locutoire et la force illocutoire.

Il faut finalement noter que les précédents points 1 et 4 de la partie II ci-dessus pèsent également sur la détermination de l'identité de la proposition affirmée. Ils montrent qu'une telle détermination ne peut pas seulement consister à ajouter la détermination de la référence à un sens déterminé au niveau de la signification-A. Car le premier point de la partie II montre combien l'interprète d'une phrase énoncée doit parfois aller au-delà de la signification-A, afin de déterminer quelles sont les *questions* de référence à résoudre. L'ensemble de ces points va ainsi avoir tendance à renforcer l'insatisfaction des logiciens à l'égard du schéma initial.

2. *Usage et signification.* Néanmoins, aussi compliquée soit la façon dont la détermination de la signification propositionnelle croise les distinctions faites en I, tout l'argument précédent présuppose qu'il faut tracer une frontière, dans notre étude du discours, entre ce qui se tient dans les limites de la signification linguistique, en un sens strict, et ce qui se tient en dehors de ces limites tout en appartenant encore au domaine plus large de la signification communiquée. Il ne présuppose pas une frontière nette et continue ; il autorise une certaine marge d'indétermination, en ce qui concerne les cas qu'on ne peut pas situer avec certitude, à un moment donné, d'un côté ou de l'autre de la frontière (voir II.1 ci-dessus). Peut-être même faut-il admettre une telle

zone d'indétermination comme une condition pour comprendre la croissance et le développement d'une langue. Il reste qu'un certain type de frontière est présupposé. Tout linguiste qui espère qu'une théorie sémantique systématique d'une langue donnée est possible a un intérêt à le supposer, tout comme le philosophe qui vise, à sa façon, une compréhension systématique de nos habitudes de parole et de pensée.

Le problème est bien sûr celui de tracer la frontière au bon endroit, le long des lignes qui s'accordent le mieux avec les exigences du système et le respect des faits. Il est ici important de mentionner une tentation à laquelle les philosophes (de langue anglaise) ont été récemment exposés – en partie, mais pas seulement, sous l'influence de Wittgenstein – et contre laquelle d'autres philosophes (de langue anglaise) ont, encore plus récemment, mis en garde pour la corriger[h]. Dans leur étude zélée et tout à fait correcte des *usages* auxquels peuvent servir les expressions philosophiquement intéressantes – des objectifs que ces expressions peuvent servir dans l'exercice complet de la communication et des *conditions* sous lesquelles elles peuvent naturellement servir ces objectifs –, les philosophes peuvent ignorer ou se tromper sur ce qui joue en réalité un rôle-clé pour comprendre les usages qu'ils étudient. Car il est possible qu'une telle expression possède en fait une signification linguistique unitaire et que la variété des usages et des conditions d'usage qui retient l'attention philosophique – ou certains usages centraux et typiques qui menacent de monopoliser l'attention philosophique – puisse être *expliquée* comme étant le résultat d'une interaction entre cette signification linguistique unitaire d'un côté et certains objectifs caractéristiques du discours, ou certains traits de la situation de discours,

h. Notamment Grice ; voir les textes cités précédemment.

de l'autre. Un philosophe qui ignore cette possibilité rejette par conséquent la possibilité d'obtenir une meilleure compréhension et un meilleur contrôle de son matériau. (Qu'on me permette d'ajouter que, bien sûr, l'explication philosophique de cette signification unitaire n'est pas facile, même quand elle est possible. Elle ne doit pas être confondue avec la tâche du lexicographe. Le lexicographe peut se contenter d'un synonyme ou d'un équivalent; le philosophe est requis de ne réussir rien moins qu'une présentation précise d'un concept.)

Nous pouvons peut-être résumer tout cela en disant que la distinction entre la signification linguistique et la signification complète reste d'une importance vitale, même si les relations qu'elles entretiennent l'une avec l'autre et avec la question de la référence ne sont pas présentées d'une manière suffisamment sophistiquée dans le schéma de I, et même si, comme l'idée en a été défendue en III.1, des principes supplémentaires de division du matériau qu'est la parole sont requis.

3. *Langage et communication*. Las, peut-être, des complexités qui nous assaillent quand nous essayons de rendre compte de la signification communiquée en général, bien que portés à croire à la possibilité d'une théorie sémantique systématique pour une langue donnée, certains linguistes et philosophes du langage ont soutenu qu'une telle théorie ne devait en rien dépendre du concept de communication[i]. Ils soutiennent que, du point de vue d'une théorie linguistique, il faut concevoir le langage comme un système de règles et d'outils permettant d'articuler ou d'exprimer des croyances et des attitudes, et non pas essentiellement de les communiquer. La fonction communicative du langage, bien

i. Voir, par exemple, J. Moravcsik, « Linguistic Theory and the Philosophy of Language », *Foundations of Language*, 3, 1967, p. 209-233.

qu'elle ait sans aucun doute été importante historiquement quant à son origine, sa croissance et son développement, et bien qu'elle constitue une part majeure de l'utilité concrète du langage pour l'humanité, n'occuperait pas une place essentielle dans une explication théorique du langage en tant que système syntaxique, sémantique et phonologique. Dans l'objectif d'élaborer une théorie de la signification linguistique, nous pourrions balayer toutes les considérations essentiellement liées à la fonction communicative.

J'aimerais conclure sur deux commentaires, très brefs et dogmatiques, concernant cette idée. Premièrement, elle me semble incohérente. Selon elle, le fait que les règles et les conventions qui déterminent les significations des phrases sont plus ou moins socialement partagées, forment des règles publiques ou des conventions, apparaîtra comme un simple fait naturel, qui demande sans doute une explication naturelle, mais n'est en aucun cas essentiel au concept de langage. Toute tentative pour donner une explication naturelle de ce « fait naturel » révèlera rapidement combien une telle assomption est arbitraire et peu réaliste[j]. Là encore, cette idée exige qu'il soit possible de donner une explication précise de la notion d'articulation réglée des croyances et des attitudes, qui ne repose en rien sur une explication de la *communication* des croyances et des attitudes (ni ne la présuppose). Or, quelqu'un qui maîtrise une langue peut certainement, parfois, articuler des croyances ou des attitudes sans intention de les communiquer. Mais il ne s'ensuit nullement que nous pouvons *comprendre* la nature de cette activité en des termes

---

j. Voir P.F. Strawson, « Meaning and Truth », dans *Logico-Linguistic Papers*, London, Methuen, 1971, p. 187-188 [trad. fr. J. Milner, *Études de logiques et de linguistique*, Paris, Seuil, 1977].

qui n'impliquent aucune référence à une volonté communicative. Et – de fait – nous ne le pouvons pas.

Nous ne pouvons pas espérer comprendre le langage comme un théoricien espère le comprendre sans comprendre le discours [*speech*]. Et nous ne pouvons pas espérer comprendre le discours [*speech*] sans prendre en compte son but qui est la communication.

SAUL KRIPKE

IDENTITÉ ET NÉCESSITÉ

Présentation, par Philippe de Rouilhan et François Rivenc

On a pu faire remonter la « Nouvelle théorie de la référence »,
comme elle fut, un temps, appelée, aux années soixante du siècle
dernier, certains l'ont même fait remonter aux années quarante,
mais la théorie ne connut son plein essor qu'au début des années 70.
Elle renouvelait profondément l'analyse logico-sémantique habituelle depuis Frege et Russell des noms propres et d'une certaine
catégorie de noms communs (termes d'espèce naturelle et termes
de substance), et remettait gravement en cause nombre d'idées
reçues sur la signification, la référence, l'identité, la nécessité,
l'*a priori*, etc. Depuis cette époque, des centaines d'articles,
thèses ou livres sont parus sur les *mondes possibles*, les *désignateurs rigides*, la *contingence a priori*, la *nécessité a posteriori* et
autres bizarreries du même genre. Le moment peut-être le plus
important de son histoire fut la conférence donnée par Kripke à
l'université de New York en 1970 et publiée en 1971 sous le titre
« Identity and Necessity »[1], ainsi que la série de conférences

1. Dans *Identity and Individuation*, M.K. Munitz (ed.), New York, New York
UP, 1971, p. 135-164.

de même inspiration données la même année à l'université de Princeton et publiées en 1972 sous le titre « Naming and Necessity » [1].

C'est la traduction de la publication de 1971 que nous donnons ci-dessous. La thèse fondamentale de cet article touche à la nécessité de l'identité. Cette dernière expression peut désigner la thèse avancée pour la première fois par Ruth Barcan dans les années 1940[2], selon laquelle, *si des objets sont identiques, ils le sont nécessairement*, autrement dit, avec un symbolisme habituel proche de celui de Kripke :

$$(1) \quad \forall x \forall y [(x = y) \supset \Box(x = y)].$$

Cette thèse est quelque peu paradoxale par les conséquences qu'on peut en tirer par simple instanciation. Certes, on peut bien construire une langue *artificielle*, sa syntaxe et sa sémantique, de telle manière que, pour tous termes singuliers, t_1 et t_2, de cette langue, il n'y ait rien à redire à la vérité de l'implication (matérielle[3]) :

$$(2) \quad \ulcorner(t_1 = t_2) \supset \Box(t_1 = t_2)\urcorner.$$

Cependant, la question qui intéresse Kripke n'est pas une question de *logique* ou d'*ontologie formelles*, c'est une question de *philosophie du langage*. La question qui intéresse Kripke est de savoir si la langue *naturelle*, l'anglais, par exemple, ou le français, contient des termes singuliers tels que, comme dans la

---

1. Dans *Semantics of Natural Language*, D. Davidson et G. Harman (eds.), Dordrecht, D. Reidel, 1972, p. 253-355 et 763-769. Une édition révisée et augmentée de ce texte est parue en 1980 et a été traduite par P. Jacob et F. Recanati, *La logique des noms propres*, Paris, Minuit, 1982.

2. « The identity of Individuals in a Strict Functional Calculus of Second Order », *The Journal of Symbolic Logic*, 12 (1947), p. 12-15.

3. Cette précision est systématiquement sous-entendue dans ce qui suit.

langue artificielle imaginée à l'instant, l'identité entre[1] de tels termes implique la nécessité de cette identité.

La première chose à remarquer est que la langue naturelle contient des expressions qui semblent être des termes singuliers, à savoir les descriptions définies, entre lesquelles, en général, l'identité *n*'implique *pas* la nécessité de l'identité. Exemple de Kripke : l'implication (3) est fausse.

> (3)　(Le premier *Postmaster General* des EU = l'inventeur des lunettes à double foyer) ⊃ □(Le premier *Postmaster General* des EU = l'inventeur des lunettes à double foyer).

En effet, les deux descriptions désignant toutes les deux Benjamin Franklin, l'antécédent est vrai, mais il est clair que le conséquent est faux. La réaction de Kripke à ce contre-exemple apparent à la loi (1) est essentiellement russellienne : elle revient à dire que les descriptions définies ne sont pas véritablement des termes singuliers, donc que (3) n'est pas véritablement une instance de (1).

Cependant, il semble bien y avoir dans la langue naturelle des termes singuliers authentiques, donnant lieu à des exemples (et non des contre-exemples) pour la loi (1). Ainsi, pour Kripke, les noms propres. Par exemple, l'implication (4) est vraie :

> (4)　(Phosphorus = Hesperus) ⊃ □(Phosphorus = Hesperus).

En effet, les deux noms propres désignant tous les deux l'Étoile du Matin, *i.e.* l'Étoile du Soir, *i.e.* Vénus, l'antécédent est vrai. Mais le conséquent lui aussi, paradoxalement, est vrai, comme Kripke le prouve par une analyse minutieuse de la façon dont

---

1. Nous reprenons de Kripke cet abus de langage. En toute rigueur, il faudrait parler d'« identité obtenue en encadrant le signe d'identité par de tels termes », et, corrélativement, d'« identité entre objets désignés par de tels termes ».

nous utilisons les noms propres dans la langue naturelle. Il est naturellement amené à réfuter une prétendue réfutation du conséquent en question, qui vient naturellement à l'esprit et que l'on trouve notamment chez Quine, dans une polémique fameuse avec R. Barcan, qui eut lieu 1962, avec la participation, entre autres, du jeune Kripke[1]. Au total, l'antécédent est à la fois nécessaire et *a posteriori*.

Comme termes singuliers authentiques dans la langue naturelle, il y a aussi, pour Kripke, les termes d'espèce naturelle ou de substance. Par exemple, l'implication (5) est vraie :

(5)   (La chaleur = le mouvement moléculaire) $\supset$ $\square$(la chaleur = le mouvement moléculaire).

L'exemple est analogue au précédent, l'antécédent est vrai, la chaleur *est* le mouvement moléculaire, mais le conséquent aussi, paradoxalement, comme le montre Kripke, réfutant au passage les prétendues réfutations du conséquent en question. Ici aussi, l'antécédent est à la fois nécessaire et *a posteriori*.

Vers la fin de son article, armé de ses considérations sur la nécessité de l'identité, Kripke fait une incursion en *philosophie de l'esprit*, pour s'attaquer à l'ainsi nommée « théorie de l'identité ». Selon cette théorie, l'esprit est identique au corps, plus précisément un état mental est identique à un état cérébral, mais sans lui être nécessairement identique. Par exemple, la douleur est identique à une stimulation de fibres (nerveuses du groupe) C, mais cette identité est contingente. Krikpe réfute cette théorie en lui opposant la vérité de l'implication suivante, du même genre que (5) :

1. Voir la version de la « Discussion » publiée par R.B. Marcus dans son livre, *Modalities. Philosophical Essays*, Oxford, Oxford UP, 1993, p. 24-35.

(6)   (La douleur = la stimulation de fibres C) ⊃ □(la douleur = la stimulation de fibres C).

Mais, au contraire de ce qui se passait avec l'implication (5), et d'ailleurs déjà avec (4), Kripke ne soutient pas que l'antécédent soit vrai ni que le conséquent le soit aussi. Il soutient subtilement que le conséquent est faux et que l'antécédent l'est aussi. Ainsi la douleur ne serait pas la stimulation de fibres C, un état mental ne serait pas un état cérébral, l'esprit ne serait pas le corps, Descartes aurait raison.

Dans cette présentation jusqu'ici, nous avons évité de parler de « mondes possibles » et de « désignateurs rigides » – ces expressions normalement obligées de tout discours sur la théorie de la référence de Kripke. Nous préférons laisser au lecteur le plaisir de découvrir par lui-même la façon dont Kripke comprend les modalités en termes de mondes possibles, et défend la nécessité de l'identité en termes de désignateurs rigides.

Dans la traduction qui suit (hormis pour les notes en bas de page, rédigées par Kripke pour la publication), nous avons essayé de rendre le style parlé que revendique Kripke lui-même dans sa première note, de caractère éditorial, pour un texte qu'en fait, il n'a jamais *écrit*. Nous n'avons pas poussé le vice, cependant, jusqu'à chercher à rendre toutes les petites obscurités, et elles sont nombreuses, de l'original [1].

---

1. Dans cet exercice périlleux de traduction d'une langue aussi peu soutenue dans une autre, nous avons plusieurs fois fait appel au jugement de John M. Vickers. Qu'il soit ici remercié pour les réponses circonstanciées et un rien désabusées, comme il sied au connaisseur qu'il est des deux langues, parlées ou écrites, qu'il nous a faites.

IDENTITÉ ET NÉCESSITÉ [*]

Un problème souvent posé en philosophie contemporaine est le suivant : « Comment des affirmations d'identité *contingentes* sont-elles possibles ? ». Cette question est formulée par analogie avec la façon dont Kant a formulé sa question, « Comment des jugements synthétiques *a priori* sont-ils possibles ? ». Dans les deux cas, il a ordinairement été tenu pour acquis, dans le premier cas, par Kant, que les jugements synthétiques *a priori* étaient possibles, et dans le second, dans la littérature philosophique contemporaine, que les affirmations d'identité contingentes sont possibles. Je n'ai pas l'intention de traiter la question kantienne, sauf pour mentionner cette analogie, car après qu'un assez gros livre eut été écrit, essayant de répondre à la question de savoir comment des jugements synthétiques *a priori* étaient possibles, d'autres sont arrivés plus tard soutenant que la solution au problème était que les jugements synthétiques *a priori* étaient évidemment impossibles et qu'un livre qui prétendait montrer le contraire avait été écrit en pure perte. Je ne discuterai pas la question de savoir qui avait raison quant à la possibilité des jugements synthétiques *a priori*. Mais dans le cas des affirmations d'identité contingentes, la plupart des philosophes ont senti que la notion d'une affirmation d'identité contingente se heurtait à quelque chose comme le paradoxe suivant. Un argument comme le suivant peut être avancé contre la possibilité des affirmations d'identité contingentes [a].

---

[*] S. Kripke, « Identity and Necessity », dans *Identity and Individuation*, M.K. Munitz (ed.), New York, New York UP, 1971, p. 135-164, traduction Ph. de Rouilhan et F. Rivenc.

a. Cet article a été présenté oralement, sans texte écrit, lors des conférences sur l'identité données à New York University qui forment le volume *Identity and*

D'abord, la loi de substituabilité de l'identité dit que, quels que soient les objets x et y, si x est identique à y, alors, si x a une certaine propriété F, il en est de même de y :

(1) $(x)(y)[(x=y) \supset (Fx \supset Fy)]$

D'un autre côté, il est sûr que chaque objet est nécessairement identique-à-soi-même :

(2) $(x)\square(x=x)$

Mais :

(3) $(x)(y)(x=y) \supset [\square(x=x) \supset \square(x=y)]$ [1]

est une instance de substitution de (1), la loi de substituabilité. À partir de (2) et de (3), nous pouvons conclure que, pour tout x et tout y, si x est égal à y, alors il est nécessaire que x soit égal à y :

Invidiuation. La conférence a été enregistrée, et le présent article provient d'une transcription de ces enregistrements, à peine revue pour la publication et sans qu'on ait tenté de changer le style de l'original. Si le lecteur s'imagine les phrases de cet article prononcées d'abondance, avec les hésitations et les accentuations appropriées, cela peut faciliter sa compréhension. Néanmoins, il y a peut-être encore des passages difficiles à suivre, et le temps alloué demandait une présentation condensée de l'argument. (Une version plus longue de certaines de ces idées, encore assez condensée et provenant encore d'une transcription de remarques orales, paraîtra par aileurs. [Elle est effectivement parue, sous le titre « Naming and Necessity », dans *Semantics of Natural Language*, D. Davidson et G. Harman (dir.), Dordrecht, D. Reidel, 1972, p. 253-355 et 763-769.] De temps en temps, les réserves, les développements, et les profits de mes remarques ont dû être mis de côté, en particulier dans la discussion de l'identification théorique et du problème de l'esprit et du corps. Sans cela, les notes de bas de page, qui ont été ajoutées à l'original, seraient devenues encore plus lourdes.

1. *sic*, il faut comprendre que la portée, non marquée, des quantificateurs est l'affirmation tout entière. Nous corrigerons désormais sans mot dire les nombreuses fautes vénielles, formelles ou non, dont est parsemé le texte original.

(4) $(x)(y)((x=y) \supset \Box(x=y))$

Cela parce que l'antécédent $\Box(x=x)$ de l'implicative $\Box(x=x) \supset$ $\Box(x=y)$ saute, parce qu'on sait qu'il est vrai.

C'est un argument qui a été plusieurs fois avancé dans la philosophie récente. Sa conclusion, cependant, a souvent été regardée comme hautement paradoxale. Par exemple, dans son article, « Identity-Statements », David Wiggins dit :

> Or il existe sans aucun doute des affirmations-d'-identité contingentes. Soit $a = b$ l'une d'elles. À partir de sa simple vérité et de (5) [= (4) ci-dessus] nous pouvons dériver « $\Box(a = b)$ ». Mais alors comment peut-il y avoir des affirmations-d'-identité contingentes ?[b]

Il dit ensuite qu'il y a cinq réactions différentes possibles à cet argument, et rejette toutes ces réactions, et réagit lui-même. Je ne veux pas discuter toutes les réactions possibles à cette affirmation[1] sauf pour mentionner la deuxième de celle que Wiggins rejette. Selon celle-ci,

> Nous pourrions peut-être accepter le résultat et plaider que, pourvu que « a » et « b » soient des noms propres, il n'y a rien qui cloche. La conséquence de cela est qu'aucune affirmation-d'-identité contingente ne peut être faite au moyen de noms propres.

Et alors il dit qu'il est mécontent de cette solution et que beaucoup d'autres philosophes aussi ont été mécontents de cette solution, tandis que d'autres encore l'ont défendue.

---

b. R.J. Butler (ed.), *Analytical Philosophy, Second Series*, Oxford, Blackwell, 1965, p. 41.

1. Comprendre : l'affirmation par laquelle commence la citation de Wiggins.

Qu'est-ce qui fait paraître l'affirmation (4) surprenante ? Elle dit que, pour tous objets x et y, si x est y, alors il est nécessaire que x soit y. J'ai déjà mentionné que quelqu'un pourrait contester cet argument en arguant que la prémisse (2) est déjà fausse, qu'il n'est pas vrai que chaque chose soit nécessairement auto-identique. Bon, par exemple, suis-je nécessairement auto-identique ? Quelqu'un pourrait arguer que, dans certaines situations que nous pouvons imaginer, je n'aurais même pas existé et par conséquent l'affirmation « Saul Kripke est Saul Kripke » aurait été fausse ou il ne serait pas vrai que je sois auto-identique. Peut-être n'aurait-il été ni vrai ni faux, dans un tel monde, de dire que Saul Kripke est auto-identique. Bon, il en est peut-être ainsi, mais en réalité cela dépend de la conception philosophique qu'on a sur une question que je ne discuterai pas, celle de savoir ce qu'il faut dire des valeurs de vérité des affirmations mentionnant des objets qui n'existent pas dans le monde réel ou dans n'importe quel monde possible donné ou situation contrefactuelle. Prenons ici la nécessité en un sens faible. Nous pouvons compter des affirmations comme nécessaires si, chaque fois que les objets qui y sont mentionnés existent, l'affirmation serait vraie. Si nous voulions être très soigneux sur ce point, nous devrions nous engager dans la question de l'existence comme prédicat et demander si l'affirmation peut être reformulée sous la forme : pour tout x, il est nécessaire que, si x existe, alors x est auto-identique. Je ne m'engagerai pas ici dans ce genre de subtilité parce que cela ne va pas être pertinent pour mon thème principal. Je ne vais pas non plus réellement considérer la formule (4). Quiconque croit la formule (2), à mon avis, doit croire la formule (4). Si x et y sont les mêmes choses et que nous pouvons parler des propriétés modales d'un objet, à savoir, en langage ordinaire, parler de modalité *de re* et dire qu'un objet comme tel a *nécessairement* certaines propriétés, alors la formule (1), je pense, doit être valable. Si tant est que F est une propriété, y compris une propriété comprenant des opérateurs modaux, et si x et y sont le même objet et que x a une certaine propriété F, alors y doit avoir la même propriété F. Et il en est ainsi même si la propriété F est elle-même de la forme d'avoir nécessairement quelque autre propriété G, en particulier celle d'être nécessairement identique à un certain objet. Bon, je ne discuterai pas la formule (4) elle-même parce que par elle-même elle n'affirme d'aucune affirmation d'identité particulière vraie qu'elle est nécessaire. Elle ne dit rien du tout des *affirmations*. Elle dit que, pour tout *objet x* et tout *objet y*, si x et y sont le même objet, alors il est nécessaire que x et y soient le même objet. Et je pense que cela, si nous y réfléchissons (de toute façon, si quelqu'un ne pense pas ainsi, je ne défendrai pas ce point ici), revient en réalité à quelque chose de très peu différent de l'affirmation (2). Puisque x, par définition de l'identité, est le seul objet identique à x, «$(y)(y = x \supset Fy)$» ne me semble guère plus qu'une façon verbeuse de dire «Fx», et ainsi $(x)(y)(y = x \supset Fy)$ dit la même chose que $(x)Fx$ quoi que F puisse être – en particulier, même si «F» représente la propriété d'être nécessairement identique à x. Ainsi, si x a cette propriété (d'identité nécessaire à x), trivialement, tout ce qui est identique à x l'a, comme (4) l'affirme. Mais, à partir de l'affirmation (4), on peut apparemment être capable de déduire que diverses affirmations d'identité particulières doivent être nécessaires[1] et cela est alors supposé être une conséquence très paradoxale.

Wiggins dit : « Or il existe sans aucun doute des affirmations-d'-identité contingentes ». Un exemple d'affirmation-d'-identité contingente est l'affirmation que le premier *Postmaster General* des États-Unis est identique à l'inventeur des verres à double

---

1. Comprendre : nécessaires si elles sont vraies.

foyer, ou que tous deux sont identiques à l'homme que le *Saturday Evening Post* présente (*faussement*, ai-je découvert, soit dit en passant) comme son fondateur. Or certaines de ces affirmations sont manifestement contingentes. C'est manifestement un fait contingent qu'un seul et même homme ait à la fois inventé les verres à double foyer et occupé le poste de *Postmaster General* des États-Unis. Comment pouvons-nous concilier cela avec la vérité de l'affirmation (4)? Bon, voilà encore une question dans le détail de laquelle je ne veux pas m'engager si ce n'est de façon très dogmatique. Je pense qu'elle a été parfaitement résolue par Russell avec sa notion de portée d'une description. Selon Russell, il peut être approprié de dire, par exemple, que l'auteur de «Hamlet» aurait pu ne pas écrire «Hamlet», ou même que l'auteur de «Hamlet» aurait pu ne pas être l'auteur de «Hamlet». Or ici, évidemment, nous ne dénions pas la nécessité de l'identité d'un objet avec lui-même; mais nous disons qu'il est vrai, concernant un certain homme, qu'il est en fait l'unique personne à avoir écrit «Hamlet» et, secondement, que cet homme, qui est en fait l'homme qui a écrit «Hamlet», aurait pû ne pas écrire «Hamlet». En d'autres termes, si Shakespeare avait décidé de ne pas écrire des tragédies, il aurait pu ne pas écrire «Hamlet». Dans ces circonstances, l'homme qui a en fait écrit «Hamlet» n'aurait pas écrit «Hamlet». Russell met cela en évidence en disant que la description «L'auteur de "Hamlet"» a une grande portée[c]. C'est-à-dire que nous disons : «L'auteur de "Hamlet" a la propriété suivante, qu'il aurait pu ne pas écrire "Hamlet"». Notre assertion *n'est pas* que l'affirmation suivante aurait pu être vraie, à savoir que l'auteur de «Hamlet» n'a pas écrit «Hamlet», car ce n'est pas vrai. Ce serait dire qu'il aurait pu se faire que quelqu'un écrive

---

c. La seconde occurrence de la description a une petite portée.

« Hamlet » et cependant n'écrive pas « Hamlet », ce qui serait une contradiction. Or, mis à part les détails de la formulation particulière de Russell, qui repose sur sa théorie des descriptions, cela semble être une distinction que toute théorie des descriptions doit faire. Par exemple, si quelqu'un devait rencontrer le Président de Harvard et le prendre pour un *Teaching Fellow*, il pourrait dire : « J'ai pris le Président de Harvard pour un *Teaching Fellow* ». Il ne veut pas dire par là qu'il a pris pour vraie la proposition « Le Président de Harvard est un *Teaching Fellow* ». Il aurait pu vouloir dire cela si, par exemple, il avait cru qu'une certaine sorte de démocratie était allée si loin à Harvard que son Président avait décidé d'accepter de faire le travail d'un *Teaching Fellow*. Mais ce n'est probablement pas ce qu'il veut dire. Ce qu'il veut dire à la place, comme le remarque Russell, est : « Quelqu'un est Président de Harvard et je l'ai pris pour un *Teaching Fellow* ». Dans l'un des exemples de Russell quelqu'un dit : « Je pensais que votre yacht était beaucoup plus grand qu'il n'est. Et l'autre homme répond : « Non, mon yacht n'est pas beaucoup plus grand qu'il n'est ».

Pour peu que la notion de modalité *de re*, et donc la quantification à travers les contextes modaux, fasse sens, nous avons une manière tout à fait adéquate d'éviter les paradoxes, en substituant des descriptions aux quantificateurs universels dans (4), parce que la seule conséquence que nous tirerons[d], par

d. Dans la théorie de Russell, $F(\imath xGx)$ suit de $(x)Fx$ et $(\exists !x)Gx$, à condition que la description dans $F(\imath xGx)$ ait le contexte entier comme portée (dans la terminologie de Russell 1905, ait une « occurrence primaire »). C'est seulement alors que $F(\imath xGx)$ est « au sujet de » la dénotation de « $\imath xGx$ ». En appliquant cette règle à (4), nous obtenons le résultat indiqué dans le texte. Notez que, dans la forme ambiguë $\Box(\imath xGx = \imath xHx)$, si une ou les deux descriptions ont des « occurrences primaires », la formule n'affirme pas la nécessité de $\imath xGx = \imath xHx$; elle le fait si les deux descriptions ont des occurrences secondaires. Donc, dans un langage sans indicateurs explicite de portée, les descriptions doivent être interprétées avec la plus petite

exemple, dans le cas des lunettes à double foyer, est qu'il y a un homme qui, à la fois, s'est trouvé avoir inventé les lunettes à double foyer et s'est trouvé avoir été le premier *Postmaster General* des États-Unis, et est nécessairement auto-identique. Il y a un objet *x* tel que *x* a inventé les lunettes à double foyer, et, c'est là un fait contingent, un objet *y* tel que *y* est le premier *Postmaster General* des États-Unis, et, finalement, il est nécessaire que *x* soit *y*. Que sont ici *x* et *y*? Ici, *x* et *y* sont tous deux Benjamin Franklin, et il peut certainement être nécessaire que Benjamin Franklin soit identique à lui-même. Ainsi, il n'y a pas de problème dans le cas des descriptions si nous acceptons la notion russellienne de portée[e].

portée possible – c'est seulement ainsi que $\sim$A sera la négation de A, $\square$A la nécessitation de A, et autres choses semblables.

e. Une distinction antérieure dont le but était le même est, bien sûr, la distinction médiévale *de dicto-de re*. De nombreux logiciens, en particulier Smullyan, ont remarqué que la distinction russellienne des portées élimine les paradoxes modaux.

Afin d'éviter tout malentendu, laissez-moi insister sur le fait que je ne suis évidemment pas en train d'affirmer que la notion russellienne de portée résout le problème posé par Quine de « l'essentialisme »; ce qu'elle montre, en particulier en liaison avec les approches modèle-théorétiques modernes de la logique modale, c'est que la logique modale quantifiée n'a pas besoin de nier la vérité de toutes les instances de $(x)(y)(x = y \supset (Fx \supset Fy))$, non plus que de toutes les instances de $(x)Gx \supset Ga$ (où « *a* » est à remplacer par une description définie non-vide dont la portée est la totalité de « *Ga* »), pour éviter de faire une vérité nécessaire de ce qu'un seul et même homme a inventé les lunettes à double foyer et été à la tête du Département des Postes. On n'a pas besoin d'adopter la définition contextuelle des descriptions de Russell pour assurer ces résultats; mais d'autres théories logiques, frégéenne ou autre, qui prennent les descriptions comme primitives, doivent de quelque manière exprimer les mêmes faits logiques. Frege a montré qu'un contexte simple, non itéré, contenant une description définie avec petite portée, et qui ne peut être interprété comme étant « au sujet » de la dénotation de la description, peut être interprété comme étant au sujet de son « sens ». Certains logiciens se sont intéressés à la question des conditions sous lesquelles, dans un contexte intensionnel, une description avec petite portée est équivalente à la même description avec grande

Et je veux juste laisser tomber la question ici dogmatiquement et passer au problème que Wiggins soulève à propos des noms. Et Wiggins dit qu'il pourrait peut-être accepter le résultat et plaider que, pourvu que a et b soient des noms propres, il n'y a rien qui cloche. Et puis il rejette cela.

Or quel est le problème spécial à propos des noms propres ? À moins d'être familier de la littérature philosophique sur ce thème, on ressent naïvement quelque chose du genre suivant à propos des noms propres. D'abord, si quelqu'un dit : « Cicéron était un orateur », alors il utilise le nom « Cicéron » dans cette affirmation simplement pour distinguer un certain objet et puis attribuer une certaine propriété à cet objet, à savoir, dans ce cas, il attribue à un certain homme la propriété d'avoir été un orateur. Si quelqu'un d'autre utilise un autre nom, tel que, disons, « Tullius », il parle cependant du même homme. Si l'on dit : « Tullius est un orateur », on attribue la même propriété au même homme. Qu'on dise : « Cicéron est un orateur » ou qu'on dise : « Tullius est un orateur », le fait, ou l'état de choses, pour ainsi dire, représenté par l'affirmation est le même. Il semblerait, par conséquent, que la fonction des noms soit *simplement* de désigner, et non de décrire les objets ainsi nommés par des propriétés telles que « être l'inventeur des lunettes à double foyer » ou « être le premier *Postmaster General* ». Il semblerait que la loi de Leibniz et la loi (1) ne devraient pas seulement tenir sous la forme quantifiée univer-

portée. L'un des mérites d'un traitement russellien des descriptions en logique modale est que la réponse (en gros, que la description soit un « désignateur rigide » au sens de cette conférence) découle alors souvent des autres postulats pour la logique modale quantifiée : aucun postulat spécial n'est nécessaire, comme c'est le cas dans le traitement de Hintikka. Même si les descriptions sont prises comme primitives, une postulation spéciale disant quand la portée est sans pertinence peut souvent être déduite d'axiomes plus fondamentaux.

sellement, mais aussi sous la forme : « Si $a = b$ et Fa, alors Fb »,
partout où « a » et « b » tiennent lieu de noms et « F » tient lieu
d'un prédicat exprimant une propriété authentique de l'objet :

$$(a = b \bullet Fa) \supset Fb$$

Nous pouvons parcourir à nouveau de part en part le même
argument pour obtenir la conclusion, où « a » et « b » remplacent
n'importe quels noms : « Si $a = b$, alors nécessairement $a = b$ ».
Et nous pourrions ainsi nous risquer à cette conclusion, que, à
chaque fois que « a » et « b » sont des noms propres, si a est b, il est
nécessaire que a soit b. Les affirmations d'identité entre noms
propres [1] doivent être nécessaires pour peu qu'elles soient vraies.
Cette conception a en fait été défendue, par exemple, par Ruth
Barcan Marcus dans un article sur l'interprétation philosophique
de la logique modale [f]. Selon cette conception, à chaque fois, par
exemple, que quelqu'un fait une affirmation correcte d'identité
entre deux noms, comme, par exemple, celle que Cicéron est
Tullius, son affirmation doit être nécessaire si elle est vraie. Mais
une telle conclusion *semble* être tout simplement fausse. (Comme
d'autres philosophes, j'ai l'habitude de l'euphémisme par lequel
« ceci semble tout simplement faux » veut dire : « ceci est tout
simplement faux ». En réalité, je pense que cette conception est
vraie, quoique pas tout à fait sous la forme défendue par Mme
Marcus.) En tout cas, elle semble tout simplement fausse. Dans sa
réponse au Professeur Marcus, au symposium [2], le Professeur

f. « Modalities and Intensional Languages », *Boston Studies in the Philosophy
of Science*, vol. 1, New York, Humanities Press, 1963, p. 71 *sq.* Voir aussi les
« Comments » de Quine et la discussion qui suit.

1. Nous conservons, *passim*, cet abus de langage.
2. Mme Marcus venait d'y prononcer sa conférence « Modalities and
Intensional Languages », voir note f, ci-dessus.

Quine en a donné un exemple : « Je crois voir une difficulté de toute façon dans le contraste entre noms propres et descriptions tel que le Professeur Marcus l'a établi. Le paradigme de l'assignation des noms propres est l'étiquetage. Un soir de beau temps, nous pouvons distinguer la planète Vénus avec le nom propre « Hesperus ». Nous pouvons à nouveau distinguer un jour la même planète avant le lever du soleil avec le nom propre « Phosphorus ». (Quine pense qu'une fois on a réellement fait quelque chose comme ça.) « Quand, finalement, nous découvrons que nous avons distingué deux fois la même planète, notre découverte est empirique, et pas parce que les noms propres étaient des descriptions. » D'après ce qu'on nous rapporte, on a pensé à l'origine que la planète Vénus vue le matin était une étoile et on l'a appelée « l'Étoile du Matin », ou (pour éliminer toute question touchant à l'usage d'une description) on l'a appelée « Phosphorus ». Cette seule et même planète vue le soir, on a pensé que c'était une autre étoile, l'Étoile du Soir, et on l'a appelée « Hesperus ». Par la suite, les astronomes ont découvert que Phosphorus et Hesperus étaient une seule et même chose. On ne peut sûrement concevoir aucune ratiocination *a priori*, aussi poussée soit-elle, qui aurait pu les rendre capables de déduire que Phosphorus est Hesperus. En fait, étant donnée l'information qu'ils avaient, les choses auraient pu tourner autrement. Par conséquent, argue-t-on, l'affirmation : « Hesperus est Phosphorus » doit être une vérité contingente ordinaire, empirique, qui aurait pu se révéler être une fausseté, et donc la conception que les affirmations d'identité vraies entre noms sont nécessaires doit être fausse. Un autre exemple que Quine donne dans *Word and Object* est emprunté au Professeur Schrödinger, le fameux pionnier de la mécanique quantique : une certaine montagne est visible du Tibet et du Népal. Quand elle est vue d'un côté, on l'appelle « Gaurisanker » ; quand elle est vue de l'autre, on l'appelle « Everest » ; et puis, par la suite, on a fait la découverte empirique que le Gaurisanker *est* l'Everest. (Quine ajoute qu'il s'aperçoit qu'en réalité, l'exemple est géographiquement incorrect[1]. Je crois qu'en matière d'information géographique, on ne devrait pas se fier aux physiciens.)

Évidemment, une réaction possible à cet argument est de dénier que des noms comme «Cicéron», «Tullius», «Gaurisansker» et «Everest» soient réellement des noms propres. Regardez, quelqu'un pourrait dire (quelqu'un l'a dit : son nom est «Bertrand Russell») que, du simple fait que les affirmations comme «Hesperus est Phosphorus» et «le Gaurisanker est l'Everest» sont contingentes, nous pouvons voir que les noms en question ne sont pas en réalité purement référentiels. Vous ne faites pas qu'«étiqueter» un objet, pour parler comme Mme Marcus; en réalité, vous le décrivez. À quoi revient le fait contingent qu'Hesperus est Posphorus? Bon, il revient au fait que *l'*étoile localisée le soir dans une certaine portion du ciel est *l'*étoile localisée le matin dans une certaine portion du ciel. De même, le fait contingent que le Gaurisanker est l'Everest revient au fait que la montagne vue du Népal sous tel ou tel angle est la montagne vue du Tibet sous tel ou tel autre angle. Par conséquent, des noms tels que «Hesperus» et «Phosphorus» ne peuvent être que des abréviations pour des descriptions. Le terme «Phosphorus» *doit* vouloir dire «l'étoile vue…», ou (comme il est apparu qu'en réalité, il ne s'agissait pas d'une étoile, soyons prudent) «le *corps céleste* vu en telle ou telle position à telle ou telle heure le matin», et le nom «Hesperus» doit vouloir dire «le corps céleste en telle ou telle position à telle ou telle heure le soir». Ainsi, conclut Russell, si nous voulons réserver le terme

1. Vue du Tibet, la montagne est appelée, non pas «Gaurisanker», mais «Chomolungma».

« nom » pour des choses qui ne font réellement que nommer un objet sans le décrire, les seuls noms propres authentiques que nous puissions avoir sont des noms des données immédiates de nos sens, objets de notre propre « connaissance directe immédiate ». Les seuls noms de ce genre qui figurent dans le langage sont les démonstratifs tels que « ceci » et « cela ». Et il est facile de voir que cette exigence de nécessité de l'identité, comprise comme exemptant les identités entre noms de tout doute imaginable, ne peut en effet être garantie que pour les noms démonstratifs des données immédiates des sens ; car c'est seulement dans de tels cas qu'une affirmation d'identité entre deux noms différents peut jouir d'une immunité générale à l'égard du doute cartésien. Il y a quelques autres choses que Russell a reconnues parfois comme objets de connaissance directe, telles que son propre soi ; nous n'avons pas besoin d'entrer ici dans les détails. D'autres philosophes (par exemple, Mme Marcus dans sa réponse, du moins dans la discussion orale comme je me la rappelle – je ne sais si c'est passé à l'impression, peut-être donc ne faudrait-il pas le lui « coller comme une étiquette » [g]) ont dit : « Si les noms sont juste des étiquettes, d'authentiques étiquettes, alors un bon dictionnaire devrait pouvoir nous dire que ce sont des noms du même objet ». Vous avez un objet *a* et un objet *b* avec les noms « John » et « Joe ». Alors, d'après Mme Marcus, un dictionnaire devrait pouvoir nous dire si « John » et « Joe » sont ou ne sont pas des noms du même objet. Évidemment, je ne sais quels dictionnaires idéaux devraient le faire, mais les noms propres ordinaires ne semblent pas satisfaire cette exigence. Vous *pouvez* certainement, dans le cas des noms propres ordinaires, faire des découvertes

g. Il le faudrait. Voir sa remarque p. 115, *Boston Studies in the Philosophy of Science*, vol. 1, *op. cit.*, dans la discussion qui suit les articles.

tout à fait empiriques, que, disons, Hesperus est Phosphorus, alors que nous pensions le contraire. Nous pouvons douter que le Gaurisanker soit l'Everest ou que Cicéron soit Tullius. Même maintenant, il est concevable que nous puissions découvrir que nous avons eu tort de supposer qu'Hesperus était Phosphorus. Peut-être les astronomes ont-ils commis une erreur. Ainsi, il semble que cette conception soit erronée et que, si par nom nous n'entendons pas quelque notion artificielle de nom comme celle de Russell, mais un nom propre au sens ordinaire, alors on peut faire des affirmations d'identité contingentes en utilisant des noms propres, et la conception qui soutient le contraire semble tout simplement erronée.

Dans la philosophie récente, un grand nombre d'autres affirmations d'identité ont été mises en relief comme exemples d'affirmations d'identité contingentes, différentes, peut-être, de l'un et l'autre types que j'ai mentionnés précédemment. L'une d'elles est, par exemple, l'affirmation : « La chaleur est le mouvement des molécules ». D'abord, on suppose que la science a découvert cela. On suppose que les chercheurs en sciences empiriques ont découvert (et c'est bien ce qu'ils ont fait, je suppose) que le phénomène externe que nous appelons « chaleur » est, en fait, l'agitation moléculaire. Un autre exemple de telle découverte est que l'eau est H_2O, et d'autres exemples encore sont que l'or est l'élément de tel ou tel nombre atomique, que la lumière est un courant de photons, et ainsi de suite. En un certains sens de l'expression « affirmation d'identité », toutes ces affirmations sont des affirmations d'identité. Ensuite, on pense que ce sont tout simplement des affirmations d'identité contingentes, juste parce qu'elles ont été des découvertes scientifiques. Après tout, la chaleur aurait pu se révéler n'être pas le mouvement des molécules. Il y a eu d'autres théories de la chaleur qui ont été proposées, par exemple la théorie de la chaleur en termes de calorique.

Si ces théories de la chaleur avaient été correctes, alors la chaleur n'aurait pas été le mouvement des molécules, mais, à la place, une certaine substance se répandant dans l'objet chaud, appelée « calorique ». Et le fait que l'une des théories se soit révélée correcte et que l'autre se soit révélée incorrecte a tenu à la marche de la science et non à une quelconque nécessité logique.

Ainsi, nous avons ici aussi, apparemment, un autre exemple manifeste d'affirmation d'identité contingente. On a supposé que c'était un exemple très important à cause de sa connexion avec le problème du rapport de l'esprit et du corps. Il y a eu de nombreux philosophes qui ont voulu être matérialistes, et être matérialistes sous une forme particulière, qui est connue aujourd'hui comme « la théorie de l'identité ». Selon cette théorie, un certain état mental, tel que pour une personne le fait de souffrir, est identique à un certain état de son cerveau (ou, peut-être, de son corps tout entier, selon certains théoriciens), en tout cas, à un certain état matériel ou neuronal de son cerveau ou de son corps. Et ainsi, selon cette théorie, le fait que je souffre à cet instant, si c'était le cas, serait identique au fait, pour mon corps ou mon cerveau, d'être dans un certain état. D'autres ont objecté que c'est impossible parce que, après tout, nous pouvons imaginer que ma douleur existe même si l'état du corps n'existait pas. Nous pouvons peut-être imaginer que je ne sois pas du tout incarné et que cependant je souffre, ou, inversement, nous pourrions imaginer que mon corps existe et soit justement dans le même état s'il n'y avait pas de douleur. En fait, il est concevable qu'il soit dans cet état même s'il n'y avait pas d'esprit du tout « derrière lui », pour ainsi dire. La réponse usuelle a été de concéder que toutes ces choses auraient pu être le cas, mais d'arguer qu'elles sont sans pertinence pour la question de l'identité d'un état mental et d'un état physique. Cette identité, dit-on, n'est qu'une autre identification scientifique contingente, semblable à l'identification de la chaleur avec le mouvement moléculaire, ou de l'eau avec H_2O. Tout comme nous pouvons imaginer la chaleur sans mouvement moléculaire, nous pouvons imaginer un état mental sans l'état correspondant du cerveau. Mais, tout comme le premier fait ne compromet pas l'identification de la chaleur et du mouvement des molécules, le second fait ne compromet pas du tout l'identification d'un état mental avec l'état correspondant du cerveau. Et ainsi de nombreux philosophes récents ont tenu pour très important pour notre compréhension théorique du problème du rapport de l'esprit et du corps qu'il y ait des affirmations d'identité contingentes de cette forme.

Pour dire finalement ce que *je* pense, par opposition à ce qui semble être le cas, ou à ce que les autres pensent, je pense que, dans les deux cas, le cas des noms et le cas des identifications théoriques, les affirmations d'identité sont nécessaires et non contingentes. C'est-à-dire qu'elles sont nécessaires si elles sont *vraies*; évidemment, les affirmations d'identité fausses ne sont pas nécessaires. Comment peut-on défendre une telle conception? Il me manque peut-être une réponse complète à cette question, même si je suis convaincu que cette conception est vraie. Mais, pour commencer à répondre, je ferai quelques distinctions que je veux utiliser. La première est entre un *désignateur rigide* et un *désignateur non-rigide*. Qu'est-ce que ces temes signifient? Comme exemple de désignateur non-rigide, je peux donner une expression telle que « l'inventeur des lunettes à double foyer ». Supposons que ce soit Benjamin Franklin qui ait inventé les lunettes à double foyer, et ainsi que l'expression « l'inventeur des lunettes à double foyer » désigne un certain homme, à savoir, Benjamin Franklin. Cependant, nous pouvons facilement imaginer que le monde aurait pu être différent, que, dans des circonstances différentes, quelqu'un d'autre serait tombé sur cette invention avant Benjamin Franklin, et, dans ce cas, *il* aurait été l'inventeur des lunettes à double foyer. Ainsi, en ce sens, l'expression « l'inventeur des lunettes à double foyer » est non-rigide : dans certaines circonstances, un certain homme aurait été l'inventeur des lunettes à double foyer ; dans d'autres circonstances, un autre homme l'aurait été. Par contraste, considérez l'expression « la racine carrée de 25 ». Indépendamment des faits empiriques, nous pouvons donner une preuve arithmétique que la racine carrée de 25 est en fait le nombre 5, et, parce que nous l'avons prouvé mathématiquement, ce que nous avons prouvé est nécessaire. Si nous considérons les nombres comme des entités, quelles qu'elles soient – supposons, pour le besoin de cette conférence, que nous le faisons –, alors l'expression « la racine carrée de 25 » désigne nécessairement un certain nombre, à savoir 5. J'appelle une telle expression « un désignateur *rigide* ». Certains philosophes pensent que quiconque fait ne serait-ce qu'usage des notions de désignateur rigide ou non-rigide montre qu'il est déjà tombé dans une certaine confusion ou n'a pas prêté attention à certains faits. Qu'est-ce que je veux dire par « désignateur rigide » ? Je veux dire un terme qui désigne le même objet dans tous les mondes possibles. Pour éliminer une confusion qui n'est certainement pas la mienne, je n'utilise pas « aurait pu désigner un objet différent » pour faire référence au fait que la langue aurait pu être utilisée différemment. Par exemple, l'expression « l'inventeur des lunettes à double foyer » aurait pu être utilisée par les habitants de cette planète pour faire toujours référence à l'homme qui a corrompu Hadleyburg. Cela aurait été le cas si, premièrement, sur cette planète les gens n'avaient pas parlé l'anglais, mais une autre langue, qui recouperait phonétiquement l'anglais ; et que, secondement, dans cette langue, l'expression

« l'inventeur des lunettes à double foyer » signifiait « l'homme qui a corrompu Hadleyburg ». Alors elle désignerait évidemment, dans leur langue, celui, quel qu'il soit, qui a en fait, dans cette situation contrefactuelle, corrompu Hadleyburg. Ce n'est pas ce que je veux dire. Ce que je veux dire en disant qu'une description aurait pu désigner quelque chose de différent, je veux dire que, dans *notre* langue comme *nous* l'utilisons pour décrire la situation contrefactuelle, il aurait pu y avoir un objet différent satisfaisant les conditions descriptives que *nous* donnons pour la référence. Ainsi, par exemple, quand nous parlons d'un autre monde possible ou d'une situation contrefactuelle, nous utilisons l'expression « l'inventeur des lunettes à double foyer » pour faire référence à celui, quel qu'il soit, qui, dans cette situation contre-factuelle, aurait inventé les lunettes à double foyer, non à la personne que, *dans* cette situation contrefactuelle, les gens auraient appelé « l'inventeur des lunettes à double foyer ». *Ils* auraient pu parler une langue différente, qui recouperait phoné-tiquement l'anglais, dans laquelle « l'inventeur des lunettes à double foyer » est utilisée de quelque autre manière. Cette question *ne* me concerne *pas* ici. D'ailleurs, ils auraient pu être sourds-muets, ou il aurait pu n'y avoir absolument personne. (Il aurait pu encore y avoir un inventeur des lunettes à double foyer même s'il n'y avait personne – Dieu, ou Satan, fera l'affaire.)

Deuxièmement, en parlant de la notion de désignateur rigide, je ne suppose pas que l'objet désigné doive exister dans tous les mondes possibles, c'est-à-dire qu'il doive nécessairement exister. Certaines choses, peut-être les entités mathématiques comme les entiers positifs, à supposer qu'elles existent, existent nécessaire-ment. Certaines personnes ont soutenu que Dieu existe et existe nécessairement ; d'autres, qu'Il existe de façon contingente ; d'autres que, de façon contingente, Il n'existe pas ; et d'autres que, nécessairement, Il n'existe pas[h] : les quatre options ont été essayées. Mais en tout cas, quand j'utilise la notion de désignateur rigide, je ne suppose pas que l'objet désigné existe nécessairement. Tout ce que je veux dire, c'est que, dans n'importe quel monde où l'objet en question existe *bien*, dans n'importe quelle situation où l'objet existe*rait*, nous utilisons le désignateur en question pour désigner cet objet. Dans une situation où l'objet n'existe pas, alors nous devrions dire que le désignateur n'a pas de référent et que l'objet en question ainsi désigné n'existe pas [1].

Comme je l'ai dit, de nombreux philosophes trouveraient la notion même de désignateur rigide critiquable *per se*. Et la critique que les gens font peut être formulée de la façon suivante. Regardez, vous êtes en train de parler de situations qui sont contrefactuelles, c'est-à-dire que vous êtes en train de parler d'autres mondes possibles. Or ces mondes sont complètement disjoints, après tout, du monde réel, qui n'est pas seulement un autre monde possible ; c'est le monde réel. Ainsi, avant que vous ne parliez, disons, d'un objet tel que Richard Nixon dans un autre monde possible, vous devez dire quel objet dans cet autre monde possible *serait* Richard Nixon. Parlons d'une situation dans laquelle, comme *vous* diriez, Richard Nixon aurait été membre

h. S'il n'y a pas de divinité, et particulièrement si la non-existence d'une divinité est *nécessaire*, il est douteux que nous puissions utiliser « Il » pour faire référence à une divinité. On doit comprendre son usage dans le texte comme n'étant pas littéral.

1. Kaplan rapporte que, dans une lettre adressée à lui par Kripke, ce dernier affirme que la façon de voir exprimée par cette phrase ne devrait pas lui être attribuée. Il met en doute la fidélité de la transcription de son exposé oral (voir note a), et propose de corriger « et » en « ou », et même « ainsi » (*so*) en « bien que » (*though*). Voir *Themes from Kaplan*, J. Alnog, J. Perry et H. Wettstein (dir.), New York-Oxford, Oxford UP, 1989, p. 570, n. 8.

des SDS [1]. Certainement, le membre des SDS dont vous parlez est quelqu'un de très différent à maints égards de Richard Nixon. Avant même que nous ne puissions dire si cet homme aurait été Richard Nixon ou non, nous devons établir des critères d'identité à travers les mondes possibles. Voici ces autres mondes possibles. Il y a en eux des objets en tous genres avec des propriétés différentes de celles de n'importe quel objet réel. Certains d'entre eux ressemblent à certains égards à Richard Nixon, certains d'entre eux ressemblent à Richard Nixon à d'autres égards. Bon, lequel de ces objets est Nixon? On doit donner un critère d'identité. Et cela montre comment la notion même de désignateur rigide est prise dans un cercle. Supposez que nous désignions un certain nombre comme le nombre des planètes. Alors, si c'est notre manière favorite, pour ainsi dire, de désigner ce nombre, alors, dans n'importe quel autre monde possible, nous devrons identifier le nombre, quel qu'il soit, qui est le nombre des planètes avec le nombre 9, qui, dans le monde réel, est le nombre des planètes. Ainsi est-il soutenu par divers philosophes, par exemple, implicitement par Quine et explicitement par beaucoup d'autres dans son sillage, que nous ne pouvons réellement demander si un désignateur est rigide ou non-rigide parce que nous avons d'abord besoin d'un critère d'identité à travers les mondes. On a même soutenu une conception extrême, selon laquelle, puisque les mondes possibles sont ainsi disjoints du nôtre, nous ne pouvons réellement dire qu'aucun objet en eux soit le *même* que l'objet existant maintenant, mais seulement qu'il y a certains objets qui ressemblent aux choses du monde réel, plus ou moins. Par conséquent, nous ne devrions pas réellement parler de ce qui aurait été vrai de Nixon dans un autre monde possible, mais seulement de

1. Students for a Democratic Society.

ce que les « contreparties » (c'est le terme utilisé par David Lewis[i]) de Nixon dans ce monde-là auraient été. Certaines personnes dans d'autres mondes possibles ont des chiens qu'elles appellent « Checkers ». D'autres sont en faveur du ABM[1], mais n'ont aucun chien appelé « Checkers ». Il y a différentes personnes qui ressemblent plus ou moins à Richard Nixon, mais on ne peut réellement dire d'aucune d'entre elles qu'elle soit Nixon ; ce sont seulement des *contreparties* de Nixon, et vous pouvez choisir laquelle est la meilleure contrepartie en notant laquelle ressemble le plus à Nixon, selon votre critère favori. De telles conceptions sont largement répandues, à la fois parmi les défenseurs de la logique modale quantifiée et parmi ses détracteurs.

Tout ce discours me semble de quelque manière avoir pris la métaphore des mondes possibles beaucoup trop au sérieux. Comme si un « monde possible » était comme une contrée étrangère, ou une planète lointaine. C'est comme si nous voyions faiblement divers acteurs à travers un télescope sur cette planète lointaine. En réalité la conception de David Lewis semble plus raisonnable si l'on prend cette représentation littéralement. Personne, au loin, sur une autre planète, ne peut être strictement identique à quelqu'un d'ici. Mais, même si nous avons quelques merveilleuses méthodes de transport pour emmener une seule et même personne d'une planète sur une autre, nous avons en réalité besoin de critères épistémologiques d'identité pour pouvoir dire si quelqu'un sur cette planète lointaine est la même personne que quelqu'un d'ici.

Tout cela me semble être une façon complètement erronée de voir les choses. Elle revient à la conception selon laquelle les

---

i. D.K. Lewis, « Counterpart Theory and Quantified Modal Logic », *Journal of Philosophy*, LXV (1968), p. 113 *sq.*

1. Traité Anti-Ballistic Missile.

situations contrefactuelles doivent être décrites de façon purement qualitative. Ainsi, nous ne pouvons pas dire, par exemple : « Si Nixon avait seulement versé un pot-de-vin suffisant au sénateur X, il aurait fait passer Carswell », parce que cela désigne certaines personnes, Nixon et Carswell, et parle de ce qui serait vrai de ces gens-là dans une situation contrefactuelle. Au lieu de quoi nous devons dire : « Si un homme qui a telle ou telle plantation de cheveux et telles ou telles opinions politiques avait versé un pot-de-vin à un homme qui était sénateur et avait telles et telles qualités, alors un homme qui serait juge dans le Sud et aurait beaucoup d'autres qualités le rendant ressemblant à Carswell aurait été confirmé ». En d'autres termes, nous devons décrire les situations contrefactuelles de façon purement qualitative et puis poser la question : « Étant donné que la situation implique des personnes ou des choses ayant telles et telles qualités, laquelle de ces personnes est (ou est une contrepartie de) Nixon, laquelle est Carswell, et ainsi de suite ? ». Cela me semble erroné. Qu'est-ce qui nous empêche de dire : « Nixon aurait fait passer Carswell s'il avait fait certaines choses » ? Nous sommes en train de parler de *Nixon* et de demander ce qui, dans certaines situations contrefactuelles, aurait été vrai de *lui*. Nous pouvons dire que si Nixon avait fait telle et telle chose, il aurait perdu l'élection contre Humphrey. Ceux auxquels je m'oppose argueraient : « Oui, mais comment pouvez-vous savoir si l'homme dont vous parlez est bien Nixon ? ». Ce serait en effet très difficile à savoir, si vous observiez la situation dans son entier à travers un télescope, mais ce n'est pas ce que nous faisons ici. Les mondes possibles ne sont pas quelque chose à quoi une question épistémologique comme celle-là s'applique. Et si l'expression « mondes possibles » est ce qui fait penser à qui que ce soit qu'une question de ce genre s'applique, il devrait tout simplement *laisser tomber* cette expression et en utiliser une autre, disons « situation contrefactuelle », qui serait peut-être moins trompeuse. Si nous disons : « Si Nixon avait soudoyé tel ou tel sénateur, Nixon aurait fait passer Carswell », ce qui est *donné* dans la description même de cette situation est que c'est une situation dans laquelle nous parlons de Nixon, de Carswell et de tel ou tel sénateur. Et il semble qu'il n'y a pas plus d'objection à *stipuler* que nous parlons de certaines *personnes* qu'il n'y en a à stipuler que nous parlons de certaines *qualités*. Ceux qui soutiennent l'autre conception considèrent qu'il n'y a rien à redire à l'idée que nous parlons de certaines qualités. Ils ne disent pas : « Comment savez-vous que cette qualité (dans un autre monde possible) est celle d'être rouge ? ». Mais ils trouvent inacceptable l'idée de parler de certaines *personnes*. Mais je ne vois pas plus de raison de faire objection dans un cas que dans l'autre. Je pense que cela vient en réalité de l'idée des mondes possibles comme existant au loin, mais à une très grande distance, observables seulement à travers un télescope spécial. Encore plus critiquable est la conception de David Lewis. Selon Lewis, quand nous disons : « Dans certaines circonstances, Nixon aurait fait passer Carswell », nous voulons dire en réalité : « Un certain homme, autre que Nixon, mais lui ressemblant étroitement, aurait fait passer un certain juge, autre que Carswell, mais lui ressemblant étroitement ». Peut-être en est-il ainsi, qu'un certain homme ressemblant étroitement à Nixon aurait pu faire passer un certain juge ressemblant étroitement à Carswell. Mais *cela* ne serait une consolation ni pour Nixon ni pour Carswell, ni ne ferait que Nixon se gifle en disant : « *J'*aurais dû faire ceci ou cela pour faire passer Carswell ». La question est de savoir si, dans certaines circonstances, Nixon *lui-même* aurait pu faire passer Carswell. Et je crois que l'objection est fondée sur une représentation erronée.

Au lieu de quoi, nous pouvons parfaitement bien parler des désignateurs rigides et des désignateurs non-rigides. D'ailleurs, nous avons un test intuitif simple pour les distinguer. Nous pouvons dire, par exemple, que le nombre des planètes aurait pu être un nombre différent du nombre qu'il est en fait. Par exemple, il aurait pu n'y avoir que sept planètes. Nous pouvons dire que l'inventeur des lunettes à double foyer aurait pu être quelqu'un d'autre que l'homme qui, *en fait*, a inventé les lunettes à double foyer[j]. Nous ne pouvons pas dire, cependant, que la racine carrée de 81 aurait pu être un nombre différent du nombre qu'en fait il est, car ce nombre doit exactement être 9. Si nous appliquons ce test intuitif aux noms propres, tels que, par exemple, «Richard Nixon», il semblerait intuitivement qu'ils se révèlent être des

[j]. Certains philosophes pensent que les descriptions définies, en français (*English*)[1], sont ambiguës, que, parfois, «l'inventeur des lunettes à double foyer» désigne rigidement l'homme qui, de fait, a inventé les lunettes à double foyer. Je suis enclin, non sans hésitation, à rejeter cette conception, comprise comme une thèse sur le français (*English*) (par opposition à une langue hypothétique possible), mais je ne discuterai pas la question ici.

Ce que je souhaite bien noter, c'est que, contrairement à certaines opinions, cette ambiguïté prétendue ne peut remplacer la notion russellienne de portée. Considérez la phrase : «Le nombre des planètes aurait pu être nécessairement pair». Cette phrase peut manifestement être lue de façon à exprimer une vérité ; s'il y avait eu huit planètes, le nombre des planètes aurait été nécessairement pair. Cependant, sans les distinctions de portée, une lecture «référentielle» (rigide) et une lecture non-rigide de la description rendront toutes les deux l'affirmation fausse. (Puisque le nombre des planètes est neuf[2], la lecture rigide revient à la fausseté que 9 aurait pu être nécessairement pair.)

La lecture «rigide» est équivalente à l'occurrence primaire de Russell ; la non-rigide, à la portée la plus intérieure – certains, suivant Donnellan, peut-être de façon relâchée, ont appelé cette lecture l'usage «attributif». La possibilité de portées intermédiaires est alors négligée. Dans le cas présent, la lecture attendue de $\Diamond\Box$(le nombre des planètes est pair) fait que la portée de la description est $\Diamond\Box$(le nombre des planètes est pair), qui n'est ni la plus grande ni la plus petite possible.

[1]. Depuis le début, la présente traduction suppose que tout ce que dit Kripke dit de l'anglais vaudrait à ses yeux du français.

[2]. À l'époque, Pluton était considérée comme une planète.

désignateurs rigides. D'abord, quand nous parlons même d'une situation contrefactuelle dans laquelle nous supposons Nixon avoir fait des choses différentes, nous supposons que nous parlons encore de Nixon lui-même. Nous disons : « Si Nixon avait soudoyé un certain sénateur, il aurait fait passer Carswell », et nous supposons que par « Nixon » et « Carswell » nous faisons encore référence aux mêmes personnes exactement que dans le monde réel. Et il semble que nous ne puissions dire : « Nixon aurait pu être un homme différent de l'homme qu'en fait il est », à moins, évidemment, que nous ne l'entendions métaphorique-ment : il aurait pu être une *sorte* de personne différente (si vous croyez au libre arbitre et que les gens ne sont pas corrompus par nature). Vous pourriez penser que l'affirmation est vraie en ce sens, mais Nixon n'aurait pas pu être, au sens littéral, une autre personne que la personne qu'en fait il est, même si le trente-septième Président des États-Unis aurait pu être Humphrey. Ainsi, l'expression « le trente-septième Président » est non-rigide, mais « Nixon », semblerait-il, est rigide.

Faisons une autre distinction avant de revenir à la question des affirmations d'identité. Cette distinction est très fondamentale et aussi difficile à voir clairement. Dans une discussion récente, de nombreux philosophes qui ont débattu sur le caractère doué de signification de diverses catégories de vérités les ont regardées comme identiques. Certains de ceux qui les identifient en sont de bruyants défenseurs, et d'autres, comme Quine, disent qu'elles sont toutes identiquement dénuées de signification. Mais d'habi-tude, elles ne sont pas distinguées. Ce sont les catégories telles que « analytique », « nécessaire », « *a priori* », et parfois même « certain ». Je ne parlerai pas de toutes, mais seulement des notions d'apriorité et de nécessité. Très souvent, elles sont tenues pour synonymes. (Probablement, beaucoup de philosophes ne devraient pas être décrits comme les tenant pour synonymes ;

ils en *usent* simplement de façon interchangeable.) Je désire les distinguer. Que voulons-nous dire quand nous qualifions une affirmation de *nécessaire*? Nous voulons simplement dire que l'affirmation en question, premièrement, est vraie, et, secondement, qu'il n'aurait pu en être autrement. Quand nous disons que quelque chose est vrai *de façon contingente*, nous voulons dire que, bien que ce quelque chose soit en fait le cas, il aurait pu être le cas que les choses soient différentes. Si nous désirons assigner cette distinction à une branche de la philosophie, nous devrions l'assigner à la métaphysique. Au contraire, il y a la notion de *vérité a priori*. Une vérité *a priori* est supposée être une vérité qu'on peut *savoir* être vraie indépendamment de toute expérience. Notez que par soi-même cela ne dit rien de tous les mondes possibles, à moins que cette idée ne soit introduite dans la définition. Tout ce que cela dit est qu'on peut savoir qu'une vérité *a priori* est vraie du monde réel, indépendamment de toute expérience. Peut-être y a-t-il un argument philosophique pour montrer que, si nous savons, indépendamment de l'expérience, que quelque chose est vrai du monde réel, il s'ensuit que nous devons savoir que c'est aussi quelque chose de vrai de tous les mondes possibles. Mais, si cela doit être établi, il faut un argument philosophique pour l'établir. Or, *cette* notion, si nous devions l'assigner à une branche de la philosophie, appartient, non pas à la métaphysique, mais à l'épistémologie. Elle a à voir avec la façon dont nous savons que certaines choses sont en fait vraies. Or, il se peut, évidemment, que tout ce qui est nécessaire soit quelque chose qu'on *peut* connaître *a priori*. (Notez, incidemment, que la notion de vérité *a priori* ainsi définie porte en elle une *autre* modalité : elle *peut* être connue indépendamment de toute expérience. C'est un peu compliqué parce qu'il y a ici une double modalité.) Je n'aurai pas le temps ici d'explorer ces notions dans tous les détails, mais il y a une chose que nous pouvons voir dès le

début, c'est qu'en aucune façon ces deux notions ne sont trivialement la même. Si elles sont coextensives, cela demande quelque
argument philosophique. Comme je l'ai dit, elles appartiennent
à des domaines différents de la philosophie. L'une d'elles a
quelque chose à voir avec la *connaissance*, celle de ce qu'on peut
savoir de certaines manières à propos du monde *réel*. L'autre a
à voir avec la *métaphysique*, avec la façon dont le monde aurait
pu être; étant donné qu'il est comme il est, aurait-il pu être autrement, et de quelles façons? Or, je tiens qu'en réalité aucune des
deux classes d'affirmations n'est contenue dans l'autre. Mais
tout ce dont il nous faut parler ici est ceci : tout ce qui est nécessaire est-il connaissable *a priori* ou connu *a priori*? Considérez
l'exemple suivant : la conjecture de Goldbach. Elle dit que tout
nombre pair est la somme de deux nombres premiers. C'est une
affirmation mathématique et, si tant est qu'elle soit vraie, elle doit
être nécessaire. Certainement, on ne pourrait pas dire que, bien
qu'en fait tout nombre pair soit la somme de deux nombres
premiers, il aurait pu y avoir un nombre spécial qui serait pair sans
être la somme de deux nombres premiers. Qu'est-ce que cela
voudrait dire? D'un autre côté, on ne connaît pas la réponse à la
question de savoir si tout nombre pair *est* en fait la somme de deux
nombres premiers, et nous n'avons aujourd'hui aucune méthode
pour en décider. Ainsi, nous ne savons certainement pas, *a priori*
ou même *a posteriori*, si tout nombre pair est la somme de deux
nombres premiers. (Bon, peut-être avons-nous quelque élément
de preuve dans le fait qu'aucun contre-exemple n'a été trouvé.)
Mais nous ne savons certainement pas *a priori*, en tous cas, si tout
nombre pair est, en fait, la somme de deux nombres premiers.
Mais, évidemment, la définition dit simplement « *peut* être connu
indépendamment de l'expérience », et quelqu'un pourrait dire que,
si cela est vrai, nous *pourrions* en avoir connaissance indépendamment de l'expérience. Il est difficile de voir exactement ce

que cette thèse veut dire. Il pourrait en être ainsi. Une chose qu'elle pourrait vouloir dire est que, si la conjecture était vraie, nous pourrions la *démontrer*. Cette thèse est certainement erronée si on l'applique de façon générale aux affirmations mathématiques et que nous ayons à travailler à l'intérieur d'un certain système bien déterminé. C'est ce que Gödel a démontré. Et même si nous voulons dire : « démonstration intuitive en général », il se pourrait simplement (du moins cette opinion est-elle aussi claire et aussi probable que le contraire) que, bien que l'affirmation soit vraie, il n'y ait simplement aucune façon dont l'esprit humain pourrait jamais la démontrer. Évidemment, une façon dont un esprit *infini* pourrait peut-être la démontrer est d'examiner chaque nombre naturel un à un et de vérifier. En ce sens, évidemment, peut-être peut-elle être connue *a priori*, mais seulement par un esprit infini, et l'on entre alors dans d'autres questions compliquées. Je ne veux pas entrer dans les questions sur le caractère concevable de l'accomplissement d'un nombre infini d'actes tels que l'examen de chaque nombre un à un. Une vaste littérature philosophique a été écrite à ce sujet : certains ont déclaré que c'est logiquement impossible ; d'autres que c'est logiquement possible ; et d'autres ne savent pas. Le point principal est qu'il n'est pas trivial que, du simple fait qu'une affirmation est nécessaire, elle puisse être connue *a priori*. Une clarification considérable est requise avant de conclure qu'elle peut être ainsi connue. Et cela montre donc que, même si tout ce qui est nécessaire est, en un certain sens, *a priori*, cela ne devrait pas être pris pour une question triviale de définition. C'est une thèse philosophique substantielle, qui requiert un certain travail.

Un autre exemple qu'on pourrait donner est lié au problème de l'essentialisme. Voici un pupitre. Une question souvent posée en philosophie est la suivante : quelles sont ses propriétés essentielles ? Quelles propriétés, à côté de celles qui sont triviales comme l'identité-à-soi-même, sont telles que cet objet doit les avoir, pour autant qu'il existe[k], sont telles que, si un objet ne les avait pas, il ne serait pas cet objet[l]? Par exemple, être en bois, et non en glace, serait peut-être une propriété essentielle de ce pupitre. Prenons simplement l'affirmation plus faible qu'il n'est pas en glace. L'affirmation plus faible établira l'essentialisme aussi fortement que nous en avons besoin, peut-être de façon aussi impressionnante. Supposant qu'en fait ce pupitre est en bois, ce même pupitre pourrait-il avoir été, dès le tout début de son existence, fait à partir de glace, disons par congélation de l'eau de la Tamise? On a fortement l'impression qu'il *ne* l'aurait *pas* pu,

---

k. Cette définition est la formulation usuelle de la notion de propriété essentielle, mais il faut faire une exception pour l'existence elle-même : selon la définition donnée, l'existence serait trivialement essentielle. Nous devrions considérer que l'existence est essentielle à un objet seulement si l'objet existe nécessairement. Peut-être y a-t-il d'autres propriétés spéciales, mettant en jeu l'existence, pour lesquelles la définition est également matière à objection. (Je remercie Michael Slote pour cette remarque.)

l. Les deux subordonnées de la phrase qui contient les appels de note donnent des définitions équivalentes de la notion de propriété essentielle, puisque $\Box((\exists x)(x = a) \supset Fa)$ est équivalent à $\Box(x)(\sim Fx \supset x \neq a)$. La seconde formulation, cependant, a exercé une séduction puissante en faveur des théories de « l'identification à travers les mondes possibles ». Car elle suggère que nous considérions « un objet b dans un autre monde possible » et regardions s'il est identifiable avec a en demandant s'il lui manque d'une quelconque propriété essentielle de a. Insistons donc sur le fait que, bien qu'une propriété essentielle de a soit (trivialement) une propriété sans laquelle un objet ne peut être a, il ne s'ensuit nullement que les propriétés essentielles, purement qualitatives, de a forment, jointes ensemble, une condition suffisante pour être a, ni qu'une *quelconque* condition purement qualitative soit suffisante pour qu'un objet soit a. En outre, même si des conditions qualitatives nécessaires et suffisantes pour qu'un objet soit Nixon peuvent exister, il resterait encore qu'il y a peu de justifications à demander une description purement qualitative de toutes les situations contrefactuelles. Nous pouvons nous demander si Nixon aurait pu être un démocrate sans entrer dans ces subtilités.

bien qu'en fait on aurait certainement pu faire un pupitre à partir de l'eau de la Tamise, la congeler par quelque procédé, et le mettre juste ici, à la place de cette chose. Si on l'avait fait, on aurait fait, évidemment, un objet *différent*. Il n'aurait pas été *ce pupitre même*, et nous ne serions pas dans le cas où ce pupitre même ici serait en glace, ou serait fait à partir de l'eau de la Tamise. La question de savoir s'il pourrait par la suite, disons dans une minute à partir de maintenant, se transformer en glace est une autre histoire. Ainsi, si un exemple comme celui-là est correct – et c'est ce qu'ont soutenu les avocats de l'essentialisme –, il semblerait que ce pupitre n'aurait pas pu être en glace, c'est-à-dire que, dès que nous disons d'une situation contrefactuelle quelconque que ce pupitre y existerait, nous devrions dire aussi qu'il ne serait pas fait à partir de l'eau congelée de la Tamise. Certains ont évidemment rejeté toute notion semblable de propriété essentielle comme dénuée de signification. Ordinairement, c'est parce que (et je pense que c'est ce que Quine, par exemple, dirait) ils ont soutenu qu'elle dépend de la notion d'identité à travers les mondes possibles, et que celle-ci est elle-même dénuée de signification. Puisque j'ai déjà rejeté cette conception, je n'en traiterai pas à nouveau. Nous pouvons parler de *cet objet même*, et nous demander s'il aurait pu avoir certaines propriétés qu'en fait il n'a pas. Par exemple, il aurait pu être dans une autre salle que celle dans laquelle en fait il est, y compris à cet instant même, mais il n'aurait pas pu être fait dès le tout début à partir d'eau congelée.

Si la conception essentialiste est correcte, elle ne peut être correcte que si nous distinguons nettement entre les notions de vérité *a posteriori* et vérité *a priori* d'un côté, et de vérité contingente et vérité nécessaire de l'autre, car, bien que l'affirmation que cette table, si tant est qu'elle existe, n'a pas été faite en glace soit nécessaire, ce n'est certainement pas quelque chose que nous sachions *a priori*. Ce que nous savons, c'est d'abord que, d'ordinaire, les pupitres ne sont pas en glace ; d'ordinaire, ils sont en bois. Ceci a l'apparence du bois. Ce n'est pas froid au toucher comme ce le serait probablement si c'était en glace. Par conséquent, telle est ma conclusion, ceci n'est probablement pas en glace. Ici mon jugement tout entier est *a posteriori*. Je pourrais découvrir qu'on m'a joué un tour ingénieux et qu'en fait, ce pupitre est en glace ; mais ce que je dis, c'est que, étant donné qu'en fait il n'est pas en glace, qu'en fait il est en bois, on ne peut imaginer que, dans certaines circonstances, il aurait pu être en glace. Ainsi, nous devons dire que, bien que nous ne puissions savoir *a priori* si cette table a été faite en glace ou non, étant donné qu'elle n'est pas en glace, il est *nécessaire* qu'elle ne soit pas en glace. En d'autres termes, si *P* est l'affirmation que ce pupitre n'est pas en glace, on sait par une analyse philosophique *a priori* quelque chose de la forme conditionnelle : « si *P*, alors nécessairement *P* ». Si la table n'est pas en glace, il est *nécessaire* qu'elle ne soit pas en glace. Puis, d'un autre côté, par investigation empirique, nous savons que *P*, l'antécédent du conditionnel, est vrai – que cette table n'est pas en glace. Nous pouvons conclure par *modus ponens* :

$$P \supset \Box P$$
$$P$$
$$\overline{}$$
$$\Box P$$

La conclusion – « $\Box P$ » – est qu'il est nécessaire que la table ne soit pas en glace, et cette conclusion est connue *a posteriori*, puisque l'une des prémisses sur laquelle elle est fondée est *a posteriori*. Ainsi, la notion de propriété essentielle ne peut être maintenue qu'en distinguant entre les notions de vérité *a priori* et de vérité nécessaire, et, oui, je la maintiens.

Retournons à la question des identités. Concernant l'affirmation « Hesperus est Phosphorus » ou l'affirmation « Cicéron est Tullius », on peut toutes les découvrir par investigation empirique, et il pourrait se révéler que nos croyances empiriques soient erronées. Ainsi, argue-t-on ordinairement, de telles affirmations doivent par conséquent être contingentes. Certains ont pris la chose par l'autre bout et ont soutenu : « À cause de cet argument sur la nécessité, les affirmations d'identité entre noms doivent être connaissables *a priori*, donc seule une catégorie très spéciale de noms peuvent fonctionner réellement comme noms ; les autres choses sont de faux noms, des descriptions déguisées ou quelque chose de ce genre. Cependant, une certaine classe très étroite d'affirmations d'identité sont connues *a priori* et ce sont celles qui contiennent les noms authentiques ». Si l'on accepte les distinctions que j'ai faites, on n'est forcé de passer à aucune des deux conclusions. On peut soutenir que certaines affirmations d'identité entre noms, quoique souvent connues *a posteriori*, et peut-être non connaissables *a priori*, sont en fait nécessaires, si elles sont vraies. Ainsi, nous avons quelque latitude pour soutenir cela. Mais, évidemment, avoir quelque latitude pour le soutenir ne veut pas dire que vous deviez le soutenir. Voyons donc quels sont les éléments de preuve favorables. D'abord, rappelez-vous la remarque que j'ai faite que les noms propres semblent être des désignateurs rigides, comme quand nous utilisons le nom « Nixon » pour parler d'un certain homme, y compris dans des situations contrefactuelles. Si nous disons : « Si Nixon n'avait pas écrit une lettre à Saxbe, peut-être aurait-il fait passer Carswell », dans cette affirmation nous parlons de Nixon, Saxbe et Carswell, les mêmes hommes exactement que dans le monde réel, et de ce qui leur serait arrivé dans certaines circonstances contrefactuelles. Si les noms sont des désignateurs rigides, alors il n'y a aucun problème à ce que les identités soient nécessaires, parce que « *a* » et « *b* » seront des désignateurs rigides d'un certain homme ou d'une certaine chose *x*. Alors « *a* » et « *b* » désigneront le même objet *x*, et aucun autre, et ainsi il n'y aura aucune situation dans laquelle *a* aurait pu ne pas être *b*. Cela devrait être une situation dans laquelle l'objet que maintenant nous appelons aussi « *x* » n'aurait pas été identique à lui-même. Alors on ne pourrait pas avoir une situation dans laquelle Cicéron n'aurait pas été Tullius ou Hesperus n'aurait pas été Phosphorus[m].

À part l'identification de la nécessité avec l'apriorité, qu'est-ce qui a fait aller les gens dans l'autre direction? Il y a deux choses qui ont fait aller les gens dans l'autre direction[n]. Certains ont tendance à regarder les affirmations d'identité comme des affirmations métalinguistiques, à identifier l'affirmation « Hesperus est Phosphorus » avec l'affirmation métalinguis-

m. Je suis ainsi d'accord avec Quine pour dire que « Hesperus est Phosphorus » est (ou peut être) une découverte empirique; avec Marcus, que c'est nécessaire. Quine et Marcus, selon le présent point de vue, se trompent tous les deux en identifiant les questions épistémologiques et les questions métaphysiques.

n. Les deux confusions alléguées, en particulier la seconde, sont toutes les deux liées à la confusion de la question métaphysique de la nécessité de « Hesperus est Phosphorus » avec la question épistémologique de son apriorité. Car, si Hesperus est identifié par sa position dans le ciel le soir, et Phosphorus par sa position le matin, un chercheur peut très bien savoir, avant toute recherche empirique, que Hesperus est Phosphorus si et seulement si un seul et même corps occupe la position *x* le soir et la position *y* le matin. L'équivalence matérielle *a priori* des deux affirmations, cependant, n'implique pas leur équivalence stricte (nécessaire). (La même remarque s'applique au cas de la chaleur et du mouvement moléculaire ci-dessous.) Des remarques semblables s'appliquent dans une certaine mesure aux relations entre « Hesperus est Phosphorus » et « "Hesperus" et "Phosphorus" nomment la même chose ». Une confusion qui est aussi à l'œuvre, bien sûr, est la confusion entre ce que *nous* disons d'une situation contrefactuelle et la manière dont les gens *dans* cette situation la décriraient; cette confusion aussi est probablement liée à la confusion entre apriorité et nécessité.

tique « "Hesperus" et "Phosphorus" sont des noms du même corps céleste». Et ceci, évidemment, aurait pu être faux. Nous aurions pu utiliser les termes «Hesperus» et «Phosphorus» comme noms de *deux* corps célestes différents. Mais, évidemment, cela n'a rien à voir avec la nécessité de l'identité. Dans le même sens, «$2+2=4$» aurait pu être faux. Les expressions «$2+2$» et «4» auraient pu être utilisées pour faire référence à deux nombres différents. On peut imaginer une langue, par exemple, dans laquelle «$+$», «2» et «$=$» seraient utilisées de façon standard, mais «4» serait utilisée, disons, comme le nom de la racine carrée de moins 1, comme nous devrions l'appeler, «i». Alors «$2+2=4$» serait fausse, car 2 plus 2 n'est pas égal à la racine carrée de moins 1. Mais ce n'est pas ce que nous voulons. Nous ne voulons pas juste dire qu'une certaine affirmation que nous utilisons en fait pour exprimer quelque chose de vrai aurait pu exprimer quelque chose de faux. Nous voulons utiliser l'affirmation de *notre* manière et voir si elle aurait pu être fausse. Faisons-le. Quelle est l'idée qu'ont les gens? Ils disent: «Regardez, Hesperus aurait pu ne pas être Phosporus. Ici une certaine planète était vue le matin, et elle était vue le soir; et il s'est simplement révélé ultérieurement, à titre de fait empirique, qu'elles étaient une seule et même planète. Si les choses avaient tourné autrement, elles auraient été deux planètes différentes, ou deux corps célestes différents, donc comment pouvez-vous dire qu'une telle affirmation est nécessaire?».

Maintenant il y a deux choses que ces gens peuvent vouloir dire. Premièrement, ils peuvent vouloir dire que nous ne savons pas *a priori* si Hesperus est Phosphorus. J'ai déjà concédé ce point. Secondement, ils peuvent vouloir dire qu'ils sont réellement capables d'imaginer des circonstances qu'ils appelleraient circonstances dans lesquelles Hesperus n'aurait pas été Phosphorus. Pensons ce que serait une telle circonstance, en utilisant ces termes ici comme *noms* d'une planète. Par exemple, il aurait pu se faire que Vénus se lève bien le matin dans la position exactement où nous l'avons vue, mais que, en revanche, dans la position qui est en fait occupée par Vénus le soir, Vénus ne soit pas là, et Mars prenne sa place. Cela est tout à fait contrefactuel, parce qu'en fait, Vénus est là. Or, on peut aussi imaginer que, dans cet autre monde contrefactuel possible, la Terre aurait été habitée par des gens et qu'ils auraient utilisé les noms « Phosphorus » pour Vénus le matin et « Hesperus » pour Mars le soir. Maintenant, tout cela est bel et bon, mais serait-ce une situation dans laquelle Hesperus ne serait pas Phosphorus ? Évidemment, c'est une situation dans laquelle les gens auraient été capables de *dire*, véridiquement : « Hesperus n'est pas Phosphorus » ; mais nous sommes censés décrire les choses dans notre langue, non dans la leur. Décrivons-le donc dans notre langue. Bon, comment pourrait-il arriver réellement que Vénus ne soit pas dans cette position le soir ? Par exemple, disons qu'il y a une certaine comète qui vient tous les soirs dans les parages et bouscule un peu les choses. (Ce serait une façon scientifique très simple de l'imaginer – pas si simple en réalité, c'est en fait très difficile à imaginer.) Il se fait simplement qu'elle vient tous les soirs dans les parages et les choses sont un peu bousculées. Mars se retrouve dans la position même où se trouve Vénus, puis la comète remet les choses à leur place normale le matin. Pensant à cette planète que nous appelons maintenant « Phosphorus », que dirions-nous ? Bon, nous pouvons dire que la comète dépasse Phosphorus et la bouscule de telle manière que celle-ci n'est pas dans la position normalement occupée par Phosphorus le soir. Si c'est bien ce que nous disons, et que nous utilisons réellement « Phosphorus » comme le nom d'une planète, alors nous devons dire que, dans de telles circonstances, Phosphorus ne serait pas le soir à la place où, en fait, nous l'avons vue ; ou encore, que Hesperus ne serait pas le soir à la place où, en fait, nous l'avons vue. Nous pourrions dire qu'en de telles circonstances, nous n'aurions pas appelé Hesperus « Hesperus », parce que Hesperus aurait été à une place différente. Mais cela ne rendrait toujours pas Phosphorus différente de Hesperus ; ce qui se passerait alors, au lieu de cela, c'est que Hesperus aurait été à une place différente de la place où, en fait, elle est et, peut-être, non à une place telle que les gens l'auraient appelée « Hesperus ». Mais ce ne serait pas une situation dans laquelle Phosphorus n'aurait pas été Hesperus.

Prenons un autre exemple, peut-être plus clair. Supposez que quelqu'un utilise « Tullius » pour faire référence à l'orateur romain qui a dénoncé Catilina et utilise « Cicéron » pour faire référence à l'homme dont il a eu à étudier les œuvres en troisième année de latin au lycée. Évidemment, il se peut qu'il ne sache pas à l'avance que le même homme exactement qui a dénoncé Catilina a écrit ces œuvres, et cela est une affirmation contingente. Mais le fait que cette affirmation soit contingente ne devrait pas nous faire penser que l'affirmation que Cicéron est Tullius, si elle est vraie, et elle est en fait vraie, est contingente. Supposez, par exemple, que Cicéron ait bien, en fait, dénoncé Catilina, mais qu'il ait pensé que cet acte politique était si important que ce n'était pas la peine d'écrire des œuvres littéraires. Dirions-nous que ce seraient des circonstances dans lesquelles il n'aurait pas été Cicéron ? Il me semble que la réponse est non, qu'au lieu de cela, nous dirions qu'en de telles circonstances, Cicéron n'aurait pas écrit d'œuvres littéraires. Ce n'est pas une propriété nécessaire de Cicéron – à la façon dont l'homme est suivi par son ombre – qu'il aurait dû écrire certaines œuvres ; nous pouvons facilement imaginer une situation dans laquelle Shakespeare n'aurait pas écrit les œuvres de Shakespeare, ou une dans laquelle Cicéron n'aurait pas écrit les œuvres de Cicéron. Ce qui peut se faire, c'est que nous *fixions la référence* du terme « Cicéron » en utilisant une certaine expression descriptive, telle que « l'auteur de ces œuvres ». Mais, une fois que nous avons fixé la référence, nous utilisons alors le nom « Cicéron » *rigidement* pour désigner l'homme que nous avons en fait identifié comme ayant écrit ces œuvres. Nous ne l'utilisons pas pour désigner quiconque aurait écrit ces œuvres à la place de Cicéron, si quelqu'un d'autre les avait écrites. Il aurait pu se faire que l'homme qui a écrit ces œuvres ne soit pas l'homme qui a dénoncé Catilina. Cassius aurait pu écrire ces œuvres. Mais alors nous ne dirions pas que Cicéron aurait été Cassius, à moins de parler de façon très relâchée et métaphorique. Nous dirions que Cicéron, que nous avons peut-être identifié et été amenés à connaître par ses œuvres, ne les aurait pas écrites, et que quelqu'un d'autre, disons Cassius, les aurait écrites à sa place.

De tels exemples ne sont pas des raisons pour penser que les affirmations d'identité sont contingentes. Les prendre pour telles est se méprendre sur la relation entre un *nom* et une *description utilisée pour fixer sa référence*, les prendre pour *synonymes*. Même si nous fixons la référence d'un nom comme « Cicéron » comme l'homme qui a écrit telle et telle œuvre, en parlant de situations contrefactuelles, quand nous parlons de Cicéron, nous ne parlons pas de quiconque *aurait* dans de telles situations contrefactuelles écrit telle et telle œuvres, mais plutôt de Cicéron, que nous avons identifié par la propriété contingente d'être l'homme qui, en fait, c'est-à-dire dans le monde réel, a écrit certaines œuvres [o].

o. Si quelqu'un proteste, concernant le pupitre, qu'après tout, il *aurait pu se révéler* être en glace, et donc qu'il aurait pu être en glace, je répondrais que ce qu'il veut dire en réalité c'est qu'*un pupitre* aurait pu avoir juste l'apparence de celui-ci, aurait pu être placé dans la même position que celui-ci, et pourtant être en glace. En bref, j'aurais pu être dans *la même situation épistémologique* en relation avec un

J'espère que cela est raisonnablement clair dans le cadre d'un bref exposé. Maintenant, j'ai présupposé quelque chose qu'en réalité je ne crois pas être vrai en général. Supposons que, de fait, nous fixions la référence d'un nom par une description. Même si nous faisons cela, nous ne rendons pas le nom *synonyme* de la description, mais au lieu de cela nous utilisons le nom *rigidement* pour désigner l'objet ainsi nommé, même en parlant de situations contrefactuelles où la chose nommée ne satisferait pas la description en question. Or c'est ce que je pense être en fait vrai dans les cas de nomination où la référence est fixée par description. Mais, en fait, je pense aussi, contrairement à la plupart des théoriciens récents, que la référence des noms est rarement ou n'est presque jamais fixée au moyen d'une description. Et je ne veux pas dire par là juste ce que Searle dit : « Ce n'est pas une description seule, mais plutôt un faisceau, une famille de propriétés qui fixe la référence ». Je veux dire que les propriétés en ce sens ne sont pas utilisées *du tout*. Mais je n'ai pas le temps d'entrer dans cette question ici. Donc, supposons qu'au moins une moitié des conceptions dominantes sur la nomination soit vraie, que la référence soit fixée par des descriptions. Même si c'était vrai, le nom ne serait

pupitre en glace que je le suis avec *ce* pupitre. J'ai argué dans le corps du texte que la même réponse devrait être apportée aux protestations qu'il aurait pu se révéler que Hesperus soit autre que Phosphorus, ou Cicéron autre que Tullius. Ici, cette fois, la notion de « contrepartie » est à sa place. Car ce n'est pas cette table, mais une « contrepartie » épistémique qui a été taillée dans la glace ; ce n'est pas Hesperus-Phosphorus-Venus, mais deux contreparties distinctes de celle-ci jouant deux des rôles que Venus joue en réalité (le rôle d'Étoile du Soir et celui d'Étoile du Matin) qui sont différentes. Précisément à cause de ce fait, ce n'est pas *cette table* qui aurait pu être en glace. Les affirmations au sujet des propriétés modales de *cette table* ne font jamais référence à des contreparties. Cependant, si quelqu'un confond les problèmes épistémologiques et les problèmes métaphysiques, il est bien parti pour la théorie des contreparties que Lewis et d'autres ont soutenue.

pas synonyme de la description, mais serait utilisé pour *nommer* l'objet que nous avons distingué par le fait contingent qu'il satisfait une certaine description. Et donc, même si nous pouvons imaginer un cas où l'homme qui a écrit ces œuvres n'aurait pas été l'homme qui a dénoncé Catilina, nous ne devrions pas dire que ce serait un cas où Cicéron n'aurait pas été Tullius. Nous devrions dire que c'est un cas où Cicéron n'aurait pas écrit ces œuvres, mais plutôt que Cassius l'aurait fait. Et l'identité de Cicéron et de Tullius tient toujours.

Tournons-nous vers le cas de la chaleur et du mouvement moléculaire. Voilà sûrement un cas d'identité contingente! La philosophie récente l'a maintes fois souligné. Ainsi, si c'est un cas d'identité contingente, alors imaginons dans quelles circonstances elle serait fausse. Maintenant, concernant cette affirmation, je tiens que les circonstances que les philosophes ont apparemment à l'esprit comme circonstances dans lesquelles elle aurait été fausse ne sont pas en fait de telles circonstances. D'abord, évidemment, on argue que « La chaleur est le mouvement moléculaire » est un jugement *a posteriori*; l'investigation scientifique aurait pu tourner autrement. Comme je l'ai dit auparavant, cela ne prouve rien contre l'idée qu'elle est nécessaire – du moins si j'ai raison. Mais ici les gens ont sûrement eu à l'esprit des circonstances très spécifiques, dans lesquelles, pensaient-ils, le jugement que la chaleur est le mouvement moléculaire aurait été faux. Quelles étaient ces circonstances? On peut les obtenir à partir du fait que nous avons découvert empiriquement que la chaleur est le mouvement moléculaire. Comment cela s'est-il passé? Qu'avons-nous d'abord découvert quand nous avons découvert que la chaleur est le mouvement moléculaire? Il y a un certain phénomène externe que nous pouvons sentir par le sens du toucher, et il produit une sensation que nous appelons « la sensation de chaleur ». Nous découvrons ensuite que le phénomène externe qui produit cette sensation, que nous sentons, au moyen de notre sens du toucher, est en fait celui de l'agitation moléculaire dans la chose que nous touchons, un très haut degré d'agitation moléculaire. Ainsi, pourrait-on penser, pour imaginer une situation dans laquelle la chaleur n'aurait pas été le mouvement moléculaire, il nous suffit d'imaginer une situation dans laquelle nous aurions eu cette même sensation exactement et elle aurait été produite par autre chose que le mouvement moléculaire. De manière similaire, si nous voulions imaginer une situation dans laquelle la lumière ne serait pas un flux de photons, nous pourrions imaginer une situation dans laquelle nous serions sensibles à quelque chose d'autre exactement de la même manière, produisant ce que nous appelons une expérience visuelle, quoique pas par l'intermédiaire d'un flux de photons. Pour enfoncer le clou, ou pour prendre les choses par un autre bout, nous pourrions aussi considérer une situation dans laquelle nous *sommes* concernés par le mouvement moléculaire, mais dans laquelle un tel mouvement ne nous donne pas une sensation de chaleur. Et il aurait pu aussi arriver que nous, ou, du moins, les créatures habitant cette planète, aurions pu être constitués de telle manière que, disons, un accroissement du mouvement moléculaire ne nous donnerait pas cette sensation, mais qu'au contraire, un ralentissement des molécules nous donnerait la même sensation exactement. Ce serait une situation, pourrait-on penser, dans laquelle la chaleur ne serait pas le mouvement moléculaire, ou, plus précisément, dans laquelle la température ne serait pas l'énergie cinétique moléculaire moyenne.

Mais je pense qu'il n'en serait pas ainsi. Pensons à nouveau à la situation. D'abord, pensons à elle dans le monde réel. Imaginons à l'instant le monde envahi par de nombreux Martiens, qui ont en fait exactement la sensation que nous appelons « la sensation de chaleur » quand ils sentent de la glace, qui a un mouvement moléculaire lent, et qui n'ont pas la sensation de chaleur – en fait,

peut-être juste l'inverse – quand ils mettent les mains près d'un
feu, qui cause beaucoup d'agitation moléculaire. Dirions-nous :
« Ah ! cela jette quelque doute sur l'affirmation que la chaleur est
le mouvement moléculaire, parce qu'il y a ces autres gens qui
n'ont pas la même sensation » ? Évidemment non, et personne ne
penserait ainsi. Au lieu de cela, nous dirions que les Martiens
sentent de quelque manière la sensation exacte que nous avons
quand nous sentons la chaleur quand ils sentent le froid et qu'ils
n'ont pas une sensation de chaleur quand ils sentent la chaleur.
Mais maintenant pensons à une situation contrefactuelle P.
Supposons que la Terre ait été dès le tout début habitée par de
telles créatures. D'abord imaginez-la comme n'étant pas habitée
par la moindre créature : alors il n'y a personne pour sentir de
quelconques sensations de chaleur. Mais nous ne dirions pas
que, dans de telles circonstances, nécessairement, la chaleur
n'existerait pas ; nous dirions que la chaleur aurait pu exister, par
exemple, s'il y avait des feux qui réchauffaient l'air.

Supposons que les lois de la physique ne soient pas très
différentes : que les feux réchauffent bien l'air. Alors il y aurait eu
de la chaleur même s'il n'y avait pas eu de créatures dans les
parages pour la sentir. Maintenant, supposons que l'évolution a
lieu, que la vie est crée, et qu'il y a quelques créatures dans les

p. La situation que je viens de décrire n'est-elle pas aussi contrefactuelle ?
À tout le moins elle peut bien l'être, s'il n'y a jamais en fait d'invasion de tels
Martiens. À strictement parler, la distinction que je veux opérer oppose la manière
dont nous *parlerions dans* une situation (possiblement contrefactuelle), *si* elle se
réalisait, et la manière dont nous *parlons d'*une situation contrefactuelle, sachant
qu'elle n'est pas réalisée, – *i.e.* il s'agit de la distinction entre la langue que nous
aurions utilisée dans une situation et la langue que nous utilisons *en fait* pour la
décrire. (Considérez la description : « Supposez que nous parlions tous allemand ».
Cette description est en français.) Le premier cas devient frappant si l'on imagine
que la situation contrefactuelle est réelle.

parages. Mais elles ne sont pas comme nous, elles ressemblent davantage aux Martiens. Maintenant, dirions-nous que la chaleur s'est soudainement transformée en froid, à cause de la façon dont les créatures de cette planète la sentent ? Non, je pense que nous devrions décrire cette situation comme une situation dans laquelle, quand bien même les créatures sur cette planète obtiendraient notre sensation de chaleur, elles ne l'obtiendraient pas quand elles seraient exposées à la chaleur. Elles l'obtiendraient quand elles seraient exposées au froid. Et c'est quelque chose que nous pouvons sûrement bien imaginer. Nous pouvons l'imaginer juste comme nous pouvons imaginer notre planète envahie par des créatures de cette sorte. Pensez-y en deux étapes. D'abord il y a une étape où il n'y a pas de créatures du tout, et l'on peut certainement imaginer cette planète comme ayant encore à la fois de la chaleur et du froid, bien qu'il n'y ait personne dans les parages pour le sentir. Puis la planète, par un processus évolutionnaire, en vient à être peuplée d'êtres de structure neuronale différente de la nôtre. Alors ces créatures pourraient être telles qu'elles seraient insensibles à la chaleur ; elles ne la sentiraient pas de la manière dont nous le faisons ; mais, d'un autre côté, elles sentiraient le froid tout à fait de la même manière que nous sentons le chaud. Mais la chaleur serait encore la chaleur, et le froid serait encore le froid. Et alors, en particulier, cela ne va en aucune façon contre le fait de dire que dans cette situation contrefactuelle la chaleur *serait* encore le mouvement moléculaire, *serait* encore ce qui est produit par les feux, et ainsi de suite, juste comme elle l'aurait été s'il n'y avait pas eu de créatures du tout sur cette planète. De façon similaire, nous pourrions imaginer que la planète soit habitée par des créatures qui auraient des sensations visuelles quand il y aurait des ondes sonores dans l'air. Par conséquent, nous ne devrions pas dire : « Dans de telles circonstances, le son aurait été la lumière ». Au lieu de cela nous devrions dire : « La planète serait habitée par des créatures qui seraient en un certain sens visuellement sensibles au son et peut-être même visuellement sensibles à la lumière ». Si cela est correct, ce peut être encore et ce sera encore une vérité nécessaire que la chaleur soit le mouvement moléculaire et que la lumière soit un flux de photons.

Pour formuler succinctement la conception : nous utilisons les deux termes « la chaleur » et « le mouvement moléculaire » comme des désignateurs rigides pour un certain phénomène externe. Puisque la chaleur est en fait le mouvement moléculaire et que les désignateurs sont rigides, par l'argument que j'ai donné ici, il va être *nécessaire* que la chaleur soit le mouvement moléculaire. Ce qui nous donne l'illusion de la contingence est le fait qu'il se trouve qu'il y a des créatures sur cette planète (à savoir nous-mêmes) qui lui sont sensibles d'une certaine manière, c'est-à-dire qui sont sensibles d'une certaine manière au mouvement moléculaire ou à la chaleur – ce sont une seule et même chose. Et cela est contingent. Aussi utilisons-nous la description « ce qui cause telle et telle sensations, ou ce que nous sentons de telle ou telle manière » pour identifier la chaleur. Mais en utilisant ce fait nous utilisons une propriété contingente de la chaleur, juste comme nous utilisons la propriété contingente de Cicéron d'avoir écrit telle et telle œuvres pour l'identifier. Puis nous utilisons *rigidement* les termes « chaleur » dans un cas et « Cicéron » dans l'autre pour désigner les objets qu'ils représentent. Et, évidemment, le terme « le mouvement moléculaire » est rigide ; il représente toujours le mouvement moléculaire, jamais aucun autre phénomène. Ainsi, comme disait l'évêque Butler, « Tout chose est ce qu'elle est et non autre chose ». Par conséquent, « La chaleur est le mouvement moléculaire » sera nécessaire, non contingente, et on a seulement une *illusion* de contingence de la façon dont on pourrait avoir une illusion de contingence en pensant que cette table aurait pu être en glace. Nous pourrions penser qu'on pourrait l'imaginer, mais si nous essayons, nous pouvons voir à la réflexion que ce que nous imaginons en réalité est juste qu'il y aurait un autre pupitre ici, dans cette position exactement, qui serait en glace. Le fait que nous puissions identifier ce pupitre comme étant l'objet que nous voyons et touchons en telle ou telle position est une autre histoire.

Maintenant, comment cela se relie-t-il au problème de l'esprit et du corps. On tient ordinairement que l'affirmation d'identité de l'esprit et du corps est une affirmation d'identité contingente juste comme « La chaleur est le mouvement moléculaire ». Ce ne peut être le cas. Ce ne peut être une affirmation d'identité contingente juste comme « La chaleur est le mouvement moléculaire », parce que, si j'ai raison, « La chaleur est le mouvement moléculaire » n'est pas une affirmation d'identité contingente. Examinons cette affirmation. Par exemple, « Que je sois dans la douleur à tel ou tel instant est identique à ce que je sois dans tel ou tel état cérébral à tel ou tel instant », ou « La douleur en général est tel ou tel état neuronal (cérébral) ».

On tient cela pour contingent pour les raisons suivantes. En premier lieu, nous pouvons imaginer l'existence de l'état cérébral sans qu'il y ait de douleur du tout. C'est seulement un fait scientifique qu'à chaque fois que nous sommes dans un certain état cérébral, nous avons une douleur. En second lieu, on pourrait imaginer qu'une créature soit dans la douleur sans être du tout dans un état cérébral spécifié, peut-être sans avoir de cerveau du tout. Les gens pensent même, au moins à première vue, bien qu'ils puissent avoir tort, qu'ils peuvent imaginer des créatures totalement désincarnées, en tout cas pas des créatures avec des corps ressemblant en quoi que ce soit aux nôtres. Ainsi, il semble que nous pouvons imaginer des circonstances déterminées dans lesquelles cette relation aurait été fausse. Maintenant, si ces circonstances sont bien des circonstances possibles, notez que

nous ne pouvons pas en traiter simplement en disant que c'est
juste une illusion, quelque chose que nous pouvons apparemment
imaginer, mais qu'en fait nous ne pouvons pas, de la façon dont
nous pensions à tort que nous pouvions imaginer une situation
dans laquelle la chaleur ne serait pas le mouvement moléculaire.
Parce que, bien que nous puissions dire que nous distinguons la
chaleur de façon contingente par la propriété contingente qu'elle
nous affecte de telle ou telle manière, nous ne pouvons dire de
façon similaire que nous distinguons la douleur de façon contingente par le fait qu'elle nous affecte de telle ou telle manière.
Dans une telle représentation, il y aurait l'état cérébral, et nous le
distinguons par le fait contingent qu'il nous affecte comme la
douleur. Or cela pourrait être vrai de l'état cérébral, mais cela ne
peut être vrai de la douleur. L'expérience elle-même doit être
cette expérience, et je ne peux pas dire que ce soit une propriété
contingente de la douleur que j'ai maintenant que ce soit une
douleur[q]. En fait, il semblerait que les deux termes, « ma

---

q. Les théories de l'identité les plus en vogue soutenues aujourd'hui manquent
explicitement à satisfaire cette simple exigence. Car ces théories soutiennent ordinairement qu'un état mental est un état cérébral, et que ce qui fait de l'état cérébral
un état mental, c'est son « rôle causal », le fait qu'il tend à produire un certain
comportement (comme les intentions produisent des actions, ou la douleur, un
comportement douloureux) et à être produit par certains stimuli (par exemple, la
douleur par des piqûres). Si l'on considère que les relations entre l'état cérébral
et ses causes et effets sont contingentes, alors *être tel-ou-tel-état-mental* est une
propriété contingente de l'état cérébral. Soit X une douleur. Le théoricien de l'identité en termes de rôle causal soutient (1) que X est un état cérébral, (2) que le fait que
X soit une douleur doit être analysé (en gros) comme le fait que X est produit par
certains stimuli et produit certains comportements. Le fait mentionné en (2) est,
bien sûr, considéré comme contingent ; l'état cérébral X pourrait très bien exister
sans tendre à produire le comportement approprié en l'absence d'autres conditions.
Ainsi (1) et (2) affirment qu'une certaine douleur X pourrait avoir existé, et pourtant
ne pas avoir été une douleur. Cela me semble être bien évidemment absurde.

douleur » et « que je sois dans tel ou tel état cérébral », avant tout, sont tous deux des désignateurs rigides. C'est-à-dire qu'à chaque fois qu'une chose quelconque est telle ou telle douleur, elle est essentiellement cet objet même, à savoir telle ou telle douleur, et à chaque fois qu'une chose quelconque est tel ou tel état cérébral, il est essentiellement cet objet même, à savoir tel ou tel état cérébral. Ces deux termes sont donc des désignateurs rigides. On ne peut pas dire que cette peine aurait pu être quelque chose d'autre, quelque autre état. Ce sont tous deux des désignateurs rigides.

En second lieu, la façon dont nous penserions les distinguer – à savoir la douleur comme étant une expérience d'une certaine sorte, et l'état cérébral comme étant l'état d'un certain objet matériel, étant de telle ou telle configuration moléculaire – toutes deux distinguent leur objet essentiellement et non accidentellement, c'est-à-dire les distinguent par des propriétés essentielles. À chaque fois que les molécules *sont* dans cette configuration, nous avons *bien* tel ou tel état cérébral. À chaque fois que vous sentez *ceci*, vous avez bien une douleur. Ainsi, il semble que le théoricien de l'identité soit en difficulté, car, puisque nous avons

Imaginez une douleur quelconque : est-il possible qu'*elle* ait pu *elle-même* exister sans avoir été une douleur ?

Si $X = Y$, alors X et Y ont toutes leurs propriétés en commun, y compris les propriétés modales. Si X est une douleur et Y l'état cérébral correspondant, alors *être une douleur* est une propriété essentielle de X, et *être un état cérébral* une propriété essentielle de Y. Si la relation de correspondance est, en fait, l'identité, alors il doit être *nécessaire* de Y qu'il corresponde à une douleur, et *nécessaire* de X qu'il corresponde à un état cérébral, de fait à cet état cérébral particulier. Les deux affirmations semblent fausses ; il *semble* clairement possible que X puisse avoir existé sans l'état cérébral correspondant ; ou que l'état cérébral ait existé sans être senti comme une douleur. Les théoriciens de l'identité ne peuvent pas, contrairement à ce qu'ils font aujourd'hui presque universellement, accepter ces intuitions ; ils doivent les refuser et en donner une explication éliminative. C'est loin d'être facile à faire.

deux désignateurs rigides, l'affirmation d'identité en question doit être nécessaire. Parce qu'ils distinguent leur objet de façon essentielle, nous ne pouvons dire que le cas où l'on semble imaginer l'affirmation d'identité fausse est en réalité une illusion comme l'illusion qu'on obtient avec la chaleur et le mouvement moléculaire, parce que cette illusion dépendait du fait de distinguer la chaleur par une certaine propriété contingente. Il y a donc très peu de latitude pour manœuvrer, peut-être pas du tout[r]. Le

r. Une brève reformulation de l'argument peut ici être utile. Si «douleur» et «stimulation de fibres C[1]» sont des désignateurs rigides de phénomènes, celui qui les identifie doit regarder leur identité comme nécessaire. Comment peut-on réconcilier cette nécessité avec le fait apparent que la stimulation de fibres C aurait pu se révéler n'être pas du tout corrélée avec la douleur? Nous pourrions essayer de répondre par analogie avec le cas de la chaleur et du mouvement moléculaire; cette dernière identité, elle aussi, est nécessaire, pourtant quelqu'un peut croire qu'avant que la recherche scientifique ait montré qu'il en était autrement, le mouvement moléculaire aurait pu se révéler n'être pas la chaleur. La réponse est, bien sûr, que ce qui est réellement possible est que les gens (ou certains êtres rationnels ou sensibles) auraient pu être dans *la même situation épistémique* où nous sommes en réalité, et identifier un *phénomène* de la même façon que nous identifions la chaleur, à savoir en la sentant par la sensation que nous appelons «la sensation de chaleur», sans que le phénomène soit le mouvement moléculaire. En outre, ces êtres auraient pu ne pas être sensibles au mouvement moléculaire (*i.e.* à la chaleur) par quelque mécanisme neuronal que ce soit. Il est impossible d'expliquer de la même façon la possibilité apparente que des stimulations de fibres C n'aient pas été la douleur. Ici aussi, nous devrions supposer que nous aurions pu être dans la même situation épistémologique, et identifier quelque chose de la même façon que nous identifions la douleur, sans que cela corresponde à une stimulation de fibres C. Mais la manière dont nous identifions la douleur, c'est en la sentant, et si une stimulation de fibres C avait pu se produire sans que nous sentions aucune douleur, alors une stimulation de fibres C aurait pu se produire sans qu'il *y ait* aucune douleur, contrairement à la nécessité de l'identité. La difficulté est que, bien que «chaleur» soit un désignateur

1. Les fibres C sont, en clair, les fibres nerveuses du groupe C.

théoricien de l'identité, qui tient que la douleur est l'état cérébral, doit aussi tenir qu'elle est nécessairement l'état cérébral. Par conséquent, il ne peut concéder, mais doit dénier, qu'il y ait des situations dans lesquelles on aurait eu la douleur, mais non l'état cérébral correspondant. Or, dans les arguments de la théorie de l'identité, cela est ordinairement très loin d'être dénié. En fait, cela est concédé dès le départ par le matérialiste aussi bien que par son opposant. Il dit : « Évidemment, il *aurait pu* se faire que nous ayons des douleurs sans les états cérébraux. C'est une identité contingente ». Mais ce ne peut être le cas. Il doit tenir que nous sommes dans une certaine illusion en pensant que nous pouvons imaginer qu'il aurait pu y avoir des douleurs sans états cérébraux. Et le seul modèle auquel je puisse penser de ce que pourrait être l'illusion, ou du moins le modèle donné par l'analogie suggérée par les matérialistes eux-mêmes, à savoir la chaleur et le mouvement moléculaire, ne marche simplement pas dans ce cas. Ainsi, le matérialiste doit relever un sérieux défi. Il doit montrer que ces choses dont nous pensons que nous pouvons voir qu'elles sont possibles ne sont en fait pas possibles. Il doit montrer que ces choses que nous pouvons imaginer ne sont pas en fait des choses que nous pouvons imaginer. Et cela requiert quelque argument philosophique très différent du genre d'argument qu'on a donné dans le cas de la chaleur et du mouvement moléculaire. Et ce devrait être un argument plus profond que je n'en puis comprendre et plus subtil qu'il n'en est jamais paru dans la littérature philosophique que j'ai lue. Ainsi, la conclusion de cette investigation serait que les instruments analytiques que nous utilisons vont

rigide, la chaleur est distinguée par la propriété contingente d'être sentie d'une certaine façon ; la douleur, en revanche, est distinguée par une propriété essentielle (en fait une propriété nécessaire et suffisante). Pour une sensation, être *sentie* comme de la douleur, c'est *être* une douleur.

contre la thèse de l'identité et donc contre la thèse générale que les états mentaux sont juste des états physiques [s].

Le prochain sujet de discussion serait ma propre solution au problème de l'esprit et du corps, mais cette solution, je ne l'ai pas.

---

[s]. Tous les arguments contre la théorie de l'identité qui s'appuient sur la nécessité de l'identité ou sur la notion de propriété essentielle sont bien sûr inspirés par l'argument de Descartes en faveur de son dualisme. Les arguments antérieurs qui ont été superficiellement réfutés par analogie avec la chaleur et le mouvement moléculaire, ainsi qu'avec l'inventeur des lunettes à double foyer qui était aussi *Postmaster General*, étaient semblablement inspirés ; et de même mon argument ici. R. Albritton et M. Slote m'ont informé qu'ils avaient indépendamment tenté de donner des arguments essentialistes contre la théorie de l'identité, et il est probable que d'autres l'ont fait également.

Peut-être l'argument cartésien le plus simple peut-il être reformulé comme suit : soit « *A* » un *nom* (un désignateur rigide) du corps de Descartes. Descartes argue alors que, puisqu'il pourrait exister même si *A* n'existait pas, $\Box$(Descartes $\neq A$), donc Descartes $\neq A$. Ceux que l'on a accusé de sophisme modal ont oublié que « *A* » est rigide. Son argument est valide et sa conclusion est correcte, pourvu que sa prémisse (peut-être douteuse) soit acceptée. D'un autre côté, à condition de considérer que Descartes a cessé d'exister à sa mort, « Descartes $\neq A$ » peut être établi sans recourir à un argument modal ; car s'il en est ainsi, nul doute que *A* ait survécu à Descartes quand *A* était un cadavre. Ainsi *A* avait une propriété (d'exister à un certain moment) que Descartes n'avait pas. Le même argument peut établir qu'une statue n'est pas le bloc de pierre, ou l'amas de molécules, dont elle est composée. La simple non-identité, alors, peut être une conclusion faible (Voir D. Wiggins, *Philosophical Review*, LXXVII [1968], 90 *sq.*). Cependant l'argument modal cartésien peut sûrement être déployé pour soutenir aussi bien des conclusions pertinentes plus fortes.

David Kaplan

LES DÉMONSTRATIFS
UN ESSAI SUR LA SÉMANTIQUE, LA LOGIQUE, LA MÉTAPHYSIQUE ET L'ÉPISTÉMOLOGIE DES DÉMONSTRATIFS ET AUTRES INDEXICAUX

Présentation, par François Rivenc et Philippe de Rouilhan

La théorie des démonstratifs, ou mieux des indexicaux en général, de Kaplan, appartient à un courant de pensée apparu au début des années 70, et qui fut baptisé, de manière quelque peu journalistique, la « nouvelle théorie de la référence ». En font notamment partie les thèses de Kripke, inspirées par ses réflexions concernant la logique modale, sur la rigidité des noms propres (un nom propre désigne le même individu dans toutes les situations ou mondes possibles où cet individu existe), comme les remarques de Putnam sur la sémantique des noms communs désignant des substances ou des espèces naturelles. Kaplan soutient que les indexicaux fournissent l'illustration la plus claire de l'idée de référence directe.

Il est cependant plus simple, pédagogiquement, d'aborder l'idée de référence directe via la rigidité des noms propres. Si je dis, examinant une possibilité qui ne s'est pas réalisée (une possibilité contrefactuelle) :

Il aurait pu se faire que Sarkozy perdît les présidentielles de 2007,

l'intuition la plus naturelle est que l'individu dont il est question est bien notre Sarkozy, l'homme qui porte ce nom dans le monde réel (en admettant, pour simplifier, qu'il n'y en ait qu'un), celui qui, en réalité, a gagné les présidentielles de 2007, transporté en pensée dans un autre monde, et non un autre individu (une « contre-partie », comme disait D. Lewis, une sorte de double), habitant d'un autre monde et ressemblant plus ou moins à l'actuel Président de la République. L'idée de rigidité des noms propres se fonde sur cette intuition modale (avec éventuellement quelques raffinements).

Venons-en aux indexicaux et, plus particulièrement, aux démonstratifs. Si je dis à présent, en montrant du doigt Sarkozy, présent à la tribune :

Il aurait pu se faire qu'*il* (ou : que *cet homme*) perdît les présidentielles de 2007,

cette occurrence de « *il* » (ou de « *cet homme* ») désigne de même Sarkozy dans toutes les situations irréelles, ou contrefactuelles, que je peux envisager et dont je peux me demander si *ce que j'ai dit* – le *contenu* de la phrase que j'ai prononcée – y serait vrai ou faux. Évidemment, les indexicaux diffèrent des noms propres en ce que leur référent n'est pas fixé une fois pour toutes, mais dépend du contexte dans lequel ils sont utilisés. Mais une fois déterminé le contexte d'usage (qui parle, en montrant qui, à quel moment, etc.), l'individu désigné est le même dans toutes les situations – ou, comme dit Kaplan, *circonstances d'évaluation* – possibles[1].

---

[1] Cette distinction entre contextes d'usage et circonstance d'évaluation est cruciale ; elle permet de comprendre par exemple que la phrase « J'existe ici et

Kaplan ne se fait pas faute de parler le plus souvent en termes de circonstances d'évaluation possibles, comme si le contenu se réduisait à une *intension* à la Carnap, mais c'est manifestement une autre façon de parler qui, en principe, aurait sa préférence. Selon cette autre façon de parler, c'est l'*individu* Sarkozy *lui-même*, et non quelque *concept d'individu* à la Frege-Church, qui fait partie du *contenu* – en l'occurrence, de la *proposition* – exprimé à cette occasion, ou est un constituant de cette proposition. C'est ainsi qu'il convient de comprendre la thèse selon laquelle les indexicaux sont *directement référentiels* (voir le Principe 2 du paragraphe III, nous soulignons).

Cette formulation pourrait donner à penser qu'il n'y a aucune médiation de signification entre l'occurrence d'un indexical et l'individu désigné, mais ce serait une erreur. Les indexicaux par eux-mêmes (*i.e.*, en tant que types) ont bien une signification, à savoir la règle linguistique qui gouverne leur usage («je» en chacune de ses occurrences désigne celui qui la prononce : telle est la règle pour le pronom de la première personne du singulier en français), et que Kaplan appelle «*caractère*». Le point est que, toute question ontologique mise à part, ces caractères sont profondément différents des concepts d'individu à la Frege-Church. D'abord, un concept d'individu est un mode de présentation

maintenant» ne puisse être prononcée faussement (cette phrase est vraie dans tout contexte possible), bien que mon existence ne soit pas nécessaire (la phrase n'est pas vraie dans toutes les circonstances possibles d'évaluations déterminées par son contexte d'usage). La découverte de Kaplan – car il s'agit bien d'une découverte –, procède d'une critique de la notion introduite par Montague dans le cadre de la pragmatique formelle, celle d'index, qui généralisait celle de monde possible en y ajoutant, entre autres, des contextes d'énonciation. Pour raisons de pédagogie, nous n'avons cependant pas traduit les considérations critiques de Kaplan à ce sujet.

propre à un individu, ce qui n'est évidemment pas le cas du caractère, règle générale liée à un type (et non à une occurrence); ensuite, un concept d'individu peut figurer dans une proposition, mais non la règle en quoi consiste un caractère; enfin, on ne voit pas dans quel cadre il pourrait être question de remplacer un caractère, donc une règle, par un individu, alors que, *pace* Frege et Church, un concept d'individu est remplaçable par tout individu en toute proposition *salva congruitate* – si Kaplan a raison.

Kaplan fait lui-même la distinction entre sa théorie proprement dite – la partie « évidente et indiscutable » de « Demonstratives » – et les réflexions et discussions qui l'accompagnent. Nous avons tenu compte de cette distinction en ne traduisant que les sections de cet article qui nous ont paru exprimer le cœur de sa théorie : l'analyse *positive* et *exclusive* de la *sémantique* des expressions indexicales. C'est pourquoi, par exemple, la section VII, consacrée à la critique de la « Pragmatique » de Montague (la théorie des « indices »), non plus que la section XVII, consacrée à esquisser une solution au « problème de Frege » (pourquoi une identité vraie $a = b$ diffère en valeur cognitive de $a = a$, où a et b sont des termes singuliers supposés directement référentiels), ne figurent dans notre traduction. Une entorse à cette ligne de conduite : nous avons omis l'exposé du système de la *logique des démonstratifs*. Quoiqu'il fasse incontestablement partie du cœur de la théorie, son caractère formel était susceptible de rebuter le lecteur. L'amateur de sémantique formelle pourra toujours se rapporter au texte original – où ce n'est d'ailleurs guère l'anglais qui fait obstacle à une lecture aisée.

LES DÉMONSTRATIFS
UN ESSAI SUR LA SÉMANTIQUE, LA LOGIQUE, LA MÉTAPHYSIQUE ET L'ÉPISTÉMOLOGIE DES DÉMONSTRATIFS ET AUTRES INDEXICAUX [*]

[...] I – Introduction

Je crois que ma théorie des démonstratifs est incontournable et difficilement discutable. Ce n'est pas là un hommage rendu au pouvoir de ma théorie, mais la reconnaissance de son évidence. Personne ne semble avoir jusqu'ici tiré de ces faits évidents leurs évidentes conséquences. Je le fais. Ce qu'il y a d'original chez moi est une certaine dose de terminologie, pour aider à fixer les idées quand les choses deviennent compliquées. Voir combien les conséquences évidentes de principes évidents peuvent être intéressantes, il y a là quelque chose de fascinant [a].

II – Démonstratifs, indexicaux, et indexicaux purs

J'ai tendance à décrire ma théorie comme une « théorie des démonstratifs », mais cet usage est malheureux. Il provient du fait que j'ai commencé mes recherches en me demandant ce qui est dit quand un locuteur indique [1] quelqu'un et dit : « Il est

---

[*] D. Kaplan, « Demonstratives. An Essay on the Semantics, Logic, Metaphysics, and Epistemology of Demonstratives and Other Indexicals », dans *Themes from Kaplan*, J. Almog, J. Perry et H. Wettstein (eds.), Oxford, Oxford UP, 1989, p. 481-563, traduction F. Rivenc et Ph. de Rouilhan.

a. Tout ce que j'affirme ne fait pas partie de ma théorie. Par endroits, j'émets des jugements sur l'usage correct de certains mots et je propose des analyses détaillées de certaines notions. Je reconnais que ces questions sont discutables. Je ne les considère pas comme faisant partie de la théorie de base, qui est évidente.

1. Nous traduisons systématiquement « *to point* », « *to point at* » et « *to point to* » par « indiquer ».

suspicieux » [b]. Le mot « il », dans cet usage, est un démonstratif, et le geste d'indication qui l'accompagne, est la démonstration associée requise [1]. J'ai construit à titre d'hypothèse une certaine théorie sémantique pour de tels démonstratifs, puis j'ai inventé un nouveau démonstratif, « dthat », en stipulant que sa sémantique était conforme à ma théorie. J'étais tellement content de ce tour de passe-passe méthodologique avec mon démonstratif « dthat » que, lorsque j'ai généralisé ma théorie en l'appliquant à des mots comme « je », « maintenant », « ici », etc. – mots qui *n*'exigent *pas* une démonstration associée –, j'ai continué à appeler ma théorie une « théorie des démonstratifs » et j'ai fait référence à ces mots comme à des « démonstratifs ».

Cette habitude terminologique est en conflit avec ce que je prêche, et j'essaierai de la corriger. (Mais j'ai tendance à récidiver).

Le groupe de mots pour lesquels je propose une théorie sémantique inclut les pronoms « je », « mon », « ma », « tu », « vous » (de politesse) « il », « elle », « son », « sa » [2], les pronoms démonstratifs « ceci », « cela », les adverbes « ici », « maintenant », « demain », « hier », les adjectifs « réel », « présent », et autres. Ces mots ont des usages autres que ceux qui m'intéressent (ou peut-être, selon la manière d'individuer les mots, devrions-nous dire qu'ils ont des homonymes qui ne m'intéressent pas). Par exemple, les pronoms « il » et « son » ne sont pas utilisés comme des démonstratifs, mais comme des variables liées dans :

b. Voir « Dthat », p. 320 dans *Martinich* [*The Philosophy of Language*, A.P. Martinich (ed.), Oxford, Oxford UP, 1985].

1. Nous traduisons systématiquement « *demonstration* » par « démonstration ». Il s'agit, dans le cadre de la théorie des indexicaux, de l'acte de montrer de qui ou de quoi l'on parle.

2. Dans l'original : « the pronouns "I", "my", "you", "he", "his", "she", "it" ».

Qu'aura gagné un homme, si, en obtenant
le monde entier, il perd son âme ?

Ce qu'ont en commun les mots ou usages qui m'intéressent,
c'est que le référent dépend du contexte d'usage et que la signification du mot fournit une règle qui détermine le référent en
termes de certains aspects du contexte. Le terme que je préfère
aujourd'hui pour ces mots est « indexical ». D'autres auteurs ont
utilisé d'autres termes ; Russell parlait de « particuliers égocen-
triques » et Reichenbach de mots « token-réflexifs ». Je préfère
« indexical » (qu'on doit, je crois, à Peirce) parce qu'il me semble
moins chargé de théorie que les autres, et que je considère les
théories de Russell et de Reichenbach comme fautives.

Parmi les indexicaux, certains demandent une démonstration
associée pour que leur référent soit déterminé : typiquement,
bien que ce ne soit pas toujours le cas, une présentation (visuelle)
d'un objet proche distingué par un geste d'indication[c]. Ces
indexicaux sont les vrais démonstratifs, et « cela » est leur paradigme. Le démonstra*tif* (qui est une expression) désigne à ce
que la démonstra*tion* montre[1]. J'appelle ce qui est montré le
« demonstratum ».

Un démonstratif sans démonstration associée est incomplet.
Les règles linguistiques qui gouvernent l'usage des vrais

c. Une démonstration peut cependant être utile tout en ne demandant aucune
action spéciale de la part du locuteur, comme quand quelqu'un crie « Arrêtez cet
homme ! » au moment où un seul individu se précipite vers la porte. Ma notion de
démonstration est un concept théorique. Je n'entreprends pas dans le présent travail
une analyse « opérationnelle » détaillée de cette notion, malgré quelques remarques
dispersées à ce sujet. […]

1. Nous traduisons systématiquement « *to demonstrate* », en tant que désignant
l'acte impliqué dans l'usage d'un démonstratif, par « montrer », et non par
« démontrer ».

démonstratifs « cela », « il », etc., ne suffisent pas à déterminer leur référent dans tous les contextes d'usage. Il faut ajouter quelque chose d'autre – une démonstration associée. Les règles linguistiques tiennent pour acquis qu'une telle démonstration accompagne chaque usage (démonstratif) d'un démonstratif. Un démonstratif incomplet n'est pas *vide* à la manière d'une description définie impropre. Un démonstratif *peut* être vide dans différents cas. Par exemple, quand la démonstration associée n'a pas de demonstratum (cas d'une hallucination) – ou la mauvaise sorte de demonstratum (indiquer une plante en fleurs et dire « il [*he*] » en croyant indiquer un homme déguisé en plante en fleur[d]) – ou qu'il y a trop de demonstrata (on indique deux plantes grimpantes entrelacées en disant « cette plante grimpante »). Mais il est clair qu'on peut distinguer un démonstratif avec une démonstration vide : pas de référent, d'un démonstratif sans démonstration associée : incomplet.

Tout cela pour souligner le contraste entre les vrais démonstratifs et les indexicaux purs. Pour ces derniers, *aucune démonstration associée n'est requise, et toute démonstration*

---

d. Je sais bien (1) qu'il y a des langues où ce qu'on appelle le pronom de genre masculin peut être approprié pour des fleurs, mais ce n'est pas le cas en anglais ; (2) qu'on peut inventer une histoire où montrer une plante en fleur serait une façon appropriée, quoique déviante, de faire référence à un homme, par exemple si nous parlons de grands spécialistes de l'hybridation ; et (3) qu'il est possible de traiter cet exemple comme un cas d'*usage référentiel* du démonstratif « il [*he*] » sur le modèle de l'usage référentiel, au sens de Donnellan, d'une description définie (voir « Reference and Definite Descriptions »). Dans le traitement en termes d'usage référentiel, nous assignerions comme référent à « il [*he*] » quoi que ce soit que le locuteur *avait l'intention* de montrer. Mon idée avec cet exemple était d'illustrer un cas d'échec de la démonstration : un cas où le locuteur, croyant à tort que la plante était un homme quelconque sous un déguisement, mais sans avoir à l'esprit un homme particulier, et n'ayant certainement pas l'intention de faire référence à autre chose qu'à cet homme, dit, en indiquant la plante : « Il m'a suivi toute la journée ».

ajoutée ou bien a valeur d'emphase ou bien est sans pertinence [e].
Parmi les indexicaux purs, on trouve « je », « maintenant », « ici »
(en un sens), « demain », d'autres encore. Les règles linguistiques
qui gouvernent *leur* usage déterminent complètement le référent
pour chaque contexte [f]. Ni actions, ni intentions supplémentaires
ne sont nécessaires. Le locuteur fait référence à lui-même quand
il utilise « je », et indiquer quelqu'un d'autre, croire qu'on est un
autre, ou vouloir faire référence à un autre, rien ne peut mettre en
échec cette référence à soi-même [g].

Michael Bennett a remarqué que certains indexicaux ont à la
fois un usage pur *et* un usage démonstratif. « Ici » est un indexical
pur dans :

> Je suis ici

e. Je pense à des cas comme s'indiquer soi-même en disant « je » (emphase), ou
bien montrer quelqu'un d'autre en disant « je » (non-pertinence ou folie ou quoi ?).

f. Certains usages d'indexicaux purs, qu'on peut appeler « messages enre-
gistrés pour diffusion ultérieure », manifestent une incertitude particulière quant au
référent de « ici » et « maintenant ». Si le message « Je ne suis pas ici maintenant »
est enregistré sur un répondeur, il faut penser que le temps que « maintenant »
désigne est le temps de l'écoute, non celui de l'enregistrement. Donnellan a suggéré
que s'il y avait un un décalage important entre l'émission de la parole et sa réception
(par exemple, si le son avait une vitesse très lente), il se pourrait que notre langue
contienne deux formes de « maintenant » : une pour le temps de l'émission, une
pour celui de l'audition. Les indexicaux « ici » et « maintenant » souffrent aussi d'un
certain vague en ce qui concerne la taille du voisinage spatial et temporel qu'ils
désignent. Ces faits ne me paraissent pas brouiller la différence entre démonstratifs
et indexicaux purs.

g. Bien sûr, ce sont certaines intentions du locuteur qui font d'un son particulier
le pronom de la première personne [en anglais, « I »] du singulier, plutôt qu'un
surnom pour Geneviève (*Irving*). Ma théorie sémantique est une théorie de la signification des mots, non une théorie des intentions de signification du locuteur. Elle
est fondée sur les règles linguistiques connues, explicitement ou implicitement, de
tous les usagers compétents de la langue.

et un démonstratif dans :

> Dans deux semaines, je serai ici (en indiquant une ville sur une carte).

III – Deux principes évidents

Assez de préliminaires. Ma théorie est fondée sur deux principes évidents. Le premier a été noté dans toutes les discussions sur le sujet.

Principe 1. *Le référent d'un indexical pur dépend du contexte, et le référent d'un démonstratif dépend de la démonstration associée.*

Si vous et moi disons tous les deux « je », nous faisons référence à différentes personnes. Les démonstratifs « cela » et « il » peuvent être correctement utilisés pour faire référence à une grande variété d'objets, simplement en ajustant la démonstration associée.

Le second principe évident a été moins souvent explicitement formulé.

Principe 2. *Les indexicaux, qu'ils soient purs ou démonstratifs, sont directement référentiels.*

IV – Remarques sur les désignateurs rigides

Dans une version antérieure, j'ai adopté la terminologie de Kripke, appelé les indexicaux « désignateurs rigides » et tenté d'expliquer que mon usage différait du sien. À présent je répugne à cette terminologie. Mais comme elle est si bien connue, je ferai quelques commentaires sur la ou les notion(s) en jeu.

Saul Kripke a inventé l'expression « désignateur rigide » pour caractériser les expressions qui désignent la même chose dans tout monde possible où cette chose existe, et qui ne désignent rien ailleurs. Il l'utilise en relation avec sa thèse discutable, quoique correcte, je pense, selon laquelle les noms propres, comme beaucoup de noms communs, sont des désignateurs rigides. [...]

[...] [M]on idée est d'utiliser « *directement référentiel* » pour une expression dont le référent, une fois déterminé, est conçu comme fixé pour toutes les circonstances possibles, *i.e.* est conçu comme *étant* le constituant propositionnel.

Pour moi, l'idée intuitive n'est pas celle d'une expression qui *se révèle* désigner le même objet dans toutes les circonstances possibles, mais celle d'une expression dont les *règles* sémantiques assurent *directement* que le référent dans toutes les circonstances possibles est fixé comme étant le référent actuel. Dans les cas typiques, les règles sémantiques font cela de façon seulement implicite, en fournissant une manière de déterminer le référent *actuel*, sans fournir aucune manière de déterminer aucun autre constituant propositionnel [h].

Nous devons nous méfier d'une confusion possible dans l'interprétation de la tournure « désigne le même objet dans toutes les circonstances ». Nous ne voulons pas dire que l'expression *n'aurait pas pu être utilisée* pour désigner un autre objet. Nous voulons plutôt dire qu'étant donné un *usage* de cette expression,

h. Ici, comme dans l'alinéa précédent, en tentant de faire saisir ma notion d'un terme singulier directement référentiel, je navigue entre deux images métaphysiques : celle des mondes possibles et celle des propositions structurées. Il me semble qu'une notion réellement sémantique ne devrait présupposer aucune des deux images, et devrait être exprimable en termes de chacune d'elles. La discussion par Kripke des désignateurs rigides est déformée, je crois, par une dépendance excessive à l'égard de l'image des mondes possibles et du style sémantique qui lui est associé. Pour en savoir plus sur les relations entre les deux images, voir pages 724-725 de mon « How to Russell a Frege-Church », *The Journal of Philosophy* 72 (1975), p. 716-29.

nous pouvons nous demander, au sujet de *ce qui a été dit*, s'*il* aurait été vrai ou faux dans diverses circonstances contrefactuelles, et, dans de telles circonstances contrefactuelles, quels sont les individus pertinents pour déterminer la valeur de vérité. Nous devons ainsi distinguer les occasions possibles d'*usage* – que j'appelle des *contextes* – des circonstances possibles d'*évaluation* de ce qui a été dit à une occasion d'usage donnée. Les circonstances possibles d'évaluation, je les appelle circonstances, ou simplement parfois *situations contrefactuelles*. Un terme directement référentiel *peut* désigner différents objets quand il est utilisé dans des *contextes* différents. Mais, pour évaluer ce qui a été dit dans un contexte donné, il n'y a qu'un unique objet qui sera pertinent pour l'évaluation dans toutes les circonstances. Cette distinction tranchée entre *contextes d'usage* et *circonstances d'évaluation*, on doit la garder à l'esprit si l'on veut éviter un conflit apparent entre les Principes 1 et 2[i]. Pour voir les choses d'un autre point de vue, une fois reconnue l'évidence des deux principes (je n'ai pas encore argumenté en faveur du Principe 2), la distinction entre contextes d'usage et circonstances d'évaluation s'impose.

Si je puis parler de façon un peu métaphysique pour fixer une image, pensons aux véhicules de l'évaluation – le ce-qui-est-dit dans un contexte donné – comme à des propositions. Ne pensons pas aux propositions comme à des ensembles de mondes possibles, mais plutôt comme à des entités structurées qui ressemblent aux phrases qui les expriment. Pour chaque occurrence d'un terme singulier dans une phrase, il y aura un constituant qui lui correspond dans la proposition exprimée. Le constituant de la proposition détermine, pour chaque circonstance d'évaluation, l'objet

---

i. Je pense qu'il est vraisemblable que c'est précisément faute de noter cette distinction qu'on est conduit à ne pas reconnaître le Principe 2. […]

pertinent pour évaluer la proposition dans cette circonstance. En général, le constituant de la proposition sera quelque sorte de complexe, construit à partir d'attributs variés par composition logique. Mais, dans le cas d'un terme singulier directement référentiel, le constituant de la proposition est juste l'objet lui-même. C'est ainsi qu'il ne *se révèle* pas simplement que le constituant détermine le même objet dans toutes les circonstances, le constituant (correspondant à un désignateur rigide) *est* juste l'objet. *Il n'y a pas du tout de détermination à effectuer.* Selon cette image – et il s'agit *réellement* d'une image et non d'une théorie – la description définie :

(1)   Le n [(la neige est légère $\wedge$ $n^2 = 9$) $\vee$ ($\sim$la neige est légère $\wedge$ $2^2 = n+1$)]^j

donnerait un constituant qui est complexe bien qu'il détermine le même objet dans toutes les circonstances. Ainsi, (1), bien qu'il soit un désignateur rigide, n'est pas directement référentiel de ce point de vue (métaphysique). Notez, cependant, que toute proposition contenant le complexe exprimé par (1) est *équivalente* à quelque proposition singulière contenant le nombre trois lui-même comme constituant[k].

L'aspect sémantique que je souhaite souligner en appelant une expression *directement référentielle* n'est pas le *fait* qu'elle désigne le même objet en toute circonstance, mais la *manière*

j. J'aurais volontiers utilisé « la neige est blanche », mais je voulais une phrase contingente, et tant de gens (y compris peut-être moi) semblent aujourd'hui avoir des conceptions qui n'excluent pas que « la neige est blanche » puisse être nécessaire.

k. Je laisse de côté les propositions exprimées par des phrases contenant des opérateurs épistémiques ou autres, pour lesquels l'équivalence n'est pas une condition suffisante pour l'intersubstituabilité des opérandes [*i.e.* l'intersubsituabilité *salva veritate* des phrases sur lesquelles peut porter un opérateur].

dont elle désigne un objet en n'importe quelle circonstance. Une telle expression est un *outil de référence directe*. Cela n'implique pas qu'elle n'a pas de règles sémantiques conventionnellement fixées qui déterminent son référent dans chaque contexte d'usage ; tout au contraire. Il y a des règles sémantiques qui déterminent le référent dans chaque contexte d'usage – mais c'est tout. *Les règles ne fournissent pas un complexe tel qu'avec une circonstance d'évaluation, ils donneraient ensemble un objet. Elles fournissent juste un objet.*

Si nous gardons à l'esprit notre distinction tranchée entre contextes d'usage et circonstances d'évaluation, nous ne serons pas tentés de confondre une règle qui assigne un objet à chaque *contexte* avec un « complexe » qui assigne un objet à chaque *circonstance*. Par exemple, chaque contexte a un agent (en gros, un locuteur). Ainsi une règle de désignation appropriée pour un terme directement référentiel serait :

(2)   Dans chaque contexte d'usage possible, le terme donné désigne l'agent du contexte.

Mais cette règle ne pourrait pas être utilisée pour assigner un objet pertinent à chaque circonstance d'évaluation. Les circonstances d'évaluation, en général, n'ont pas d'agents. Supposons que je dise :

(3)   Je n'existe pas.

Dans quelles circonstances *ce que j'ai dit* serait-il vrai ? Il serait vrai dans des circonstances où je n'existerais pas. Parmi de telles circonstances il y a celles où personne n'existe, ni donc aucun locuteur, aucun agent. Chercher une circonstance d'évaluation pour un locuteur pour (mal) appliquer la règle (2) serait partir pour une chasse sans rapport avec la question posée.

Trois alinéas plus haut j'ai esquissé une image métaphysique de la structure d'une proposition. Cette image est tirée des passages sémantiques des *Principles of Mathematics*[1] de Russell. Deux ans plus tard, dans « On Denoting »[m], même Russell rejeta cette image. Mais je l'aime encore. Elle ne fait pas partie de ma théorie, mais elle transmet bien ma conception d'une expression directement référentielle et de la sémantique de la référence directe. [...]

Si nous adoptons une sémantique des mondes possibles, tous les termes directement référentiels seront considérés comme des désignateurs rigides au sens *modifié* d'une expression qui désigne la même chose dans *tous* les mondes possibles (indépendamment de la question de savoir si la chose existe dans tel monde possible ou non [...]). Cependant, comme on l'a déjà noté, je ne regarde pas tous les désignateurs rigides, – pas même tous les désignateurs fortement rigides (ceux qui désignent quelque chose qui existe dans tous les mondes possibles) ou tous les désignateurs rigides au sens modifié –, comme directement référentiels. Je crois que les noms propres, comme les variables, sont directement référentiels. Ce ne sont pas, en général, des désignateurs fortement rigides, ni des désignateurs rigides au sens originel [...]. Ce qui est caractéristique des termes directement référentiels, c'est que le designatum (le référent) détermine le constituant propositionnel, plutôt que l'inverse, selon lequel le constituant propositionnel plus une circonstance détermineraient le designatum. C'est pour cette raison qu'un terme directement référentiel qui désigne un objet existant de manière contingente sera encore un désignateur rigide au sens modifié. Le constituant

l. B. Russell, *The Principles of Mathematics*, London, Allen & Unwin, 1903.
m. B. Russell, « On Denoting », *Mind* 14 (1905), p. 479-93.

propositionnel n'a pas besoin de choisir son designatum parmi ceux qui sont offerts par une circonstance en passant; il a déjà acquis son designatum avant la rencontre avec la circonstance.

Quand nous pensons en termes de la sémantique des mondes possibles, cette distinction fondamentale devient subliminale. Cela parce que le style des règles sémantiques obscurcit la distinction et fait qu'il semble que les termes directement référentiels diffèrent des descriptions définies ordinaires seulement en ce que le constituant propositionnel, dans le premier cas, doit être une fonction *constante* des circonstances. En réalité, le référent, dans une circonstance, d'un terme directement référentiel est simplement *indépendant* de la circonstance et n'est pas plus une fonction (constante ou autre) de la circonstance, que mon action est une fonction de vos désirs quand je décide de l'accomplir que vous le vouliez ou non. La distinction qu'obscurcit le style de la sémantique des mondes possibles est clairement mise en scène par l'image des propositions structurées. C'est une des raisons pour lesquelles je l'aime.

Certains termes directement référentiels, comme les noms propres, peuvent n'avoir aucune signification descriptive sémantiquement pertinente, ou du moins aucune qui leur soit spécifique : qui distingue un tel terme d'un autre. D'autres, comme les indexicaux, peuvent avoir un genre limité de signification descriptive spécifique pertinente pour les aspects du contexte d'usage. […] Mais dans tous les cas, la signification descriptive d'un terme directement référentiel ne fait pas partie du contenu propositionnel.

V – Argument pour le Principe 2 : les indexicaux purs

Comme je l'ai déjà dit, je crois que ce principe est indiscutable. Mais je ferais bien de le distinguer de principes semblables qui sont faux. Je *ne* soutiens *pas*, comme on l'a soutenue pour les noms propres, l'idée selon laquelle les indexicaux manquent de quelque chose qui pourrait être appelé une « signification descriptive ». Les indexicaux, en général, possèdent une signification descriptive assez facile à spécifier. Mais il est clair que cette signification n'est pertinente que pour déterminer un référent dans un contexte d'usage, et *non* pour déterminer un individu pertinent dans une circonstance d'évaluation. Revenons à l'exemple en relation avec la phrase (3) et l'indexical « je ». Prendre la signification descriptive de l'indexical comme étant le constituant propositionnel donnerait le résultat bizarre que ce que j'ai dit en prononçant (3) serait vrai dans une circonstance d'évaluation si et seulement si le locuteur (en supposant qu'il y en ait un) de la circonstance n'existe pas dans cette circonstance. Sottise ! Si *cela* était l'analyse correcte, ce que j'ai dit ne pourrait être vrai. D'où il s'ensuivrait que

> Il est impossible que je n'existe pas.

Voici un autre exemple pour montrer que la signification descriptive d'un indexical peut être entièrement *inapplicable* dans la circonstance d'évaluation. Quand je dis :

> J'aimerais ne pas être maintenant en train de parler,

les circonstances désirées n'impliquent ni contextes d'*usage* ni *agents* qui ne sont pas en train de parler. Le contexte *réel* d'usage est utilisé pour déterminer l'individu pertinent : *moi* – et le temps : *maintenant* –, après quoi nous cherchons les diverses circonstances d'évaluation relativement à *cet* individu et à *ce* temps.

Voici un autre exemple, non plus du caractère inapplicable de la signification descriptive aux circonstances, mais de sa non-pertinence. Supposons que je dise à t_0 : « Il sera bientôt le cas que tout ce qui est beau maintenant est flétri ». Considérons ce qui a été dit dans la phrase subordonnée :

> Tout ce qui est beau maintenant est flétri.

Je veux évaluer ce contenu à un moment futur proche t_1. Quel est le temps pertinent associé à l'indexical « maintenant » ? Est-ce le temps futur t_1 ? Non, c'est bien sûr t_0 : le temps du contexte d'usage.

Voyons avec quelle rigidité les indexicaux s'attachent au référent déterminé dans le contexte d'usage :

(4)   Il est possible qu'au Pakistan, dans cinq ans, seuls ceux qui sont réellement ici maintenant soient enviés.

Le point de (4) est que la circonstance, le lieu, et le temps désignés par les indexicaux « réellement », « ici », et « maintenant » sont la circonstance, le lieu et le temps du contexte, et non la circonstance, le lieu, et le temps déterminés par les opérateurs modal, spatial et temporel dans la portée desquels figurent les indexicaux.

[…] Peut-être en a-t-on dit assez pour établir ce qui suit.

(**T1**) *La signification descriptive d'un indexical pur détermine le référent de l'indexical relativement à un contexte d'usage, mais est soit inapplicable soit sans pertinence pour déterminer un référent relativement à une circonstance d'évaluation.*

J'espère que votre intuition sera en accord avec la mienne pour juger que c'est pour cette raison que :

(**T2**) *Quand ce qui a été dit en utilisant un indexical pur dans un contexte c est à évaluer relativement à une circonstance arbitraire, l'objet pertinent est toujours le référent de l'indexical relativement au contexte c.*

C'est là juste une version un peu élaborée du Principe 2.

Avant de nous tourner vers les vrais démonstratifs, nous adopterons une certaine terminologie.

VI – Remarques terminologiques

Le Principe 1 et le Principe 2 pris ensemble impliquent que les phrases contenant des indexicaux purs ont deux sortes de signification.

VI. (i) – Contenu et circonstance

Ce qui est dit en utilisant un indexical peut être différent en différents contextes. Ainsi, si je dis aujourd'hui :

> Hier, on m'a insulté

et que vous prononciez les mêmes mots demain, ce qui est dit est différent. Si ce que nous disons diffère en valeur de vérité, cela suffit à montrer que nous disons des choses différentes. Mais même si les valeurs de vérité étaient les mêmes, il est clair qu'il y a des circonstances possibles dans lesquelles ce que j'ai dit serait vrai tandis que ce que vous avez dit serait faux. Donc nous avons dit des choses différentes.

Appelons cette première espèce de signification – ce qui est dit – le *contenu*. Le contenu d'une phrase dans un contexte donné est ce qu'on appelle traditionnellement une proposition. En notant que la phrase

> L'actuel Roi de France est chauve

pourrait être utilisée en différentes occasions pour faire des affirmations différentes, Strawson utilisait « affirmation » [*statement*] d'une façon semblable à notre usage de *contenu d'une phrase*. Si nous souhaitons exprimer le même contenu en différents contextes, nous pouvons avoir à changer les indexicaux. Frege, utilisant ici « pensée » pour le contenu d'une phrase, est clair sur ce point.

> Si quelqu'un veut dire aujourd'hui la même chose qu'il a exprimée hier en utilisant le mot « aujourd'hui », il doit remplacer ce mot par « hier ». Bien que la pensée soit la même, son expression verbale doit être différente, de telle manière que le sens, qui autrement serait affecté par les différents moments d'énonciation, soit réajusté [n].

Je prends la notion de *contenu* comme s'appliquant non seulement aux phrases prises dans un contexte, mais à n'importe quelle partie du discours douée de signification prise dans un contexte. Nous pouvons ainsi parler du contenu d'une description définie, d'un indexical, d'un prédicat, etc. Ce sont les *contenus* qui sont évalués dans les circonstances d'évaluation. Si le contenu est une proposition (*i.e.* le contenu d'une phrase prise dans un certain contexte), le résultat de l'évaluation sera une valeur de vérité. Le résultat de l'évaluation du contenu d'un terme singulier en une circonstance sera un objet (ce qu'auparavant j'appelais « l'objet pertinent »). De façon générale, le résultat de l'évaluation du contenu d'une expression bien-formée α en une circonstance sera une extension appropriée pour α (*i.e.* pour une phrase, une valeur de vérité ; pour un terme, un individu ; pour un prédicat à n places, un ensemble de n-uples d'individus ; etc.). Cela suggère que nous pouvons représenter un contenu par une fonction faisant correspondre aux circonstances d'évaluation une extension appropriée. Carnap appelait de telles fonctions des *intensions*.

La représentation est commode et je parlerai souvent de contenu en ces termes, mais on devrait noter que des contenus distincts, mais équivalents (*i.e.* de même valeur en toutes circonstances) sont représentés par la même intension. Entre autres

---

n. Tiré de « The Thought : A Logical Inquiry », *Mind* 65 (1956), p. 289-311. […]

choses, cela aboutit à la perte de ma distinction entre les termes qui sont des moyens de référence directe et les descriptions qui *se révèlent* être des désignateurs rigides. (Rappelez-vous l'alinéa métaphysique du paragraphe IV.) Je voulais que le contenu d'un indexical fût le référent lui-même, mais l'intension d'un tel contenu sera une fonction constante. L'usage des intensions représentatives ne signifie pas que j'abandonne cette idée – elle signifie seulement que je la laisse provisoirement de côté.

Un *contenu fixe* est un contenu représenté par une fonction constante. Toutes les expressions référentielles (aussi bien que tous les désignateurs rigides) ont un contenu fixe. (Ce que j'appelle par ailleurs un contenu *stable*.)

Parlons de *circonstances* pour les circonstances d'évaluation possibles. Je veux dire par là à la fois les situations réelles et les situations contrefactuelles par rapport auxquelles il est approprié de se demander quelles sont les extensions d'une expression bien-formée donnée. Une circonstance inclura usuellement un état possible ou une histoire du monde, un moment, et peut-être aussi bien d'autres aspects. La quantité d'information requise d'une circonstance est liée au degré de spécificité des contenus, et donc aux espèces d'opérateurs figurant dans la langue.

Les opérateurs de l'espèce familière traitée en logique intensionnelle (modale, temporelle, etc.) opèrent sur des contenus. (Puisque nous représentons les contenus par des intensions, il n'est pas surprenant que les opérateurs intensionnels opèrent sur les contenus.) Une extension appropriée pour un opérateur intensionnel est une fonction faisant correspondre aux intensions des extensions […]. Un opérateur modal appliqué à une intension sera sensible au comportement de l'intension par rapport à l'état possible du monde comme aspect des circonstances d'évaluation. Un opérateur temporel sera semblablement concerné par le temps de la circonstance. Si nous intégrons le temps de l'évaluation dans les contenus (éliminant ainsi le temps des circonstances pour n'y laisser, disons, qu'une histoire du monde, et rendant les contenus *spécifiques* quant au temps), il n'y aurait aucun sens à avoir des opérateurs temporels. Pour le dire d'une autre manière, si *ce qui est dit* est pensé comme incorporant la référence à un temps spécifique, ou à un état spécifique du monde, etc., il est oiseux de demander si ce qui est dit aurait été vrai à un autre moment, dans un autre état du monde, etc. Les opérateurs temporels appliqués aux phrases éternelles (phrases au contenu desquelles est incorporé un temps spécifique d'évaluation) sont redondants. Des opérateurs intensionnels quelconques appliqués aux phrases *parfaites* (phrases au contenu desquelles sont incorporées des valeurs pour tous les aspects des circonstances) sont redondants[o].

o. On peut rendre précise la notion de redondance en jeu. Quand je parle d'intégrer le temps de l'évaluation dans les contenus, ou de rendre les contenus spécifiques quant au temps, ou de prendre ce qui est dit comme incorporant une référence à un temps spécifique, j'ai ceci à l'esprit. Étant donné une phrase, *S* : « Je suis en train d'écrire », dans le contexte présent, *c*, laquelle des deux propositions suivantes devons-nous prendre comme contenu : (i) la proposition que David Kaplan est en train d'écrire à 10 heures du matin le 3/26/77, ou (ii) la « proposition » que David Kaplan est en train d'écrire ? La proposition (i) est spécifique quant au temps, la « proposition » (ii) [les guillemets reflètent mon sentiment que ce n'est pas là la notion traditionnelle d'une proposition] est neutre relativement au temps. Si nous prenons (ii) pour contenu de *S* en *c*, nous pouvons demander si ce contenu serait vrai à d'autres temps que le temps de *c*. Nous pensons ainsi que la « proposition » temporellement neutre change de valeur de vérité au cours du temps. Noter que ce n'est pas seulement la phrase non éternelle *S* qui change de valeur de vérité au cours du temps, mais la « proposition » elle-même. Puisque la phrase *S* contient un indexical, « je », elle exprimera différentes « propositions » en différents contextes. Mais puisque *S* ne contient pas d'indexical *temporel*, le temps du contexte n'aura pas d'influence sur la « proposition » exprimée. Une autre conception [plus traditionnelle] consiste à dire que le temps grammatical du verbe dans *S* contient un indexical temporel implicite, de sorte que S est compris comme synonyme de *S'* : « Je suis en train d'écrire maintenant ». Si nous adoptons ce point de vue, nous

La question de savoir quelles sortes d'opérateurs intensionnels admettre me semble largement relever de l'ingénierie
linguistique. C'est une question qui concerne les aspects de ce
que nous pensons intuitivement comme des circonstances
possibles qui peuvent être suffisamment bien définis et isolés. Si
nous souhaitons isoler le lieu et le considérer comme un aspect
des circonstances possibles, nous pouvons introduire des opérateurs spatiaux : « À deux kilomètres au nord, il est vrai que », etc.
De tels opérateurs peuvent être itérés et peuvent être mélangés
avec des opérateurs modaux et des opérateurs temporels. Cependant, pour rendre de tels opérateurs intéressants, nous devons
avoir des contenus qui sont spatialement neutres. C'est-à-dire
qu'il doit être approprié de demander si *ce qui est dit* serait vrai au
Pakistan. (Par exemple, « Il pleut » semble être spatialement aussi
bien que temporellement et modalement neutre.)

À cause de la neutralité du contenu pour ce qui est, disons, de
l'instant et de la place, la notion fonctionnelle de contenu d'une
phrase dans un contexte peut ne pas correspondre exactement à
la conception classique de la proposition. Mais la conception
classique peut être introduite en ajoutant les démonstratifs « maintenant » et « ici » à la phrase et en prenant le contenu du résultat. Je
continuerai à me référer au contenu d'une phrase comme étant
une proposition, sans tenir compte de l'usage classique.

Avant de laisser la question des circonstances d'évaluation,
peut-être devrais-je noter que la simple tentative de montrer
qu'une expression est directement référentielle suppose qu'il ne
soit pas dénué de signification de demander à propos d'un
individu en une circonstance si et avec quelles propriétés il existe

prendrons le contenu de *S* en *c* comme étant (i). Dans ce cas *ce qui est dit* est éternel ;
sa valeur de vérité ne change pas au cours du temps, bien que S exprime alors des
propositions différentes à des temps différents. [...]

en une autre circonstance. Si de telles questions ne peuvent être soulevées parce qu'elles sont considérées comme métaphysiquement dénuées de signification, on ne peut se demander si une expression particulière est directement référentielle (ni même si c'est un désignateur rigide). J'ai désigné ailleurs la conception selon laquelle de telles questions ne sont pas dénuées de signification comme *haecceitisme*, et j'ai décrit d'autres manifestations métaphysiques de cette conception[p]. Je soutiens cette position, malgré mes réticences à l'égard de certaines de ses conséquences apparentes (par exemple, que le monde pourrait être exactement dans le même état qualitatif où il est, mais avec une permutation des individus).

Il est difficile de voir comment on pourrait penser à la sémantique des indexicaux et des modalités sans adopter une telle conception.

VI. (ii) – Caractère

La seconde espèce de signification, la plus importante dans le cas des indexicaux, est ce qui détermine le contenu lorsqu'on fait varier le contexte. La règle :

« Je » désigne le locuteur ou scripteur

est une règle de signification de cette seconde espèce. L'expression « le locuteur ou scripteur » n'est pas supposée être une description complète, ni désigner celui qui a dit ou écrit le *mot* « je ». (Ils sont beaucoup à l'avoir fait.) Il désigne celui qui a dit ou écrit l'*occurrence* pertinente du mot « je », c'est-à-dire l'agent du contexte.

---

p. « How to Russell a Frege-Church ». [...] L'épithète a été suggérée par Robert Adams. Ce n'est pas par hasard qu'elle dérive d'un démonstratif.

Malheureusement, telles qu'elles sont usuellement formulées, ces règles de signification sont incomplètes en ce qu'elles ne spécifient pas explicitement que l'indexical est directement référentiel, et donc ne déterminent pas complètement le contenu en chaque contexte. J'y reviendrai.

Appelons *caractère* la seconde espèce de signification. Le caractère d'une expression est déterminé par des conventions linguistiques et détermine à son tour le contenu de l'expression en chaque contexte[q]. Le caractère étant ce qui est déterminé par des conventions linguistiques, il est naturel de le penser comme *signification* au sens de ce qui est connu de l'utilisateur compétent de la langue.

De même qu'il a été commode de représenter les contenus par des fonctions faisant correspondre aux circonstances possibles des extensions (les intensions de Carnap), de même il est commode de représenter les caractères par des fonctions faisant correspondre aux contextes possibles des contenus. (Comme précédemment, l'inconvénient est que l'on identifie les caractères équivalents[r].) Ce qui nous donne l'image suivante :

q. Cela n'implique pas que, si vous connaissez le caractère et que vous êtes dans un contexte, puis dans un autre, vous puissiez *décider* si le contenu est le même. Je peux utiliser « ici » deux fois en deux occasions séparées sans reconnaître qu'il s'agit du même lieu, ou entendre « je » deux fois sans savoir qu'il s'agit du même contenu. Ce que je sais bien, c'est que, si c'est le même locuteur qui a parlé, alors le contenu était le même. [...]

r. À ce stade, je laisse de côté la théorie des noms propres de Kripke afin de voir si les révisions de la théorie sémantique de Frege qui semblent clairement requises pour tenir compte des indexicaux (c'est ce qu'il y a d'« évident » dans ma théorie) peuvent y jeter quelque lumière. Ici nous supposons qu'en dehors des indexicaux, la théorie de Frege est correcte, selon laquelle, en gros, les mots et expressions ont une espèce de signification – ou sens – descriptive qui constitue d'un seul et même coup leur importance cognitive et leurs conditions d'applicabilité.

Caractère : Contextes ⇒ Contenus
Contenu : Circonstances ⇒ Extensions

ou, dans un langage plus familier :

Signification + Contexte ⇒ Intension
Intension + Monde possible ⇒ Extension

Les indexicaux ont un caractère *sensible au contexte*. Il est caractéristique d'un indexical que son contenu varie avec le contexte. Les non-indexicaux ont un caractère *fixe*. Le même contenu est invoqué dans tous les contextes. Typiquement, ce contenu sera sensible aux circonstances, c'est-à-dire que les non-indexicaux ne sont pas des désignateur rigides, mais varient en extension de circonstance en circonstance. Les phrases éternelles sont en général de bons exemples d'expressions à caractère fixe.

Toutes les personnes vivantes en 1977 seront mortes en 2077

exprime la même proposition indépendamment de quand elle est dite, par qui ou en quelle circonstance. La valeur de vérité de cette proposition peut, évidemment, varier avec les circonstances possibles, mais le caractère est fixe. Les phrases à caractère fixe sont très utiles à ceux qui souhaitent laisser des récits historiques.

Dans *Naming and Necessity* Kripke répète à plusieurs reprises qu'il fournit seulement une image de la façon dont les noms propres désignent, et qu'il n'a pas de théorie exacte. Son image donne lieu à de surprenants résultats. Dans le cas des indexicaux nous avons une théorie plutôt précise, qui évite la difficulté qu'il y a à spécifier une chaîne de communication et qui donne lieu à de nombreux résultats analogues. Pour affronter les problèmes largement plus difficiles associés à une théorie de la référence pour les noms propres, la théorie des indexicaux peut se révéler utile ; ne serait-ce que pour montrer que les noms propres – comme je le crois – ne sont pas des indexicaux et n'ont aucune signification au sens où les indexicaux en ont une (à savoir un « contenu cognitif » qui fixe les références dans tous les contextes). [...]

Maintenant que nous avons deux espèces de signification en plus de l'extension, le principe fregéen de l'intersubstituabilité intensionnelle [s] se dédouble en deux principes :

(**F1**) Le caractère du tout est fonction du caractère des parties. C'est-à-dire que, si deux expressions bien-formées composées ne diffèrent qu'au regard de composants qui ont même Caractère, alors le Caractère des composés est le même.

(**F2**) Le Contenu du tout est fonction du Contenu des parties. C'est-à-dire que, si deux expressions bien-formées composées, chacune dans un contexte (les contextes étant éventuellement différents), ne diffèrent qu'au regard de composants qui, *quand ils sont pris dans leurs contextes respectifs*, ont même contenu, alors le contenu des deux composés *pris chacun dans son propre contexte* est le même.

C'est le second principe qui rend compte du fait souvent noté que les locuteurs en différents contextes peuvent dire la même chose en changeant d'indexicaux. (Et, en effet, ils *doivent* souvent changer d'indexicaux pour ce faire.) Frege, dans « La pensée », illustrait ce point relativement à « aujourd'hui » et « hier ». (Mais notez que son traitement de « je » suggère qu'il ne croit pas que des occurrences de « je » et « tu » puissent être semblablement reliées !)

Plus haut, dans ma phase métaphysique, j'ai suggéré que nous devrions penser le contenu d'un indexical comme étant juste le référent lui-même, et je me suis irrité du fait que la représentation des contenus nous forçait à considérer de tels contenus comme des fonctions constantes. Une remarque semblable s'applique ici.

s. Voir § 26 de *Meaning and Necessity* de Rudolf Carnap, Chicago, Chicago UP, 1947.

Si nous ne sommes pas ouvertement concernés par les représentations standardisées (qui ont certainement leur valeur pour des investigations modèles-théorétiques), nous pourrions être enclins à dire que le caractère d'un mot non indexical ou d'une expression sans indexical *est* juste son contenu (constant). [...]

IX – Argument pour le Principe 2 : les vrais démonstratifs

Je reviens à présent à l'argument que tous les indexicaux sont directement référentiels. Supposons que j'indique Paul en disant :

Il vit à présent à Princeton, New Jersey.

Appelons *ce que j'ai dit* – *i.e.* le contenu de mon énonciation, la proposition exprimée – « Pat ». Pat est-il vrai ou faux ? Vrai ! Supposons qu'à mon insu, Paul se soit installé à Santa Monica la semaine dernière. Pat aurait-il été vrai ou faux ? Faux ! Maintenant, le cas épineux : supposons que Paul et Charles se soient déguisés l'un en l'autre et aient échangé leurs rôles (*places*). Si cela était arrivé, *et* que j'eusse prononcé la même phrase, alors la proposition que *j'aurais* exprimée aurait été fausse. Mais, dans ce contexte possible, la proposition que *j'aurais* exprimée n'est pas Pat. Il est facile de le voir parce que la proposition que *j'aurais* exprimée, si j'avais indiqué Charles au lieu de Paul – appelons cette proposition « Mike » –, non seulement *aurait été* fausse, mais est réellement fausse. Pat, voudrais-je soutenir, serait encore vraie dans les circonstances du contexte possible envisagé pourvu que Paul – dans quelque costume qu'il apparût – résidât encore à Princeton [1].

---

1. L'alinéa qu'on vient de lire ne devient tout à fait clair que si l'on se souvient de la note 1 et qu'on sait qu'en mars 1977, Paul Benacerraf enseignait à l'université de Princeton, et Charles Chastain à celle de Chicago. Selon toute vraisemblance,

IX. (i) – Les arguments

Je suis en train de soutenir que, pour déterminer ce que *serait* la valeur de vérité d'une proposition exprimée par une phrase contenant un démonstratif dans d'autres circonstances possibles, l'individu pertinent n'est pas l'individu qui *aurait été* montré si ces circonstances étaient réalisées et si la démonstration avait eu lieu dans un contexte de ces circonstances, mais plutôt l'individu montré dans le contexte qui *a* engendré la proposition qu'on est en train d'évaluer. Comme je l'ai déjà noté, il est caractéristique des phrases contenant des démonstratifs – ou, d'ailleurs, n'importe quel indexical – qu'elles puissent exprimer différentes propositions dans différents contextes. Nous devons prendre garde à ne pas confondre la proposition qui aurait été exprimée par une énonciation semblable dans un contexte légèrement différent – disons, un contexte où le demonstratum a changé – avec la proposition qui a été réellement exprimée. Si nous gardons cette distinction à l'esprit – *i.e.* si nous distinguons Pat et Mike –, nous risquons moins de confondre ce qu'aurait été la valeur de vérité de la proposition *réellement* exprimée dans certaines circonstances possibles avec ce qu'aurait été la valeur de vérité de la proposition qui *aurait été* exprimée dans ces circonstances.

Benacerraf habitait Princeton, et Chastain Chicago (et non, donc, Princeton), et, dans son exposé oral de mars 1977, lisant l'alinéa en question, Kaplan faisait référence à ses deux commentateurs. S'il en était bien ainsi, tout devait être clair pour l'auditoire : Pat était vrai et Mike faux. Le « cas épineux » envisagé par Kaplan est celui où Paul (Benacerraf) et Charles (Chastain) auraient échangé leurs rôles dans le symposium, chacun apparaissant sous le déguisement de l'autre et lisant les commentaires de l'autre et parlant à sa place. Douze ans plus tard (1989), Kaplan a laissé le texte en l'état et sans note de secours pour le lecteur en perdition. You really shouldn't have, David !

Quand nous considérons le vaste espace de circonstances possibles relativement auxquelles nous pourrions enquêter sur la vérité d'une proposition exprimée dans un contexte c par une énonciation e, il apparaît rapidement que seule une petite fraction de ces circonstances comportera une énonciation de la même phrase dans un contexte semblable, et qu'il doit y avoir une manière d'évaluer la valeur de vérité des propositions exprimées en utilisant des démonstratifs dans des circonstances contre-factuelles dans lesquelles aucune démonstration n'a lieu et aucun individu n'a exactement les caractéristiques exploitées dans la démonstration. Certainement, pour déterminer si ce que j'ai dit serait vrai ou non dans une circonstance contrefactuelle, il n'y a pas à se demander si Paul, ou qui que ce soit d'ailleurs, *aurait l'apparence* qu'il a maintenant. Tout ce qui serait pertinent, c'est *où il vit*. Donc :

(**T3**) Les aspects pertinents du demonstratum *qua demonstratum* (comparer avec : les aspects pertinents du $x Fx$ *qua le* $x Fx$) – à savoir, que le locuteur l'indique, qu'il ait une certaine apparence, qu'il soit présenté d'une certaine façon – ne peuvent être les caractéristiques essentielles utilisées pour identifier l'individu pertinent dans des situations contrefactuelles.

Ces deux arguments : la distinction entre Pat et Mike, et la considération de situations contrefactuelles où n'a lieu aucune démonstration, sont proposés pour conforter la conception selon laquelle les démonstratifs sont des instruments de référence directe (des désignateurs rigides, si vous voulez) et, à l'opposé, pour rejeter une conception fregéenne des démonstratifs.

IX. (ii) – La théorie fregéenne des démonstrations

Afin de développer cette dernière théorie, par opposition à la mienne, tournons-nous d'abord vers une partie de la théorie fregéenne que j'accepte : la théorie fregéenne des démonstrations.

Comme vous le savez, pour un Fregéen, le paradigme de l'expression douée de signification est la description définie, qui distingue ou dénote un individu, un unique individu, satisfaisant une condition *s*. L'individu est appelé la *dénotation* de la description définie, et nous pouvons identifier la condition *s* au *sens* de la description définie. Puisqu'un individu donné peut être le seul à satisfaire plusieurs conditions distinctes, des descriptions définies de sens différents peuvent avoir la même dénotation. Et puisque certaines conditions peuvent n'être satisfaites de cette manière par aucun individu, une description définie peut avoir un sens sans avoir de dénotation. La condition par laquelle une description définie distingue sa dénotation est *le mode de présentation* de la dénotation par la description définie.

La théorie fregéenne des démonstratifs affirme, correctement, je crois, que l'analogie entre descriptions (pour abréger « descriptions définies ») et démonstrations est suffisamment forte pour assurer une analyse avec sens et dénotation de la « signification » d'une démonstration. La dénotation est le demonstratum (ce qui est montré) et il semble tout à fait naturel de regarder chaque démonstration comme présentant son demonstratum d'une manière particulière, que nous pouvons considérer comme le sens de la démonstration. Le même individu pourrait être montré par des démonstrations si différentes quant au mode de présentation qu'apprendre que les demonstrata sont une seule et même chose serait informatif pour l'auditeur-observateur compétent. Par exemple, il serait informatif pour vous que je vous apprenne que :

Cela [en indiquant Vénus dans le ciel du matin] est identique avec cela [en indiquant Vénus dans le ciel du soir].

(Il me faudrait, bien sûr, parler très lentement). Les deux démonstrations – appelons la première « Phos » et la seconde « Hes ») – qui accompagnent les deux occurrences de l'expression démonstrative « cela » ont le même demonstratum, mais des modes distincts de présentation. C'est cette différence entre le sens de Hes et le sens de Phos qui rend compte, affirme le Fregéen, du caractère informatif de l'assertion.

Pour poursuivre l'analogie, il est possible pour une démonstration de n'avoir aucun demonstratum. Cela peut arriver de plusieurs façons : en raison d'une hallucination, en raison d'un manque d'attention (on ne remarque pas, dans la salle sombre, que le sujet a sauté de l'estrade de démonstration quelques instants avant que la conférence ne commence), en raison d'un conflit relatif au terme déterminant la sorte d'objet en question [*sortal conflict*[1]] (on utilise l'expression démonstrative ⌈ce *F*⌉, où *F* est une expression de même catégorie qu'un nom commun, tout en montrant quelque chose qui n'est pas un *F*), ou d'autres façons[2].

Même l'importante distinction de Donnellan entre les usages référentiels et les usages attributifs des descriptions définies semble s'adapter, sans plus de difficulté, au cas des démonstrations[t].

---

t. J'ai écrit ailleurs sur ces questions, dans les appendices VII et VIII de « Bob and Carol and Ted and Alice » [dans *Approaches to Natural Language*, J. Hintikka, J. Moravcsik et P. Suppes (eds.), Dordrecht, Reidel, 1973] et je ne poursuivrai pas ici ce point.

1. La longue paraphrase, « terme déterminant la sorte d'objet en question », par laquelle nous traduisons « *sortal* » sera ultérieurement abrégée par « terme de sorte ». Dans la parenthèse qui suit dans le texte, le terme en question est *F*.

2. À considérer les quatrième et dernier alinéas du paragraphe, Kaplan semble prendre un malin plaisir au jeu des homonymes, notre traduction ne fait que refléter fidèlement cet état de choses.

Le Fregéen hypostasie les démonstrations d'une manière telle qu'il serait approprié de demander, à propos d'une démonstration donnée, disons Phos, ce qu'elle *aurait* montré dans diverses circonstances contrefactuelles. Phos et Hess pourraient avoir montré des individus distincts[u].

Nous ne devons pas laisser notre enthousiasme pour l'analogie submerger notre jugement dans ce cas. Il y a des aspects pertinents selon lesquels descriptions et démonstrations sont dissemblables. D'abord, comme Davis Lewis l'a fait remarquer, les démonstrations n'ont pas de syntaxe, pas de structure formelle fixe telle que nous pourrions tenter de définir en termes de leurs éléments, soit directement soit récursivement, la notion de sens[v]. Ensuite, pour différents auditoires (par exemple, l'orateur, les gens assis devant l'estrade de démonstration et ceux qui sont assis derrière) la même démonstration peut avoir différents sens. Ou peut-être devrions-nous dire que l'accomplissement d'un même geste peut impliquer des démonstrations distinctes du point de vue d'auditoires distincts. («Exactement comme les noms propres!» dit le Fregéen, «aussi longtemps que le demonstratum reste le même, ces fluctuations du sens sont tolérables. Mais elles

---

u. On pourrait alors proposer que les démonstrations soient individualisées selon le principe : $d_1 = d_2$ si et seulement si, pour toutes les circonstances appropriées c, le demonstratum de d_1 dans c = le demonstratum de d_2 dans c. Un autre principe possible d'individuation est que la même démonstration est accomplie dans deux contextes différents si l'auditoire standard ne peut déterminer, à partir de la démonstration seule, si les contextes sont distincts ou identiques. Cela rend l'individuation des démonstrations plus épistémologique que ne l'est la proposition métaphysique faite ci-dessus.

v. Bien que des travaux récents sur la perception des machines aient tenté d'identifier une syntaxe des images. Voir P. Suppes et [W.] Rottmayer, «Automata», dans *Handbook of Perception*, vol. 1, New York, Academic Press, 1974.

devraient être évitées dans le système d'une science démonstrative et ne devraient pas apparaître dans un instrument parfait de communication ».)

IX. (iii) – La théorie fregéenne des démonstratifs

Acceptons, à titre d'essai et prudemment, la théorie fregéenne des démonstrations, et tournons-nous à présent vers la théorie fregéenne des démonstratifs[w].

Selon la théorie fregéenne des démonstratifs, une occurrence d'une expression démonstrative fonctionne plutôt comme tenant lieu de la démonstration associée. Le sens d'une phrase contenant des démonstratifs doit être le résultat du remplacement de chaque démonstratif par une constante dont le sens est donné comme le sens de la démonstration associée. Un but important de la théorie fregéenne est bien sûr de résoudre le problème de Frege. Et elle le fait très bien. Vous vous rappelez que le Fregéen rendait compte du caractère informatif de :

Cela [Hes] = cela [Phos]

en termes des sens distincts de Hes et de Phos. Nous voyons à présent que les sens des deux occurrences de « cela » sont identifiés avec ces deux sens distincts, de sorte que la solution ultime est exactement comme celle qui a été donnée originellement par Frege. Le sens du « cela » de gauche diffère du sens du « cela » de droite.

w. La théorie fregéenne des démonstrations ne fait pas partie de ma théorie évidente et indiscutable des indexicaux. Tout au contraire, elle a le caractère fascinant du spéculatif.

IX. (iv) – Un argument contre la théorie fregéenne des démonstratifs

Revenons maintenant à notre exemple de départ :

Il [Delta] vit à présent à Princeton, New Jersey

où « Delta » est le nom de la démonstration pertinente. Je suppose que dans les circonstances possibles décrites plus haut, où Paul et Charles se seraient déguisés l'un en l'autre, Delta aurait montré Charles. Donc, selon la théorie fregéenne, la proposition que je viens d'exprimer, Pat[1], aurait été fausse sous les circonstances contrefactuelles de l'échange. Mais c'est une erreur, comme je l'ai soutenu plus haut. Donc, bien qu'elle résolve très bien le problème de Frege, la théorie fregéenne des démonstratifs est tout simplement incorrecte dans sa manière d'associer les propositions avec les énonciations.

Récapitulons. Nous avons comparé deux théories quant à la proposition exprimée par une phrase contenant un démonstratif accompagné d'une démonstration associée. Les deux théories permettent de regarder la démonstration comme ayant à la fois un sens et une demonstratum. Ma théorie, la théorie de la référence directe, affirme que, pour évaluer la proposition dans des circonstances contrefactuelles c'est le demonstratum réel – dans l'exemple, Paul – qui est l'individu pertinent. La théorie fregéenne affirme que la proposition est à construire comme si le sens de la démonstration était le sens du démonstratif. Ainsi, dans des circonstances contrefactuelles, c'est l'individu qui *aurait* été

---

1. La phrase est trompeuse. En réalité, pour le Fregéen, la proposition exprimée *n*'aurait *pas* été Pat et Pat *n*'aurait *pas* été fausse, puisque, pour lui, Pat *n*'est *même pas* une proposition. La correction la plus simple serait de supprimer « Pat » (et les virgules qui l'encadrent).

montré qui est l'individu pertinent. Selon la théorie de la référence directe, les démonstratifs sont des désignateurs rigides. Selon la théorie fregéenne, leur dénotation varie avec les différentes circonstances contrefactuelles comme les demonstrata des démonstrations associées varieraient avec ces circonstances.

La distinction établie ci-dessus entre Pat et Mike, et la discussion des circonstances contrefactuelles dans lesquelles, comme nous le dirions maintenant, la démonstration n'aurait rien montré, indiquent que, relativement au problème de l'association des propositions avec les énonciations, la théorie de la référence directe est correcte et la théorie fregéenne erronée. [...]

X – Fixer la référence *vs* fournir un synonyme [x]

Il faut pardonner au Fregéen. Il a fait une erreur des plus naturelles. Peut-être a-t-il pensé comme suit : Si j'indique quelqu'un du doigt en disant « il », cette occurrence de « il » doit désigner l'individu masculin que je montre. Elle le fait ! Jusqu'ici tout va bien. Donc, raisonne le Fregéen, puisque « il » (dans son sens démonstratif) signifie la même chose que « l'individu masculin que je suis en train d'indiquer » et puisque la dénotation de la dernière expression varie avec les circonstances, la dénotation de la première doit varier aussi. Mais c'est faux. Du simple fait que c'est une règle de la langue que « il » *désigne* l'individu masculin que je suis en train d'indiquer (ou, plus généralement, que je suis en train de montrer), il ne s'ensuit pas qu'une synonymie soit par

---

x. J'utilise la terminologie de Kripke pour exposer l'importante distinction qu'il introduit dans *Naming and Necessity* concernant la signification descriptive qui peut être associée à un nom propre. Comme dans plusieurs autres cas de tels parallèles entre noms propres et indexicaux, la distinction, et l'argument qui lui est associée, semble plus évidente quand on l'applique aux indexicaux.

là établie. En fait, c'est là l'un des cas – pour reprendre l'excellente expression de Kripke – où la règle nous dit simplement comment *fixer la référence*, mais ne fournit pas un synonyme.

Considérons la proposition que j'exprime en énonçant :

> Il (Delta) est l'individu masculin que je suis en train de indiquer.

Appelons cette proposition « Sean ». Sean est certainement vraie. Nous savons par les règles de la langue que toute énonciation de cette forme doit exprimer une proposition vraie. En fait nous serions justifiés de qualifier la *phrase* :

> Il est l'individu masculin que je suis en train d'indiquer

de presque analytique. («Presque», parce qu'on a besoin de l'hypothèse que le démonstratif est *propre* – que je suis en train d'indiquer un unique individu masculin).

Mais Sean est-elle nécessaire ? Bien sûr que non, j'aurais pu indiquer quelqu'un d'autre.

Ce genre d'erreur – confondre une règle sémantique qui dit comment fixer la référence d'un terme directement référentiel avec une règle qui fournit un synonyme – est facile à faire. Puisque la sémantique doit fournir une signification, au sens d'un contenu (comme je l'appelle), pour les expressions, on pense naturellement, de quelque manière que le référent d'une expression soit donné par les règles sémantiques, que cette *manière* doit représenter le contenu de l'expression. (Church [ou était-ce Carnap?] le dit explicitement.) Cette hypothèse paraît tout spécialement plausible quand, comme dans le cas des indexicaux, la règle sémantique qui fixe la référence semble épuiser notre connaissance de la signification de l'expression.

[…] XI – La signification des indexicaux

Afin d'établir correctement et de manière plus explicite la règle sémantique que le dictionnaire essaie de saisir par l'entrée :

Je : la personne qui est en train de parler ou d'écrire

nous aurions à développer notre théorie sémantique – la sémantique de la référence directe – puis à établir que :

(D1) « je » est un indexical, qui, à chaque fois qu'il est prononcé, peut avoir un contenu différent.

(D2) « je », à chaque fois qu'il est prononcé, est directement référentiel.

(D3) À chaque fois qu'il est prononcé, « je » désigne la personne qui le prononce.

Nous avons trouvé des erreurs dans l'analyse fregéenne des démonstratifs […], toutes provenant de la non reconnaissance du fait que ces mots sont directement référentiels. Quand nous disons qu'un mot est directement référentiel, disons-nous que sa signification *est* sa référence (que sa seule signification est sa référence, que sa signification n'est rien de plus que sa référence) ? Certainement pas[y]. Dans la mesure où sa signification est donnée par les règles d'une langue et est ce qui est connu par les locuteurs compétents, je tendrais plutôt à dire que dans le cas des mots et expressions directement référentiels, leur référence *ne* fait *pas* partie de leur signification. La signification du mot « je » ne change

---

y. Nous voyons ici un inconvénient de la terminologie « référence directe ». Elle suggère faussement que la référence a lieu sans la médiation d'une signification, alors que ce n'est pas le cas. La signification (le caractère) est directement associé, par convention, avec le mot. La signification détermine le référent ; et le référent détermine le contenu. […]

pas quand différentes personnes l'utilisent. La signification de
« je » est donnée par les règles (D1), (D2), et (D3) ci-dessus.

Les significations nous disent comment le contenu d'un mot
ou d'une expression est déterminé par le contexte d'usage. Ainsi
la signification d'un mot ou d'une expression est ce que j'ai
appelé son *caractère*. (Les mots et les expressions sans élément
indexical expriment le même contenu en tout contexte ; ils ont un
caractère fixe.) Donner un synonyme pour un mot ou une expression, c'est en trouver un ou une autre avec le même *caractère* ; en
trouver avec le même *contenu* dans un contexte particulier ne
marcherait certainement pas. Le contenu de « je » utilisé par moi
peut être identique au contenu de « tu » utilisé par vous. Cela ne
fait pas de « je » et de « tu » des synonymes. Frege a remarqué que,
si l'on veut répéter ce qu'on a dit hier en utilisant « aujourd'hui »,
aujourd'hui on doit dire « hier ». (Incidemment, le passage
pertinent, cité page [154], propose ce que je crois être une théorie
de la référence directe des indexicaux « aujourd'hui » et « hier »).
Mais « aujourd'hui » et « hier » ne sont pas synonymes. Pour que
deux mots ou expressions soient synonymes, ils doivent avoir le
même contenu en tout contexte. Pour les indexicaux, il n'est en
général pas possible de trouver des synonymes. Cela parce que les
indexicaux sont directement référentiels, alors que les expressions composées qui peuvent être utilisées pour donner leur
référence (« la personne qui est en train de parler », « l'individu
qu'on est en train de montrer », etc.) ne le sont pas. […]

XIV – Résumé des conclusions (jusqu'ici) : les indexicaux
    purs

J'essayerai maintenant de résumer mes conclusions
concernant la sémantique des démonstratifs et autres indexicaux.
Premièrement, considérons les indexicaux non démonstratifs

comme « je », « ici » (dans son sens non démonstratif), « maintenant », « aujourd'hui », « hier », etc. Pour ces mots, les conventions linguistiques qui constituent la *signification* consistent en règles spécifiant le référent d'une *occurrence* donnée du mot (nous pourrions dire, d'un *token*[1] donné du mot, ou même de l'acte de prononcer du mot, si nous sommes prêts à être un peu moins abstrait) en termes de aspects variés du contexte de l'occurrence. Bien que ces règles fixent le référent, et qu'on puisse dire, en un sens très spécial, qu'elles définissent l'indexical, la manière dont ces règles sont données ne fournissent pas un synonyme de l'indexical. Les règles nous disent, pour toute occurrence possible de l'indexical, ce que serait le référent, mais elles *ne* constituent *pas* le contenu d'une telle occurrence. Les indexicaux sont directement référentiels. Les règles nous disent ce qui est désigné. Ainsi, elles *déterminent* le contenu (le constituant propositionnel) pour une occurrence particulière d'un indexical. Mais elles ne sont pas une *partie* du contenu (elles ne font pas partie du constituant propositionnel). Afin de rester clair sur une question où les ambiguïtés menacent constamment, j'ai introduit deux termes techniques, *contenu* et *caractère*, pour les deux genres de signification (outre l'extension) que j'associe aux indexicaux. Des occurrences distinctes d'un indexical (dans des contextes distincts) non seulement peuvent avoir des référents distincts, mais peuvent avoir des significations distinctes au sens du

---

1. Un *token* (la plupart des philosophes analytiques francophones renoncent à traduire) peut être défini comme ce qui exemplifie un *type*. En toute rigueur, les notions de *token* et d'*occurrence* ne devraient pas être confondues, comme elles le sont trop souvent en français sous le terme ambigu d'« occurrence ». Dans le mot-type « abracadabra », il y a cinq occurrences de la lettre-type « a », aucune de ces occurrences n'est un token de cette lettre-type ; dans un token de ce mot-type, il y a cinq tokens de cette lettre-type, aucun de ces tokens n'est une occurrence de cette lettre-type.

contenu. Si je dis aujourd'hui « Je suis fatigué aujourd'hui » et que Montgomery Furth dit « Je suis fatigué aujourd'hui » demain, nos énonciations ont différents contenus en ce que les facteurs qui sont pertinents pour déterminer la valeur de vérité de ce que Furth a dit, à la fois dans les circonstances réelles et dans des circonstances contrefactuelles, sont tout à fait différents des facteurs qui sont pertinents pour déterminer la valeur de vérité de ce que j'ai dit. Nos deux énonciations sont aussi différentes en contenu que le sont les phrases « David Kaplan est fatigué le 26 mars 1977 » et « Montgomery Furth est fatigué le 27 mars 1977 ». Mais il y a un autre sens de la signification selon lequel, en l'absence d'ambiguïtés lexicales ou syntaxiques, deux occurrences du *même* mot ou de la *même* expression *doivent* signifier la même chose. (Autrement, comment pourrions-nous apprendre la langue et communiquer grâce à elle ?) Ce sens de la signification – que j'appelle le *caractère* – est ce qui détermine le contenu d'une occurrence d'un mot ou d'une expression dans un contexte donné. Pour les indexicaux, les règles de la langue constituent la signification au sens du *caractère*. Telles qu'elles sont habituellement exprimées, dans les dictionnaires et ouvrages semblables, ces règles sont incomplètes en ce que, omettant de mentionner que les indexicaux sont directement référentiels, elles échouent à spécifier le contenu complet d'une occurrence d'indexical.

Trois aspects importants de ces deux genres de signification sont à garder à l'esprit :

1. Le caractère s'applique seulement aux mots et expressions comme types, le contenu aux occurrences de ces mots et expressions en contexte.

2. Les occurrences de deux expressions peuvent s'accorder en contenu bien que les expressions diffèrent en caractère, et deux

expressions peuvent s'accorder en caractère, mais différer en contenu dans différents contextes.

3. La relation du caractère au contenu est quelque chose comme ce qu'on regarde traditionnellement comme étant la relation du sens à la dénotation, le caractère est une manière de présenter le contenu.

XV – Détails supplémentaires : démonstratifs et démonstrations

Tournons-nous à présent vers les démonstratifs proprement dits, ces expressions qui doivent être associées à une démonstration pour déterminer un référent. À côté des démonstratifs purs « cela » et « ceci », il y a une variété de démonstratifs dans lesquels est intégré un terme de sorte[1] : « il » [*he*] pour « cet individu masculin », « elle » [*she*] pour « cet individu féminin »[z], etc., et il y a des expressions démonstratives construites avec un démonstratif pur et une expression de même catégorie que les noms communs : « cet homme en train de boire un martini », etc. Les mots et expressions qui ont des usages démonstratifs peuvent aussi bien avoir d'autres usages, par exemple comme variables liées ou pronoms de paresse (usage anaphorique).

J'accepte, à titre d'essai et prudemment, la théorie fregéenne des démonstrations selon laquelle :

> (1) Une démonstration est une manière de présenter un individu.
> (2) Dans certaines circonstances contrefactuelles, une démonstration donnée aurait montré (*i.e.* présenté) un autre individu que l'individu réellement montré.

z. « Masculin » et « féminin » sont utilisés ici au sens du genre grammatical, non au sens biologique.

1. *Cf.* note 1, p. 166.

(3) Une démonstration qui manque à montrer quelque individu que ce soit pourrait en avoir montré un, et une démonstration qui montre un individu pourrait n'avoir montré aucun individu.

Jusqu'ici nous avons affirmé que ce n'est pas une propriété essentielle d'une démonstration donnée (selon la théorie frégéenne) que de montrer un individu donné, ou même de montrer quelque individu que ce soit. C'est cet aspect des démonstrations : que des démonstrations qui de fait montrent le même individu auraient pu montrer des individus distincts, qui fournit une solution à la version du problème de Frege en termes de démonstratifs (pourquoi une énonciation de « cela [Hes] = cela [Phos] » est-elle informative ?), analogue à la propre solution de Frege pour la version en termes de descriptions définies. On a quelque latitude théorique sur le point de savoir comment nous devrions regarder ces autres aspects d'une démonstration que sont ses lieu, temps et agent. Juste pour fixer les idées, regardons tous ces aspects comme accidentels. (Il peut être utile de penser aux démonstrations comme à des *types*, et aux actes particuliers de les accomplir comme à leurs *token*). Alors,

(4) Une démonstration donnée aurait pu être accomplie par quelqu'un d'autre que son agent réel, et pourrait être répétée au même lieu ou en des lieux différents.

Bien qu'à présent nous ne regardions ni le lieu ni le temps réels d'une démonstration comme lui étant essentiels, il me semble bien qu'il est essentiel à une démonstration qu'elle présente ses demonstrata selon quelque perspective, c'est-à-dire, comme l'individu qui a cette allure *vu d'ici et maintenant*. En revanche, il ne me semble pas essentiel à une démonstration qu'elle soit accomplie par quelque agent que ce soit [aa].

Nous avons maintenant un genre de forme standard pour les démonstrations :

L'individu qui a l'apparence A vu d'ici maintenant,

où une apparence est quelque chose comme une image avec une petite flèche indiquant le sujet pertinent. Essayons de le mettre en mots : une démonstration particulière pourrrait se présenter comme :

Le corps céleste le plus brillant visible maintenant d'ici.

Dans cet exemple nous voyons l'importance de la perspective. La même démonstration, en un lieu différent, peut présenter un demonstratum différent (un jumeau, par exemple).

Si nous plaçons une démonstration, δ, dans un contexte, c, nous déterminons la perspective pertinente (*i.e.* les valeurs de « ici » et de « maintenant »). Nous déterminons aussi le demonstratum, s'il y en a un – c'est-à-dire s'il y a dans les circonstances du contexte un individu qui, vu du lieu et au temps du contexte, apparaît de cette manière [ab]. En fixant δ et c nous déterminons plus

---

aa. Si on accepte les présentes spéculations, dans la discussion originelle de Pat et Mike, l'accent mis sur la situation contrefactuelle, dans laquelle le même agent accomplissait l'acte d'indication, était malheureux et cet aspect des situations contrefactuelles est sans pertinence. Bien sûr, c'est l'agent qui attire notre attention sur l'individu pertinent de l'environnement. Mais il n'est pas besoin que ce soit fait *par* qui que ce soit ; nous pourrions avoir une convention selon laquelle quiconque apparaît sur l'estrade de démonstration est le demonstratum, ou bien le locuteur pourrait profiter de la chance d'une démonstration naturelle : une explosion ou une étoile filante.

ab. Puisque, comme on l'a remarqué plus haut, le locuteur et les différents membres de l'auditoire ont en général différentes perspectives sur la démonstra-

que le seul demonstratum dans le monde possible du contexte. En fixant la perspective, nous déterminons pour chaque circonstance possible, ce qui aurait cette apparence sous cette perspective, s'il y a rien de tel. C'est-à-dire que nous déterminons un *contenu*. Ce contenu ne sera pas, en général, fixe (comme celui déterminé par un désignateur rigide). Bien que ce fût Vénus qui apparaissait d'une certaine façon et d'un certain endroit dans la Grèce ancienne, ç'aurait pu être Mars. Sous certaines conditions contre-factuelles, c'eût été Mars qui serait apparu juste de cette façon et juste de cet endroit. Placé dans un contexte différent, δ peut déter-miner un contenu tout à fait différent ou pas de contenu du tout. Quand je me regarde dans le miroir chaque matin, je sais que je ne ressemblais pas à cela il y a dix ans – et je suppose que c'est le cas de tout le monde.

L'excursion précédente dans une théorie fregéenne plus détaillée des démonstrations avait simplement pour but d'établir les aspects structurels suivants des démonstrations :

> 1. Une démonstration, placée dans un contexte (*i.e.* une *occurrence* d'une démonstration), détermine un contenu.
> 2. Il n'est pas requis qu'une occurrence d'une démonstration ait un contenu fixe.

Au vu de ces aspects, nous pouvons associer à chaque démonstration un *caractère* qui représente la « signification » ou le mode de présentation de la démonstration. Nous avons à présent rendu isomorphes la sémantique des démonstrations et

tion, elle peut apparaître de manière légèrement différente à chacun d'eux. Ainsi chacun peut prendre comme ayant été accomplie une démonstration légèrement différente. Dans la mesure où l'agent et l'auditoire d'un contexte donné peuvent ne pas être à la même place, la place d'un contexte est la place de l'agent. Donc le demonstratum d'une démonstration donnée placée dans un contexte donné sera l'individu, s'il existe, ainsi montré du point de vue du locuteur.

celle des descriptions[ac]. [...] Les démonstratifs sont des expressions incomplètes qui doivent être complétées par une démonstration(-type). Une phrase(-type) complète inclura une démonstration(-type) associée pour chacun de ses démonstratifs. Donc chaque démonstratif, d, sera accompagné par une démonstration, δ, ainsi :

$d[\delta]$.

Le caractère d'une démonstration *complète* est donné par la règle sémantique :

> Dans tout contexte c, $d[\delta]$ est un terme directement référentiel qui désigne le demonstratum, s'il existe, de δ dans c, et sinon ne désigne rien.

Des ajustements évidents sont nécessaires pour prendre en compte toute expression de même catégorie que les noms communs qui accompagne le démonstratif ou lui est intégrée. [...]

---

ac. Bien sûr nous ne devons pas oublier les nombreuses différences notées plus haut ni manquer de noter qu'alors qu'une description est associée avec un caractère particulier par une *convention* linguistique, une démonstration est associée avec *son* caractère par *nature*.

CHARLES TRAVIS

LE RÔLE DE LA SIGNIFICATION DANS LA VÉRITÉ

Présentation, par Bruno Ambroise

La conception dominante de la signification dans la philosophie analytique, depuis que Frege en a proposé le modèle, veut que l'on puisse déterminer la signification d'une phrase en déterminant ses conditions de vérité, selon l'équivalence : pour une phrase *P*, ce que dit *P* (= sa signification) est vrai ssi ce que dit *P* est le cas. Par exemple, « le tapis est sur la souris » est vrai s'il y a un tapis sur la souris. Cette équivalence entre la signification d'un phrase et les conditions dans lesquelles elle serait vraie est censée épuiser tout ce qu'on peut dire sur la signification.

Charles Travis, suivant en cela Austin, conteste énergiquement cette position et défend bien plutôt une forme de contextualisme suggérant que la signification d'une phrase ne peut pas, à elle seule, déterminer quand elle serait vraie. Il remet donc en cause l'équivalence posée entre l'explication de la signification d'une phrase et ses conditions de vérité.

La stratégie de Travis est la suivante. Prenant plusieurs exemples de phrases tout à fait ordinaires dont il cherche à déterminer l'éventuelle vérité, il montre qu'une même phrase pourrait être considérée comme vraie ou comme fausse face aux mêmes conditions (ou dans le même état du monde), mais dans des circonstances différentes. Supposons ainsi que je veuille (toujours) savoir si le tapis est sur la souris, dans une situation où un tapis est posé sur une souris. Mettons de côté le problème de la référence en supposant qu'il s'agit de la bonne souris et du bon tapis. Peut-on alors dire (immédiatement) que, étant données les conditions de vérité de la phrase « le tapis est sur la souris », à savoir que le tapis doit être sur la souris, mon énoncé est vrai ? Travis nous montre que, posée ainsi, de manière absolue, cette question n'a pas de réponse.

Non pas que la réponse dépendrait de ce que les différents locuteurs pensent quant à l'état du monde qui satisferait les conditions de vérité. Même en admettant que tous les locuteurs soient d'accord pour s'accorder sur ce qui vaut comme le fait pour un tapis d'être sur une souris, cela serait encore insuffisant pour répondre à la question. Pourquoi ? Parce que la phrase « le tapis est sur la souris » peut être comprise de manières différentes selon les circonstances où elle est utilisée. Si, par exemple, je cherche à savoir si le tapis *recouvre* complètement la souris de manière à la cacher, alors que la queue dépasse, la réponse sera négative. Si, dans le même état du monde, je cherche à savoir *où* est le tapis, la réponse sera positive. Tout dépend ainsi de ce qu'on veut faire avec l'énoncé, c'est-à-dire des « circonstances » de son usage, qui viennent ainsi spécifier la façon dont doivent êtres satisfaites les conditions données par la signification des mots utilisés, relativement à certains objectifs, à certaines attentes des humains engagés dans la situation – objectifs et attentes généralement corrélés aux usages connus des mots.

Autrement dit, il ne suffit pas de disposer de deux éléments – la signification d'une phrase d'un côté, l'état du monde de l'autre – pour déterminer si un énoncé est vrai. Un troisième élément doit intervenir : les circonstances d'usage qui déterminent comment l'énoncé pourrait être satisfait (étant donnés les deux premiers éléments). Ce qui suppose, de la part des locuteurs, une certaine sensibilité aux circonstances, leur permettant d'établir comment la vérité pourrait à cette occasion être établie. De telle sorte que l'on comprend bien que la vérité n'est pas la propriété sémantique d'une phrase, mais plutôt la propriété d'évaluation pragmatique, par un locuteur situé, d'un énoncé proféré lors d'une occasion d'usage, déterminant lui-même le type d'attentes à remplir pour que sa vérité soit établie. De même, l'équivalence immédiate posée entre signification et conditions de vérité se trouve brisée, puisque la signification à elle seule ne permet plus d'établir ce qui rendrait vraie la phrase qui en est dotée. La vérité (d'un énoncé) ne peut être établie que par un locuteur donné évaluant l'usage d'une phrase dans un contexte précis, pour répondre à des attentes déterminées, en donnant telle ou telle description du monde qui l'environnait dans les circonstances où elle a été produite.

LE RÔLE DE LA SIGNIFICATION DANS LA VÉRITÉ [*]

Qu'est-ce que la vérité? [a] Une question célèbre, que beaucoup ont, pendant des millénaires, été tentés de congédier. Toutefois,

[*] Ch. Travis, « Meaning's Role in Truth », *Mind*, vol. 105, July 1996, p. 451-466, traduction B. Ambroise revue par V. Aucouturier.

[a] On pourra à juste titre considérer que ce texte n'est qu'un simple prolongement de quelques idées de J.L. Austin (auquel cette question devrait nous faire penser). J'ai notamment à l'esprit des textes comme «La vérité» et «Comment parler». Ce texte, dans sa forme présente, a largement bénéficié de l'aide patiente

même si la réponse qu'on y apporte ne parvient pas à en donner une définition, beaucoup reste à dire sur ce qu'est la vérité[b]. On pourrait penser qu'une partie de ce qu'est la vérité tient à la façon dont la vérité des mots dépend de ce qu'ils signifient. Mais il existe une conception bien connue, remontant au moins à Frege, selon laquelle nous pouvons dire tout ce qu'il y a à dire à propos de la *vérité* sans pour autant mentionner les mots. J'espère montrer que cette conception est fausse. Voici ce que je projette de montrer. Ce que les mots signifient joue un rôle pour fixer quand ils seraient vrais, mais non pas un rôle exhaustif. La signification laisse place à une variation des conditions de vérité lorsqu'on passe d'une énonciation à une autre. Ce qu'est ce rôle non-exhaustif dépend de ce qui consiste à avoir dit quelque chose de vrai. Identifiez l'aspect de la vérité qui fixe ce rôle et la conception bien connue s'effondre. C'est ainsi que je vais argumenter, point par point.

À la question « Qu'est-ce que la vérité ? », Paul Horwich répond par une version de la conception bien connue :

> La proposition *que les quarks existent vraiment* est vraie si et seulement si les quarks existent vraiment, la proposition *que mentir, c'est mal* est vraie si et seulement si mentir est mal, […] et ainsi de suite ; *mais on ne doit rien présumer de plus à propos de la vérité*. On peut expliquer la totalité du rôle conceptuel et théorique de la vérité sur cette base.

C'est assurément *une* explication de triste réputation. En quoi consiste exactement la réponse de Horwich ? Premièrement, il

de mon collègue Peter Sullivan, et de James Hopkins, Michael Martin, Barry Smith, Joan Weiner.

b. Cela semble aussi être la conception de Frege. Car bien qu'il considère que la vérité est indéfinissable, il dit aussi « Des lois [de l'être vrai], on verra se dégager ce que veut dire le terme vrai » (Frege, « La pensée », p. 171).

suppose comme une évidence que, lorsqu'il dit « la proposition que les quarks existe vraiment est vraie ssi les quarks existent vraiment », il avance une condition pour la vérité de *quelque chose*, ou spécifie au moins une condition sous laquelle une chose ou une autre serait vraie (et, de plus, identifie ce qu'est cette chose). Deuxièmement, avec son « et ainsi de suite », il suggère que ce n'est qu'un exemple ; et qu'il pourrait facilement avoir produit d'autres exemples que les deux qu'il a produits. J'interprète cette suggestion de la façon suivante. Supposons que « S » soit une phrase au moyen de laquelle Horwich pourrait alors avoir affirmé quelque chose, ou pourrait alors avoir au moins dit que quelque chose (en particulier) est le cas. Alors, il pourrait également avoir dit « La proposition que *S* est vraie ssi *S* » et avoir ainsi dit quelque chose de vrai. Cet exemple serait aussi bon que ceux qu'il nous a donnés. Appelons tout fait qu'on pourrait jamais établir au moyen de telles formulations une *équivalence H*. Considérons maintenant le corpus de toutes les équivalences H que Horwich a établies ou pourrait avoir établies s'il avait choisi des exemples différents. Je considère que Horwich prétend deux choses quant à ce corpus : premièrement, qu'il renferme tout ce qui consiste pour une proposition à être vraie ; deuxièmement, que lorsque nous avons dit tout ce qui consiste pour une proposition à être vraie, nous avons (pratiquement) dit tout ce qu'il convient de dire à propos de ce qu'est la vérité – point final.

Il y a une platitude aristotélicienne qui, librement paraphrasée, donne ceci : déclarer la vérité, c'est dire des choses qu'elles sont d'une façon ou d'une autre et, disant cela, dire qu'elles ne sont rien d'autre. Cela vaut tant pour les locuteurs que pour les mots. Il y a une platitude parallèle concernant les propositions : une proposition n'est vraie que dans le cas où les choses sont comme elles sont selon elle. Faut-il que Horwich nie ces platitudes ou les rejette parce qu'elles seraient malpropres? Jusqu'ici, rien ne l'exige. Il lui suffit de soutenir que ces généralisations ne valent que pour sa collection d'équivalences H. Puisqu'il n'est pas nécessaire que Horwich rejette ces platitudes, je ne considérerai pas qu'il le fait. Le lisant ainsi, je qualifierai sa réponse à la question « Qu'est-ce que la vérité? » de *déflationnisme*.

Jusqu'ici, Horwich n'a rien dit de ce qui consisterait pour des mots à être vrais, ou à déclarer la vérité : il n'a rien dit concernant les conditions de leur vérité, ou des conditions sous lesquelles ils auraient déclaré la vérité, ou à propos de ce qu'ils auraient précisément accompli en étant vrais[c]. De prime abord, on peut y voir une lacune. Mais une histoire simple, et largement acceptée, veut que cette lacune, telle qu'elle, n'en soit pas une dans une explication de ce qu'est la *vérité*. Selon cette histoire, des mots ne sont vrais qu'en exprimant une proposition qui est vraie (et en faisant seulement cela). (Ne chicanons pas sur la question de savoir si cela en dit plus concernant la vérité que le déflationnisme ne le permet.) Une fois qu'on a déterminé quelle proposition (s'il y en a une) les mots expriment (ou exprimeraient), on a déterminé quand ils seraient vrais. S'ils n'étaient pas vrais sous *ces* conditions précises, ils n'exprimeraient pas cette proposition. Selon cette idée, il suffit de consulter les équivalences H pertinentes

c. Horwich dit bien que pour toute phrase déclarative « *S* », nous pouvons former une nominalisation « La proposition que *S* » et puis la « dénominaliser » par une nouvelle phrase « La proposition que *S* est vraie », qui serait en un certain sens équivalente à l'originale « *S* ». Mais cela ne nous dit rien du moment où quelque chose serait vrai. Nous n'en apprenons pas plus quant au moment où les mots seraient vrais si l'on fonde cette remarque sur les équivalences H de Horwich.

pour voir quelle proposition serait vraie[d]. De plus, peu importe ce qui détermine la proposition que les mots expriment, ceci ne dépend nullement de ce en quoi consiste pour les mots (ou autre chose) à être *vrais*; ou ceci ne dépend de rien de plus dans ce cas que ce qui en a été dit.

La confiance apportée à cette dernière assertion est généralement renforcée par une certaine idée de ce qui détermine la proposition qu'exprimaient ou qu'exprimeraient des mots : si on met entre parenthèses les ambiguïtés que les mots peuvent avoir dans les langues dont ils font partie[e], et en modulant les objets (personnes, etc.) dont les mots parlent en une occasion donnée, la proposition qu'ils expriment (lorsqu'ils en expriment une) est déterminée par ce qu'ils signifient. Ils expriment ce qu'ils expriment en partie du fait d'une proposition particulière qu'ils exprimeraient (à référence constante)[f]. Les mots « Les cochons grognent », par exemple, en signifiant ce qu'ils signifient, expriment une certaine proposition à laquelle on peut se référer comme « la proposition que les cochons grognent ». Les mots « Fred est gros », prononcés en une occasion, expriment la proposition, portant sur une certaine personne qu'ils appellent « Fred », que cette personne était, au moment de leur prononciation, grosse. Et ainsi de suite. (Selon cette théorie, si nous savons ce que les mots signifient, nous pouvons toujours identifier la proposition qu'ils expriment en une occasion donnée, quoique si nous ne

d. Toute explication déflationniste de la vérité pourrait-elle fournir toutes les équivalences H nécessaires à cet objectif ? C'est une question intéressante que je ne poursuivrai pas ici.

e. Les mots français ambigus expriment la proposition qu'ils expriment selon une des lectures qu'ils admettent en français. Il en va de même pour les autres langues.

f. On suppose que la manière dont ils signifient ce qu'ils signifient n'est pas une question pertinente.

connaissons pas leurs référents, notre identification puisse ne pas être d'une forme très utile.)

Je vais essayer de montrer que c'est une mauvaise conception du rôle de la signification et qu'une fois exposée la conception correcte, le déflationnisme apparaît comme une erreur. Non pas que ce que signifient les mots ne soit d'aucune pertinence pour déterminer quand ils seraient vrais. La signification détermine *quelque chose* que les mots peuvent faire (et dire) dans n'importe quelle circonstance où ils sont employés en signifiant ce qu'ils signifient – ce à quoi ils servent et donc aussi ce à quoi ils doivent servir. La vérité exige qu'ils fassent tout cela suffisamment bien, c'est-à-dire conformément aux standards imposés par la vérité. Mais tout ce que fixe la signification permet aux mots de dire la vérité, tout autant que la fausseté, d'items donnés dans des conditions données. Ce que la signification fixe laisse assez souvent les deux possibilités ouvertes. Je défendrai l'idée que cela veut dire que ce qu'exige la vérité ne peut pas être capturé sous la forme « *Si* les mots expriment la proposition *P*, alors ils ne sont vrais que lorsque les conditions pour la vérité de *P* sont satisfaites ». Une proposition donnée n'est vraie que lorsque le monde est de telle et telle façon (du moins est-ce ce que le déflationniste nous demande de supposer). Mais il n'y a pas de façon *unique* dont le monde doit être pour fournir ce qui est nécessaire à la vérité de mots dotés d'une signification donnée. Au contraire, pour différentes personnes énonçant des mots dont la signification est identique, le monde doit être de différentes façons. Pour capturer cette sensibilité des réquisits de la vérité sur les énonciations, nous devons voir comment ces réquisits font que l'état du monde importe différemment à la vérité de ces différentes énonciations. Pour y parvenir, nous devons abjurer les formes autorisées par le déflationnisme.

Un modèle veut que les mots, en signifiant ce qu'ils signifient, disent, ou aient dit, telle et telle chose et soient vrais, ou non, simplement selon que *cela* est, ou non, le cas; nul autre facteur ne doit être mentionné dans l'histoire. Selon le modèle que je recommande, la vérité dépend de ce que les mots signifient, de l'état du monde et de facteurs supplémentaires : de certains aspects des circonstances dans lesquelles les mots ont été produits. Qu'un quelconque de ces facteurs importe à la vérité de mots particuliers, et de quelle façon, cela doit dépendre de ce qu'est la vérité – de la façon particulière dont la dire exige que les mots soient en relation avec ces facteurs (ou vice-versa). Des facteurs supplémentaires ne peuvent importer un tant soit peu, et comme ils le font alors, que si la vérité est une notion qui requiert précisément que ces facteurs soient agencés de ces façons-là en particulier. Le déflationnisme, pour sa part, ne peut permettre à la vérité d'avoir de telles exigences.

II

Comment ce que les mots signifient est-il relié à ce qui est dit en les prononçant? Considérons la phrase « La balle est ronde » et deux cas de son usage. *Cas A* : Quelle forme les balles de squash prennent-elles lorsqu'elles rebondissent? Pia retourne une jolie frappe; Jane la regarde. « La balle est ronde » dit-elle au moment crucial. Faux. Elle a prise une forme ovoïde. Jane n'a pas dit de la balle comment elle était et a donc parlé faussement. *Cas B* : Fiona n'a jamais assisté à un jeu de squash auparavant. De la position de spectatrice qu'elle occupe alors, la balle ne parvient pas à être autre chose qu'une tâche indistincte. « De quelle forme est la balle? » demande-t-elle. « La balle est ronde » répond Alf – de manière vraie puisque c'est cette sorte de balle qu'est une balle de squash (comme l'est celle-ci). Elle ne ressemble pas à une petite balle de rugby, par exemple.

Il y a donc des choses vraies et fausses – et donc toute une variété de choses différentes – à dire d'une balle donnée, de la façon dont elle est à un moment donné, par les mots « La balle est ronde », utilisés pour signifier (tels qu'ils sont utilisés) ce qu'ils signifient (en français). Ce que ces mots signifient, ou le fait qu'ils signifient ce qu'ils signifient, ne fait d'aucune de ces choses « ce que ces mots disent » (en français). Ce que ces mots signifient permet qu'on les utilise (dans les circonstances appropriées) pour dire nombre de choses variées, chacune vraie sous et dans des conditions différentes. Il n'y a pas d'ensemble *unique* de conditions sous lesquelles ces mots français, prononcés à propos d'une balle et en un lieu donnés, seraient vrais ou diraient ce qui l'est. Il n'y a même pas une condition qui serait la condition *pour* qu'ils soient vrais. Si les différences dans les conditions de vérités produisent des propositions différentes, alors ce que ces mots signifient ne fait d'aucune proposition celle qu'ils expriment (à référence constante)[g].

Cet exemple n'a rien de particulier. La plupart des phrases françaises ont le même comportement. Enrichies de leurs référents, elles n'établiraient encore aucun fait, ni aucune fausseté. Ce n'est pas ce que la signification leur permet de faire. Bien qu'il eut été convenable d'approfondir ce point, je ne m'attarderai pas à le faire ici[h].

Nous pouvons voir pourquoi une telle variété de choses à dire doit exister si nous demandons ce que fait vraiment la

g. Si des conditions de vérité différentes *ne* produisent *pas* des propositions différentes, alors on ne peut traiter la vérité des propositions comme le fait Horwich.

h. Voir cependant Ch. Travis, « Pragmatics », dans B. Hale et C. Wright (eds.), *A Companion to the Philosophy of Language*, Oxford, Blackwell, 1997, p. 87-107.

signification. Les mots «est rond», en signifiant ce qu'ils signifient, parlent du fait d'être rond. Je suggère qu'en fait, ils n'en parlent que parce qu'ils signifient ce qu'ils signifient[i]. Que des mots français parlent du fait d'être rond revient simplement à cela[j]. Si vous les utilisez pour signifier ce qu'ils signifient, vous parlerez par là du fait d'être rond. En toute occasion où vous parleriez ainsi, ce serait au moins quelque chose qu'alors vous feriez. Aussi, si vous voulez parler du fait d'être rond, par exemple si vous voulez qualifier une chose de ronde ou la décrire comme ronde, une façon d'accomplir votre objectif en parlant un français normal est de prononcer les mots «est rond» (dans une construction appropriée).

Nous pouvons exposer ce point de cette façon : il y a quelque chose à quoi servent les mots français « est rond » – quelque chose à quoi ils servent en parlant français. Ils servent à parler du fait d'être rond; à décrire, dans les constructions appropriées, des choses comme rondes ou à les qualifier de rondes, etc. Cela décrit quelque chose qu'ils *feraient*, prononcés en signifiant ce qu'ils signifient. Ces mots servent à quelque chose d'une autre façon (en parlant français). Une première approximation est qu'ils servent à décrire les choses rondes. Grossièrement, c'est ce pour quoi ils *doivent* être utilisés; utilisés autrement, ils n'établiraient pas la vérité[k].

i. D'autres mots, en parlant du fait d'être rond, pourraient bien sûr le faire d'une façon désobligeante ou laudative, et ainsi de suite. Cela pourrait faire partie de la signification qu'ils ont. Je ne présume rien de tel pour « est rond ».

j. Peut-être est-il encore important de préciser : ce n'est pas qu'il y a un ensemble particulier de choses qui sont « ces choses dont les mots sont vrais ». Nous avons déjà vu des raisons suffisantes pour lesquelles il ne peut pas y avoir de tel ensemble.

k. Oublier que cette caractérisation est grossière, c'est effacer les traits précis de la vérité que j'entends souligner ici.

Si tel est l'objet de la signification, nous pouvons voir pourquoi doivent exister ces contrastes avec lesquels nous avons commencé cette section – des choses à dire tout à la fois vraies et fausses, par exemple d'un item donné en utilisant « est rond » pour signifier ce que ces mots signifient, en qualifiant cet item de rond. La raison en est que le concept du fait d'être rond ne fixe pas de lui-même comment doit être un objet pour être correctement descriptible comme rond.

Le concept de forme, par exemple, ne décide pas sous quelles conditions précises un objet doit prendre une certaine forme pour que celle-ci soit *sa* forme. Si ce que « est rond » signifient réglait ces questions lorsque le concept ne le fait pas, ces mots ne l'exprimeraient pas et ne signifieraient alors pas ce qu'ils signifient. Il y a plusieurs idées raisonnables de ce qui consiste pour une balle à avoir une forme donnée, par exemple, ronde. Des mots qui disent qu'elle est ronde peuvent être correctement compris comme le disant selon l'une ou l'autre de ces idées. Cela permet qu'en parlant ainsi, des choses variées soient dites. Aussi, s'il nous faut juger si des mots ont été utilisés pour ce à quoi ils auraient dû être utilisés – pour décrire les choses qu'ils servent, ou servaient alors, à décrire (des choses décrites correctement et de manière vraie comme rondes) –, nous ne devrons pas nous contenter de regarder simplement ce que les mots utilisés signifient d'une part, et l'état dans lequel se trouve en fait l'item décrit d'autre part. Cela soulève une question : à quoi d'autre devons-nous faire attention ? Je suggère qu'il nous faut examiner ce qu'est la vérité pour répondre à cette question.

La sensibilité à l'occasion de ce que disent des mots dotés de significations données – la plasticité, pour ainsi dire, de la signification – pourrait bien amener à ce qu'on se demande ce que pourraient dire les équivalences H, et ce qu'elles ne pourraient jamais dire, qui fasse qu'une certaine collection de ces équivalences épuise ce qu'est la vérité. Mais je ne traiterai pas ces questions ici. Je m'intéresserai plutôt à la question de savoir ce qui consiste pour des mots à établir la vérité et à celle de savoir en quoi cela dépend de ce qu'ils signifient.

III

Appelons les mots qui, correctement compris, disent ou prétendent dire comment sont les choses, des assertions. Une assertion vise à satisfaire une certaine condition générale : quelle que soit la façon dont elle dit que sont les choses, quel que soit ce qu'elle dit être de cette façon, les choses sont de cette façon. Le fait d'atteindre ce standard est une condition de sa vérité. Si nous voulons savoir quand une assertion atteindrait ce standard ou ce qu'elle doit faire pour y réussir, il conviendrait déjà de restreindre la réponse à des cas particuliers : des mots qui décriraient une chose comme ronde devraient être utilisés conformément à cette règle : les utiliser seulement pour décrire des choses rondes. Des mots qui décriraient une cheminée comme étant le foyer d'un feu allumé devraient être utilisés en conformité avec cette règle : les utiliser seulement pour décrire des cheminées où un feu est allumé ; et ainsi de suite. Si, en faisant une assertion, vous vous conformez à toutes ces règles applicables, votre assertion satisfera à la condition générale.

Un problème peut survenir en utilisant cette réponse, lorsqu'il s'agit de décider quelles sont les règles particulières qui, en des circonstances données, s'appliquent bien aux mots que vous avez choisis. Mais laissons ce problème de côté. En quoi consisterait le fait de s'être conformé à une de ces règles particulières en une occasion particulière – le fait d'avoir fait ce que la règle demandait alors ? Vous décrivez par exemple une balle comme ronde. Selon une certaine compréhension du fait qu'elle soit ronde, elle l'est; selon une autre compréhension, elle ne l'est pas. S'est-on alors conformé à la règle pertinente (correctement comprise)? Qu'est-ce qui en décide? Trois réponses sont possibles.

Voici la première. Étant donné l'état de la balle, rien dans le fait d'être ronde ne décide de lui-même si la règle a été suivie; car rien de cela ne fait que la balle vaut, ou non, comme ronde. Aussi rien ne décide si la règle a été suivie. Et rien ne décide non plus si ces mots ont satisfait, ou non, la condition générale. Il n'y a tout simplement aucun fait susceptible d'en décider.

Si cette ligne de pensée est correcte, elle s'appliquera également à toute occurrence de l'expression « la balle est ronde », dite à propos d'une balle similaire à la balle qui nous préoccupe. Aucune de ces énonciations ne serait ainsi un cas où l'on dirait la vérité (ou la fausseté)[1]. Mais cela entre en conflit avec le fait qu'on peut dire plusieurs choses d'une balle en la décrivant comme ronde, et dans le cas d'une balle comme celle qui nous préoccupe, certaines sont vraies et d'autres fausses. Aussi faut-il rejeter cette réponse.

Une seconde réponse est la suivante. Selon la façon dont vous considérez le fait d'être rond (pour une balle), il est (alors) possible que vous considériez, ou non, cette balle comme ronde. Si vous le faites, alors considérez que la règle est suivie. Sinon, ne

---

1. Au cas où ceci ne semblerait pas vraiment gênant, notons que le même type de problème surgit aussi pour la plus ordinaire des balles de squash immobile. Regardons attentivement : on trouvera probablement une indentation au niveau de la valve. Et supposons que les balles de squash comportent des coutures. Là encore, ce type de choses vaut parfois comme des choses rondes, parfois non. Comme Descartes l'a remarqué, dans notre monde sublunaire, qu'une chose satisfasse les critères de la rondeur dépend toujours de ce que vous considérerez comme les satisfaisant. (Je ne m'attarderai pas à débattre avec ceux qui soutiennent la vue héroïque selon laquelle ceci veut simplement dire que nous ne disons jamais la vérité en qualifiant quelque chose de rond.)

la considérez pas comme suivie. De manière correspondante, considérez que les mots en question satisfont, ou non, la condition générale. En procédant ainsi, vous jugerez comme il convient des exigences de la vérité.

Mais cela ne peut pas non plus être correct. Car on pourrait très bien considérer qu'une chose est ronde parfois d'une façon et parfois d'une autre. Dans certaines occasions et pour certains objectifs, je décrirais de manière heureuse la balle comme ronde ; dans d'autres occasions et pour d'autres objectifs, je pourrais de manière tout aussi heureuse dire qu'elle ne l'est pas. (Si vous êtes trop inflexible pour jamais abandonner une certaine idée de ce qui consisterait à être rond, restent encore ces contrastes qui existent toujours entre vous et d'autres personnes, peut-être tout aussi inflexibles mais tout aussi raisonnables, qui auraient des idées différentes.) La seconde réponse nous engagerait par conséquent à considérer que certaines assertions sont quelquefois vraies et quelquefois fausses. Nous devrions également admettre qu'ont raison, sans se contredire, des personnes qui considèrent une assertion comme vraie et d'autres qui la considèrent comme fausse.

Le concept de vérité ne fonctionne pas de cette manière. Il est possible que le fait d'être vrai soit une notion sensible à l'occasion au sens où l'est le fait d'être rond. Aussi pourrait-il exister une assertion qui vaille parfois comme vraie et parfois non. Je pourrais quelquefois dire la vérité, et quelquefois ne pas la dire, en qualifiant des mots donnés de vrais. Mais la vérité n'est certainement pas sensible à l'occasion comme le voudrait la seconde réponse. On pourrait conserver l'idée qu'on se fait de ce qu'on appellerait rond, tout en soutenant de manière cohérente que ce qu'a dit Fiona en qualifiant la balle de ronde est vrai et que ce qu'a dit Pia en faisant de même ne l'est pas. C'est tout ce qu'on peut dire de la sensibilité à l'occasion. C'est dire que je pourrais juger que les mots décrivant la balle comme ronde font (ou échouent à faire) ce qu'ils ont à faire pour être exacts, indépendamment du fait qu'en ce moment précis, je considérerais, ou non, que cette balle est (alors) ronde. Il n'est pas nécessaire que je vois différemment les mots de Pia en raison de la simple façon dont moi-même, à ce moment-là, je décrirais la balle. De la même manière, si Jane juge que l'assertion de Pia est vraie, alors que Fiona la juge fausse, Jane et Fiona n'ont pas également raison – ou n'ont pas raison du tout – simplement eu égard à la conception que chacune a, à ce moment-là, du fait d'être rond. Là encore, ce n'est pas ainsi que l'on doit établir l'exactitude (au sens qu'on lui donne ici).

Ne reste qu'une option. Que les mots soient, ou non, utilisés conformément à une règle précise particulière, et qu'ils le soient donc conformément à toutes celles qui peuvent s'appliquer – et donc qu'ils satisfassent, ou non, la condition générale –, cela dépend de l'énonciation considérée, et pas seulement de l'état des choses dont on parle. Étant donné l'état de la balle, on peut considérer que certains mots qui la décrivent comme ronde satisfont la condition, tout en considérant que d'autres mots qui font la même chose ne la satisfont pas. Ce qui vaudrait comme la satisfaisant – la façon dont doit être la balle – dépend de l'énonciation, ou de la description, qu'on est en train de faire. C'est donc que la vérité exige différentes choses de la part de ces différentes descriptions.

Pour établir correctement la vérité de mots qui décrivent une balle comme ronde, il faut se faire une idée juste de ce qui consisterait à être rond – une idée possible parmi d'autres. La condition générale, de même que la règle particulière pertinente, n'aboutit à des résultats qu'en fonction d'une compréhension donnée – et n'aboutit à des résultats corrects qu'en fonction de la compréhension correcte. Mais quelle idée convient dans ce but ? Cela dépend des types de vertus qu'on attend de la vérité. Car si, comme nous l'avons vu, les circonstances de l'énonciation importent à ce qu'exige la vérité, il faut que quelque chose de la vérité fasse en sorte que ces circonstances importent d'une manière ou d'une autre et donc de la manière dont elles le font. Quelque chose de la vérité doit donc tenir ce rôle. La vérité est sensible aux circonstances. Les mots se rapportent donc d'une certaine façon aux circonstances dans lesquelles ils sont employés pour être vrais.

Nous aboutissons ici à un changement de perspective majeur. Les deux premières réponses présentaient la vérité comme le produit de seulement deux facteurs. Premièrement, les descriptions que les mots donnent des choses – l'état dans lequel ils disent que sont les choses –; deuxièmement l'état dans lequel les choses sont ou seraient. Dans cette perspective, un jugement de vérité concernerait simplement l'adéquation de ces facteurs l'un avec l'autre. De notre point de vue en surplomb, la vérité est le résultat de trois facteurs : les deux sus-nommés, et ce qui caractérise l'occasion où l'on utilise des mots donnés pour décrire les choses. Pour qu'une assertion soit vraie, elle doit être liée de manière appropriée à deux facteurs : l'état dans lequel est le monde qu'elle décrit; et les circonstances de sa réalisation. Une question substantielle surgit alors : quelle relation l'assertion doit-elle entretenir avec le second facteur étant donné le premier (l'état du monde)? Ou, pour poser la question différemment, en quoi le second facteur (les circonstances) importe-t-il à la relation que l'assertion doit entretenir avec le premier (l'état du monde décrit)? Assurément, la réponse dépend précisément du type d'accomplissement qu'est la vérité. Si ce concept est sans substance (pertinente), alors il n'y a pas de réponse.

Les équivalences H ne fixent pas les traits pertinents de ce qu'est la vérité, quels qu'ils soient. Car celles-ci n'ont au mieux de relation qu'avec deux facteurs : les descriptions (individuées d'une manière ou d'une autre) que les mots peuvent donner des choses; et le monde ainsi décrit. Elles ne disent rien de l'importance qu'ont les circonstances de la réalisation d'une description pour la vérité de cette dernière, c'est-à-dire qu'elles ne disent rien de la relation que nous étudions en ce moment.

Bien que la signification ne décide pas quand des mots seraient vrais, elle ne fait pas rien non plus. Ce que signifient les mots impose des conditions définies à leur vérité, mais des conditions laissant ouverte une question résiduelle : en quoi consisterait, pour ces conditions, à être satisfaites de la bonne façon – c'est-à-dire de la façon exigée par la vérité en une occasion donnée ? Il ne suffit pas d'insister sur le fait que, si les mots disent des choses qu'elles sont telles, alors les choses doivent être telles.

Les mots qui satisfont la condition générale, c'est-à-dire qui disent les choses uniquement comme elles sont, sont *ipso facto* vrais. Cela ne veut pas dire que ce soit la seule condition requise pour la vérité. Si c'était le cas, ce qui est exigé par la vérité ne permettrait pas de choisir entre plusieurs standards afin d'établir la satisfaction de cette condition, comme nous avons vu que c'est et que cela doit être le cas. Bien plutôt, étant donnés ce que signifient les mots et donc la façon dont ils décrivent les choses, c'est d'une certaine façon qu'ils doivent satisfaire cette condition : il faut qu'on puisse considérer que l'état des choses s'accorde avec ces descriptions, selon ces standards par la satisfaction desquels les mots entretiendraient la relation avec l'occasion de leur énonciation – la relation qu'ils doivent avoir pour être vrais. Pour autant que la vérité exige que les mots entretiennent une certaine relation avec l'occasion de leur énonciation, il s'opère une sélection parmi les standards.

IV

On peut considérer de deux façons le résultat qu'on vient d'atteindre. Pour avoir une première approche de la première, prenons les mots « Marie prend un peu d'agneau », une locution servant en français à parler de choses différentes : le fait de manger de la viande ovine, ou le fait d'acheter un peu de bétail ovin, entre autres choses. Le français nous offre un stock limité de lectures possibles de ces mots. Selon l'une ou l'autre de leurs occurrences, ils peuvent admettre l'une ou l'autre lecture. Nous pourrions essayer de voir dans les lectures que les mots peuvent recevoir un modèle de compréhension des mots, en considérant qu'il existe un stock de compréhensions que les mots peuvent admettre. Il existerait par exemple un stock des différentes compréhensions de « La balle est ronde », relatives à chacune des compréhensions de ce qui consisterait à avoir cette forme. Une lecture qu'un mot admet en français peut autoriser plusieurs des différentes compréhensions possibles de son énonciation. Mais, tout comme le choix de la bonne lecture détermine ce que les mots signifient tels qu'ils sont utilisés, le choix de la bonne compréhension détermine ce qu'ils disent. Lorsque des mots disent quelque chose en particulier, il existe toujours une certaine compréhension présente dans le stock, qui est celle qu'ils portent.

On pourrait également penser que la compréhension que portent les mots dépend des circonstances de leur énonciation, mais que n'en dépend pas le moment où les choses seraient comme elles sont dites être selon une certaine compréhension. Ainsi conçues, les compréhensions extraient du contenu à partir des circonstances. Ces dernières ne jouent aucun autre rôle dans la détermination des conditions pour la vérité. Le déflationnisme et l'usage qu'il fait du terme « proposition » reposent précisément sur cette idée.

Même si je pense qu'il s'agit d'une mauvaise conception, ce n'est pas le moment d'en débattre. Si l'on suit cette conception, on aboutit au résultat de la forme suivante : la vérité est un déterminant du contenu. La compréhension portée par des mots donnés est partiellement déterminée par la façon dont, pour qu'ils soient vrais, la description qu'ils font doit s'engrener avec les circonstances où elle est faite.

Mais voici une autre vision des choses. La compréhension requiert la sensibilité. Comprendre des mots, cela consiste en partie à être sensible à la façon dont ils s'accordent avec les circonstances de leur énonciation. En fait partie la sensibilité au type d'accord qu'ils doivent trouver pour être vrais. Ainsi, la sensibilité adéquate exige de saisir ce qu'est la vérité et de saisir comment appliquer ce concept à des cas particuliers. La sensibilité aux mots qu'autorise cette saisie est, pour forger un bon mot, une *Auffassung* qui n'est pas une *Deutung*, et cela peut constituer la compréhension qu'on peut en avoir.

Nous pourrions nous entendre sur le fait que comprendre une assertion implique de saisir suffisamment bien comment celle-ci et sa vérité doivent être établies. On pourrait supposer qu'on puisse expliciter totalement cette saisie, ou ses conséquences, en spécifiant une compréhension que les mots peuvent de toute façon admettre, et en précisant ce qui s'ensuit de l'admission de cette compréhension (du fait par exemple qu'ils expriment « la proposition telle et telle »). Mais, comme le suggérait Wittgenstein, peut-être qu'une telle appréciation des mots n'épuise pas pour autant ainsi leurs ressources. Si ce n'est pas ce que nous supposons, alors nous pouvons voir la vérité, non pas comme sélectionnant un stock d'items, chacun liés au monde d'une façon totalement déterminée, mais comme orientant le traitement de mots au contenu donné dans des circonstances données, formant ainsi les idées que nous nous faisons des conditions dans lesquelles nous serions satisfaits des descriptions qu'ils font.

V

Nous avons atteint le résultat principal de ce texte. Ce que signifient les mots impose des conditions pour dire ce qui est, à chacune de leurs énonciations. Différentes occasions imposent différents standards de satisfaction de ces conditions. Un trait de la vérité fait que ces occasions ont une importance eu égard à ces standards. Le déflationnisme ne peut reconnaître que ce type de caractéristiques appartient à la vérité. Cette partie essaie d'explorer ce qu'elles pourraient être.

Ce que la vérité exige de la part d'une description se mesure correctement en fonction de différents standards à chaque fois qu'on la donne. Par quoi les standards permettant de juger correctement des mots donnés sont-ils fixés? On peut l'appréhender en observant, non pas tout ce que chacun a pu dire ou a vraiment dit, mais seulement les descriptions qui pourraient être données, et les situations dans lesquelles elles le seraient. Dans des circonstances données, que décrirait une description donnée, que servirait-elle à décrire? Que pourrait-on décrire ainsi? Peut-être que des circonstances différentes pour décrire les choses conduisent à des réponses différentes. Pour examiner s'il en va ainsi, nous devons examiner plusieurs paires de descriptions et de choses à décrire.

Comme paires intéressantes, nous pourrions prendre «La balle est ronde»[m] et une balle lancée par une raquette; ou «Mary prend un peu d'agneau» et le plat de *Mioleira* pris par Mary. Ou encore: «Elle est enfermée» et Pia qui est dans une pièce aux portes closes, avec la fenêtre ouverte donnant sur un précipice; «Il y a un feu dans la cheminée» et une cheminée dans laquelle on

---

m. Pour être plus bref, je cite les mots pour indiquer les descriptions qu'ils donnent.

a mis un bout de papier; « Le four est chaud » et un four à 140° C; « Le chat est noir » et un chat plongé dans de la peinture noire.

Commençons par un lemme. On ne considérerait pas qu'un four à 140° C est suffisamment chaud pour cuire une pizza. Un four chaud doit être bien plus chaud pour accomplir cette tâche. Par contraste, s'il s'agit d'en retirer à main nue un plat, on considérera qu'un four à 140° C est chaud. On peut décrire une chose d'une façon donnée eu égard à certains objectifs, mais non pas pour d'autres. Il existe une chose telle qu'un caractère descriptible relativement à un objectif. Tel est notre lemme.

Pourquoi de tels faits – et pourquoi ces faits précis? Dans un cas, on pourrait donner une réponse de ce type. Un schème de classification des fours chauds réserve « chaud » pour la partie supérieure de l'échelle de température d'un four fonctionnant normalement. Les fours étant ce qu'ils sont, on peut considérer que 220° C est une valeur correcte pour délimiter cette partie supérieure. Rien ne rend ce schème correct, faux ou incroyable, dans un sens absolu. Choisissez-le et la description « chaud » acquiert un usage évident dans la cuisson des pizzas : si on peut décrire ainsi un four, alors on peut y mettre la pizza. Pour cet objectif-ci, aucun autre schème ne peut nous être autant recommandable – ce qui suffit pour que ce schème détermine ce qui, pour cet objectif, est chaud.

Les détails culinaires dont on parle ici sont familiers. La familiarité génère certaines attentes. Si on peut décrire un four comme chaud, et que nous comprenons qu'il l'est dans l'objectif de cuire des pizzas, *ceteris paribus* nous nous attendrons à ce qu'on puisse utiliser comme on vient de le dire les informations qui nous sont ainsi données[n]. Nous nous y attendrons en deux sens. Premièrement, si nous faisons confiance à ces mots, nous serions surpris que le four ne soit pas prêt pour les pizzas. Deuxièmement, nous en attendrions (normalement) autant des mots dès lors que nous ne nous considérerions pas comme mal informés par (en) eux, et que nous ne considérerions donc pas qu'ils affirment quelque chose d'incorrect. Nous nous faisons ainsi, à partir de nos attentes, une idée de ce qui a précisément été dit en donnant cette description.

Nous avons (souvent) l'idée qu'une description, telle qu'elle est donnée, est faite en fonction de certain(s) objectif(s) donné(s) lorsque sa justesse doit impliquer des usages qu'elle a en fonction de ces objectifs – des usages pour l'information qu'elle est censée avoir donnée. Nous considérons que la description ne donne l'information correcte que lorsqu'elle a fait ce qu'elle aurait dû faire pour servir les objectifs pertinents. Cette idée révèle ainsi deux caractéristiques – un objectif, et les usages que les mots auraient en le servant – qui déterminent un standard de la vérité des mots perçus.

Nous pouvons passer du lemme aux faits concernant ce que décriraient les descriptions en une occasion donnée, si nous pouvons trouver des occasions où les objectifs sont ceux qu'une description donnée doit servir, en ce sens qu'il serait correct d'en attendre autant de leur part. Cela fait assurément partie de l'idée que nous nous faisons de certaines occasions. Par exemple, nous sommes pleinement engagés dans l'activité de cuire des pizzas. Nous nous attendrions à ce que la description d'un four comme chaud soit réservée à cet objectif. En conséquence, nous

n. Virtuellement, toute phrase qui décrit la façon dont nous percevrions le monde exigerait, ici et ensuite, un *ceteris paribus*. Plutôt que de l'écrire, considérons que nous le lisons.

considérerions qu'elle est une description qui ne donnerait une information correcte qu'à servir cet objectif. (Parfois, nous portons des jugements sur ce qui vaudrait, ou non, comme chaud. Ce sont manifestement des jugements sur ce qui est chaud qui ne sont pas relatifs à telle ou telle compréhension du fait d'être chaud. Ils sont non-triviaux d'une manière autre que le précédent type de jugements. Ces jugements ne portent pas non plus sur ce qu'on pourrait toujours qualifier correctement de chaud. En nous rappelant qu'ils ne peuvent le permettre s'ils sont corrects, nous pouvons librement en appeler à des objectifs en fonction desquels on qualifie une chose de chaude – ceux que nous avons d'abord considérés comme étant déjà pris en compte.)

Nous dire que le four est chaud ne serait d'aucune utilité si nous n'avions aucune idée des standards en fonction desquels il faudrait en juger. Notre idée des objectifs à servir et des usages qu'auraient les mots en les servant nous fournissent précisément ces standards. Elle nous permet ainsi de décrire les choses comme ce en quoi elles nous conviennent. Cette idée des occasions (où sont faites les descriptions) saisit ce qui consisterait à décrire *de manière vraie*, pour une description donnée faite à ces occasions – c'est-à-dire ce qui consisterait, pour les mots qui la donnent, à dire le vrai, ou à fournir de l'information correcte. Leur structure nous révèle ainsi des ingrédients de la vérité, ou ce que nous sommes prêts à y voir. Fait partie de la notion de vérité l'idée qu'une description (de quelque chose) doit, pour être vraie, satisfaire une condition générale d'un type différent des conditions voulant que ce qui est décrit comme *tel* doit être décrit de cette façon : cette description doit servir tous les objectifs que l'on doit servir (pour la vérité) à cette occasion, en ayant tous les usages qu'elle doit avoir pour les servir. Cela veut dire notamment que, face à une description et une occasion (où des faits indiquent ce que cette description décrirait de manière vraie), il existe des objectifs définis dont la vérité exige qu'ils soient servis, et des usages dont la vérité exige que la description les ait pour les servir. Cela implique également une idée particulière de la façon dont le concept de vérité s'appliquerait dans des cas particuliers – ce qu'on devrait considérer comme donnant une description correcte dans les occasions réelles où l'on pourrait donner cette description, ce qu'on devrait exiger pour décrire correctement en ces occasions. Cela implique donc une certaine idée des objectifs particuliers que les descriptions ainsi données devraient servir pour être vraies.

Notre idée des descriptions faites à des occasions données lie ainsi la vérité avec l'usage, c'est-à-dire le moment où les mots diraient la vérité avec les usages qu'ils doivent avoir pour être vrais. Telle est l'idée que nous nous faisons de la vérité, ou de son établissement. Sans cette idée, nous ne saurions pas quand les mots ont dit des choses qu'elles sont comme elles sont. Nous avons vu que la notion de vérité ne peut s'épuiser elle-même dans un nuage d'idées selon lesquelles les mots qui disent que les choses sont *telles* ne sont vrais que si les choses *sont* telles.

VI

Jusqu'ici, nous n'avons pas encore vu comment traiter une chose qui a été effectivement dite. Nous avons seulement examiné ce à quoi serviraient des descriptions en certaines occasions. Si, de cette façon, nous pouvons identifier des éléments de la vérité – les exigences voulant que les mots servent certains objectifs, qu'ils soient utiles de manière appropriée – alors c'est, d'un certain point de vue, *tant mieux*[1]. Mais nous voulions d'abord savoir comment juger de la vérité de ce qui a été dit. Je suggérerais

---

1. En français dans le texte.

que les standards en sont déterminés par ces éléments précis de la vérité que nous venons d'identifier. Pour le comprendre, nous devons examiner un facteur venant compliquer les choses.

Pour commencer, notre appréhension des mots d'autrui, lorsque nous considérons que nous les comprenons, possède les mêmes éléments que notre appréhension des descriptions en des occasions données. Nous considérons que les mots prennent la responsabilité de servir certains objectifs et, ce faisant, nous estimerons qu'ils n'ont dit ce qui est correct, c'est-à-dire vrai, que lorsque nous estimerons que ces objectifs sont (correctement) servis. Jane dit : « Le four est chaud » ; Pia y met la pizza. En apprenant, brusquement, que le four est à 140°, elle estimera qu'on l'a mal informée. Selon sa compréhension des mots, ce qu'ils disent n'est pas correct. Tel est le type de compréhension que les mots admettent, selon nous. Et, si nous ne les appréhendions pas, nous n'aurions aucun standard nous permettant de juger de la justesse de ce qui est – il n'y en aurait donc aucun jugement.

Pia peut s'être trompé. Elle peut ne pas bien saisir les circonstances de ces paroles, ou ne pas avoir bien compris ce qu'on pourrait faire si le four était chaud, au sens pertinent du terme (puisque c'est peut-être un four déréglé) ; elle peut aussi être totalement insensée. Mais parfois, rien de cela n'arrive. Parfois, nous comprenons bien les mots. Si c'est le cas de Pia, alors son appréhension des mots est correcte.

Qu'est-ce que Pia devrait saisir correctement à propos des circonstances pour que son appréhension des mots de Jane soit correcte ? Je suggérerais que, dans le cas normal, les objectifs que doivent servir les mots d'une personne pour être vrais sont précisément ceux que les mots utilisés par cette personne doivent servir pour être vrais dans les circonstances où elle a parlé. Pia n'aurait donc qu'à appréhender ce à quoi servent les mots utilisés par Jane (« Le four est chaud ») en cette occasion. Mais on a accordé tellement d'importance aux intentions du locuteur depuis une quarantaine d'années et la tentation a été tellement forte de supposer que le locuteur peut fixer les standards permettant de juger de la justesse dc ses mots en ayant simplement l'intention qu'ils expriment « la proposition (telle et telle) », ou en le rendant suffisamment explicite, qu'il est peut-être important de distinguer deux types de cas : le cas par défaut, et les cas exceptionnels. J'expliquerai cette idée par une analogie.

Si le cours des évènements est normal, lorsqu'on parle français, nous entendons [*mean*] que nos mots signifient [*mean*] ce qu'ils veulent dire [*mean*], et nous nous appuyons massivement, et correctement, sur cela, et sur ce que signifient les mots en français, pour déterminer ce qu'ils ont signifié (et dit) lorsqu'on les a utilisés. Jane demande : « Pourrais-je avoir de la barbue ? », entendant que son « barbue » signifie barbue. *Ceteris paribus*, c'est bien ce qu'il signifiait, ce qui veut dire que, en parlant ainsi, elle a demandé de la barbue. Si vous voulez savoir ce qu'est de la barbue, regardez dans un dictionnaire. Pour plus de détails, demandez à un ichtyologiste ou à un chef cuisinier. Lorsqu'il s'agit de la signification des mots lorsqu'ils sont utilisés, c'est le cas par défaut.

Exceptionnellement, il peut arriver que Jane ait des idées bizarres à propos de la barbue. Elle peut par exemple penser que « barbue » signifie brème. Elle peut par ailleurs expliciter qu'elle entend que son « barbue » parle de brême. Supposons que ce soit le cas. Il existe un cas par défaut – ce que signifiait son « barbue », sans qu'elle donne aucune raison particulière de penser autrement. Et il existe des cas exceptionnels où elle apporte ce type de raisons. Il n'empêche que, dans le cas par défaut, nous n'avons que ce que « barbue » signifie pour trouver ce que son « barbue » signifie. C'est souvent ainsi que le locuteur – comme tout le monde – veut que les choses se passent.

De manière similaire, dans le cours ordinaire des événements, nous parlons simplement, entendant utiliser les descriptions pour ce à quoi elles servent – pour ce qui est descriptible de cette façon – et considérant que c'est tout ce que nous faisons. Nous nous appuyons sur ce que nos descriptions décriraient alors, pour déterminer quand les choses seraient telles qu'on les a décrites – même si, à la différence de ce qui détermine la signification de nos mots, cela ne se trouve pas dans les dictionnaires[o]. (Cette seule confiance rend normalement invisible la sensibilité à l'occasion de ce que disent des mots ayant des significations données.) C'est le cas par défaut. Ici, les éléments de la vérité que j'ai identifiés œuvrent de la manière précise indiquée au début.

De manière exceptionnelle, nous manifestons des intentions spéciales quant aux compréhensions que nos descriptions doivent admettre, sans qu'importe ce à quoi elles servent autrement. Nous les amenons peut-être ainsi parfois à admettre de telles compréhensions. Par exemple, nous appelons le four chaud selon une certaine compréhension de cet état, ou pour un objectif particulier. Appelons un four qui est chaud selon cette compréhension, ou pour cet objectif, un four chmaud. Alors, quand nous avons dit que le four était chaud, nous l'avons décrit comme chmaud. La question suivante apparaît alors : selon quels standards devrait-on juger la description, en une occasion donnée, d'un four comme chmaud? Qu'est-ce qui, en cette occasion, scrait descriptible comme chmaud? L'histoire que j'ai racontée nous donne la réponse.

o. Assez typiquement, nous pensons que nous savons ce que nous décririons correctement. Ainsi nous ne pensons pas savoir que nous ferions une bonne description selon telle ou telle compréhension du fait d'être tel qu'on le décrit – moins encore selon cette compréhension se conformant à nos croyances quant à ce qu'on peut décrire de cette manière. Ceci ne serait nullement du savoir.

En tout cas, aussi complexes soient les cas exceptionnels, le cas par défaut suffit à exposer les éléments de la vérité que je souhaitais relever ici. Ce type de cas correspond à ce que nous faisons normalement.

VII

J'ai examiné des éléments de la vérité oubliés par le déflationnisme. On a besoin de ces éléments si l'on doit jamais déterminer que le monde dont les mots parlent est tel que leur vérité exige qu'il soit. Ce que les mots signifient impose des contraintes sur les façons dont ils peuvent dire la vérité, ainsi que sur la vérité qu'ils peuvent dire. Cela impose *certaines* conditions sur leur vérité telle qu'elle est dite : le monde doit être, selon les standards appropriés, tel que les mots le décrivent (en signifiant ce qu'ils signifient). La nature de cette condition dépend de ce qui consiste, pour un standard, à être vrai. Nous ne pouvons le saisir si nous parlons de la vérité en termes déflationnistes, sans nous référer aux occasions des descriptions; nous pouvons encore moins dire comment ce qu'est la vérité les conduit à œuvrer selon des standards fixes.

Je n'ai pas laissé entendre qu'on pouvait saisir le travail de ces éléments au moyen d'une définition – et certainement pas au moyen d'une description qui expliciterait les conditions sous lesquelles une description décrirait de manière vraie. Dans la mesure où l'objectif déflationniste est de rejeter les définitions substantives de la vérité, ce but peut rester compatible avec ce que j'ai dit.

Les déflationnistes sont enclins à souligner le fait que le mot « vrai » gagne beaucoup de son importance en tant qu'instrument de la « montée sémantique ». Grâce à elle, nous pouvons caractériser des propositions comme vraies, ou non, sans les dire effectivement.

Ainsi, nous pouvons par exemple procéder à une quantification, comme dans « Tout ce que dit Jones est vrai ». La montée sémantique *a* son importance. Mais je pense que les déflationnistes n'ont pas vu une des principales raisons pour lesquelles elle l'a. Qualifier les mots de Pia de vrais, c'est accorder qu'elle a correctement décrit les choses, comme étant telles qu'elles sont. Cela n'engage personne quant au fait que les choses soient (actuellement) descriptibles par les descriptions qu'a utilisées Pia. Disons que Pia a décrit une balle comme ronde. Mais on peut être ronde selon de multiples standards. Il n'est pas nécessaire que les standards corrects de sa description soient également ceux d'une description que je peux faire maintenant. Aussi, dire que ce qu'a dit Pia en décrivant une balle comme ronde est vrai, ce n'est pas encore décrire la balle comme ronde, ou dire qu'elle est ronde. Ce n'est pas affirmer ce qu'on affirmerait en la décrivant ainsi.

Pour déterminer leur correction, il faut juger les mots de Pia en fonction des standards appropriés aux circonstances de leur énonciation. Ces standards ne sont pas nécessairement corrects pour juger ce que je dirais, ou jugerais, maintenant en décrivant la balle comme ronde. Saisir ce qui consisterait pour des mots à être vrais, c'est notamment saisir en quoi des standards particuliers seraient les bons pour juger si des mots donnés ont fait ce qu'exige la vérité – c'est saisir ce qui pourrait faire que des standards donnés permettent de juger de la vérité de certains mots, mais ne permettent pas de juger de la vérité d'autres mots donnant les mêmes descriptions des mêmes choses.

Je dois pouvoir prendre de la distance à l'égard des mots d'autrui de la même façon que la montée sémantique le permet, parce que des occasions différentes en appellent à des standards différents pour juger si les choses sont telles ou telles. Cela révèle un aspect de la vérité oublié par le déflationnisme.

FAIRE DES CHOSES AVEC LES MOTS

INTRODUCTION

Dans cette seconde partie, les textes s'inscrivent tous, si ce n'est historiquement du moins thématiquement, dans la « Révolution pragmatique » opérée par la philosophie du langage dans les années 1950. D'une certaine façon, on a vu que celle-ci s'est accomplie dans le domaine de la signification en venant perturber la conception classiquement représentationnaliste de la signification en termes de conditions de vérités directement déterminables en fonction du sens des mots composant un énoncé donné. La révolution pragmatique eut cependant une incidence plus profonde quant à la compréhension du langage, conduisant à voir celui-ci, non plus tant comme médium d'un contenu devant, d'une certaine façon, s'effacer devant celui-ci pour le convoyer parfaitement, que comme une véritable action ayant certains effets dans ou sur le réel. Le langage en vient non plus (seulement) à être compris comme signifiant, mais également comme efficace.

Cette « action » du langage ne ressortit pas (ou pas seulement) aux effets rhétoriques depuis longtemps étudiés[1]. C'est une nouvelle spécificité qu'a mise au jour la révolution

---

1. Voir Aristote, *Rhétorique*, trad. fr. M. Dufour, Paris, Gallimard, 1998.

pragmatique[1] : la possibilité, pour certains énoncés, de faire véritablement des choses en disant quelque chose. Le « faire » doit ici d'abord s'entendre comme spécifiant une action que l'énoncé réalise lui-même (de par son énonciation, sans préjuger de l'explication de ladite efficacité), et non pas simplement comme un effet résultant de la compréhension sémantique des termes utilisés : il ne s'agit plus de comprendre la « réaction » des locuteurs et interlocuteurs par rapport à un énoncé disant certaines choses, mais bel et bien d'analyser la force même d'un énoncé pour comprendre ce qu'il modifie, dans un ordre de réalité qui n'est pas seulement sémantique.

C'est Adolf Reinach qui, au XXe siècle, fut le premier à mettre au jour cette caractéristique en proposant une sorte de proto-type de ce qui allait devenir la théorie des actes de parole. Historiquement, son texte est antérieur (il date de 1913) à la révolution pragmatique, mais il l'annonce de manière décisive, en prenant, qui plus est, comme argument de la rupture l'objet décisif que choisiront Austin puis Searle pour montrer que l'analyse du langage ne peut pas se contenter d'expliciter ce qu'il dit, mais doit également comprendre ce qu'il fait. Cet objet, c'est la promesse. Ce qui caractérise une promesse, en effet, c'est qu'il s'agit d'un énoncé dont les effets ne peuvent pas s'expliquer en fonction de la sémantique des termes utilisés pour la faire : promettre, ce n'est pas simplement dire que je promets, mais c'est prendre un engagement du fait même (ou par le fait) de dire que je promets. C'est donc *réaliser* quelque chose, c'est produire des *effets particuliers* qui s'inscrivent dans le réel. Notammen, je prends un engagement qui *m'oblige*, qui a une certaine existence, laquelle ne s'explique

1. Voir le livre très informé de B. Nerlich et D. Clarke, *Language, Action and Context*, Amsterdam, John Benjamins, 1996.

pas par ce que je dis : je peux dire quoi que ce soit sans que cela
ne m'oblige à rien. Ainsi, ce que met au jour l'analyse faite par
Reinach, c'est que l'engagement pris par la promesse a une
objectivité (c'est une obligation qui s'impose à moi) qui excède
clairement la sémantique et ne s'explique pas plus par la volonté
ou les intentions du locuteur. La réflexion de Reinach le conduit
alors à mettre en avant deux éléments de la réflexion sur les actes
de parole qui sont toujours explorés dans les discussions contem-
poraines. Il commence par doter la promesse – et ses effets
propres – d'une ontologie, faisant de celle-ci une réalité d'un
troisième ordre, dépendant de structures formelles a priori. On
retrouvera cette tentation de faire jouer aux actes de parole le
rôle des initiateurs de la réalité sociale chez John R. Searle[1]. Il
remarque par ailleurs que cette ontologie vaut pour des réalités
intrinsèquement sociales et que la spécificité de la promesse en
tant qu'acte linguistique est précisément qu'elle constitue un
acte conjoint, qui nécessite deux personnes pour être accompli.
En cela, il découvrait des traits sur lesquels John L. Austin allait
revenir quelques quarante ans plus tard.

C'est de deux façons que la découverte de l'efficacité du
langage fut thématisée dans la philosophie anglo-saxonne. Austin
inscrivit tout d'abord sa découverte des énoncés performatifs
contre une certaine lecture du positivisme logique, qui considérait
que les seuls énoncés sensés étaient les assertions et/ou les descriptions. Il reprochait à celle-ci de trop céder à « l'illusion scolastique » en ne donnant d'importance, comme Frege, qu'à l'analyse des énoncés ayant une portée cognitive. Austin commença

---

1. Voir J.R. Searle, *The Construction of Social Reality*, New York, The Free
Press, 1995 ; trad. fr. C. Tiercelin, *La construction de la réalité sociale*, Paris,
Gallimard, 1998.

donc par montrer que toute une gamme d'énoncés ne répondant pas aux critères des énoncés signifiants selon le positivisme logique étaient pourtant doués de sens en ce qu'ils permettaient de réaliser des choses. Il le mit particulièrement au jour dans le cas des énoncés « performatifs », qui font ce qu'ils semblent dire faire. Ainsi, l'énoncé « Je baptise ce bateau le *Queen Elizabeth* », en disant qu'il procède à un baptême (telle est sa portée sémantique) réalise le baptême (telle est sa portée pragmatique – *ce qu'il fait*). Il généralisa ensuite la portée performative du performatif à tout énoncé en montrant qu'un énoncé ne réussit finalement à dire quelque chose qu'à faire quelque chose, en ce qu'il doit toujours nécessairement satisfaire certaines conditions, non pas seulement (ni toujours) de vérité, mais également de félicité : pour réussir à faire et dire ce qu'il prétend faire et dire, un énoncé doit parvenir à s'inscrire adéquatement dans le réel (selon de multiples dimensions, en fonction desquelles sa réussite pourra être évaluée). C'est dire que la situation d'énonciation de tout énoncé doit être adéquate, sous de multiples aspects, à la portée de l'énoncé pour que celui-ci puisse être tenu. C'est dans la découverte (ou le rappel) de ces multiples conditions pragmatiques de réussite du langage – qui vaudront aussi pour le langage à vocation cognitive – que réside l'originalité d'Austin : il ne découvre pas seulement que le langage fait des choses, en rappelant que le langage a de multiples usages légitimes ; il montre également que ces usages ont des conditions qui ne se réduisent pas aux conditions véri-conditionnelles. Il ramène ainsi l'analyse du langage sur le terrain des échanges quotidiens et de leurs conditions concrètes : avec Austin, l'analyse prend du corps.

Héritier d'Austin, c'est dans une autre direction que John R. Searle poursuivra l'analyse des actes de parole, qui se transformera alors en véritable théorie à l'ambition formalisatrice[1]. Searle considère en effet qu'on peut établir de manière *a priori* l'ensemble de ces conditions (notamment les conventions constitutives) pour les différents types d'actes de parole. Alors que chez Austin, la plupart des conditions de félicité étaient d'ordre contextuel et social (et tenaient à la situation d'interlocution toujours singulière au sein de laquelle advenait un acte de parole donné), cet aspect est gommé chez Searle, qui considère que les conditions sont d'ordre sémantique. On doit pouvoir établir les conventions linguistiques qui déterminent comment utiliser correctement un énoncé pour le doter d'une certaine «force illocutoire» lui permettant d'accomplir telle ou telle chose, à mesure de la reconnaissance que cet énoncé obtiendra par les interlocuteurs. Ce rôle de la reconnaissance, déjà important chez Austin, passe chez Searle, non seulement par un renversement de l'analyse pragmatique par rapport à l'analyse sémantique, mais également par une analyse intentionnaliste de l'effet illocutoire : pour qu'un acte de parole advienne, c'est-à-dire pour qu'un énoncé soit doté d'une force illocutoire, il faut que l'intention du locuteur de l'utiliser dans tel ou tel but, pour faire telle ou telle chose, soit reconnue par l'interlocuteur. C'est de la reconnaissance, par l'interlocuteur, des intentions du locuteur qu'advient la force d'un énoncé.

Or, cette analyse intentionnaliste n'est pas sans introduire une rupture dans la compréhension des effets pragmatiques : alors que, chez Austin, ceux-ci se mesuraient dans le réel (de l'échange linguistique, de ses conditions concrètes, et de ses implications

1. Voir J.R. Searle et D. Vanderveken, *Foundations of Illocutionary Logic*, Cambridge (Mass.), Cambridge UP, 1985, où ils considèrent que les différents actes de parole correspondent à «des espèces conceptuelles naturelles» que l'on peut en conséquence formaliser.

pour chacun des protagonistes), avec Searle, ils semblent souvent se réduire à une détermination mentale des intentions et des effets de compréhension obtenus chez l'ensemble des locuteurs. Cette rupture tient à la reprise par Searle de l'analyse de la signification offerte par Paul Grice. Élève puis collègue d'Austin à Oxford, celui-ci entreprit de rompre avec la « philosophie du langage ordinaire » pour développer l'analyse pragmatique de manière plus logiciste dans des textes qui marquèrent à la fois la philosophie et la linguistique [1]. Toutefois, il fut influencé par l'approche d'Austin et tâcha de rendre compte de phénomènes pragmatiques que l'ancienne analyse logique ne pouvait prendre en compte. C'est notamment le cas des *implicitations* (*implicatures*), ces effets de sens obtenus en fonction de l'usage des énoncés, sans qu'ils soient déterminables directement en fonction de la sémantique des énoncés utilisés. Mais surtout, c'est précisément pour rendre compte du fait que les énoncés étaient toujours *utilisés* pour faire quelque chose dans une *visée communicationnelle* que Grice réintroduisit une analyse foncièrement intentionnaliste : pour comprendre ce que veut dire un énoncé, il faut comprendre dans quelle intention il a été utilisé, pour voir ce qu'a voulu dire (*meant*) un locuteur donné en l'utilisant en une occasion donnée. L'analyse de la signification d'un énoncé elle-même, en tant qu'elle relève de l'usage, est donc redevable d'une analyse pragmatique, mais celle-ci doit être conduite en termes intentionnels et viser à expliciter l'*intention de communication* des locuteurs. Car le projet ultime de Grice est d'expliquer la rationalité des locuteurs dans l'usage qu'ils font du langage ; c'est pourquoi son analyse trouve sa raison d'être, en dernière instance, dans une

---

1. Textes décisifs réunis – et toujours inédits en français – dans H.P. Grice, *Studies in the Way of Words*, Cambridge (Mass.), Harvard UP, 1989.

analyse de la signification en termes d'activité rationnelle dirigée vers un but, c'est-à-dire en termes d'*activité intentionnelle de communication*, visant à produire des effets de compréhension chez les interlocuteurs. Une bonne analyse de la signification des phrases et des énonciations occasionnelles particulières doit ainsi spécifier ce qu'il est optimal pour les locuteurs de *faire* avec ces énoncés, c'est-à-dire quels types d'intention il doit mobiliser pour se faire entendre. Avec Grice, l'analyse pragmatique retrouve donc l'ambition d'explication rationaliste qui consiste à comprendre l'efficacité du langage en fonction de la rationalité des locuteurs, elle-même analysée de manière individualisante en termes d'intentions, en abandonnant peu ou prou l'analyse des effets réels qu'il produit et de ses conditions plus générales.

On retrouve cette ambition chez David Lewis. Pour lui, le langage est une activité humaine, sociale et rationnelle, et c'est pourquoi les faits psychologiques et sociaux qui déterminent cette activité doivent être pris en considération. En ce sens, l'analyse du langage ordinaire et celle du langage formalisé ne sont nullement exclusives. Au contraire, elles doivent être conçues comme complémentaires si l'on veut pouvoir donner une caractérisation adéquate du fonctionnement de notre langage. À ce titre, l'analyse du langage, même formalisée, doit prendre en compte les éléments pragmatiques qui interviennent dans toute interlocution et on voit là un effet en retour de l'analyse pragmatique sur l'analyse sémantique (déjà noté dans la première partie de cet ouvrage). Il s'agit donc d'unifier l'analyse sémantique et pragmatique. Ainsi, la sémantique du langage naturel, plus précisément des phrases utilisées par des locuteurs au cours d'une conversation, doit être analysée sans reste – et, dans la mesure où elle prend bien en compte les dimensions pragmatiques du discours (sa visée communicationnelle), la perspective adoptée par Lewis s'inscrit dans la lignée de celle de Grice. Cela lui permet notamment de mettre au jour deux traits des énoncés du langage naturel : les indices pertinents pour déterminer leur acceptabilité dépend du type d'énoncé auquel on a affaire dans la conversation. Par exemple, si l'on veut déterminer la référence d'une description définie, il faudra inclure au nombre des indices pertinents le degré de saillance des objets du discours dans le contexte de la conversation, ou encore, si l'on veut déterminer l'acceptabilité d'énoncés dans lesquels figurent des concepts vagues, il faudra inclure au nombre des indices le degré de précision requis dans le contexte de la conversation. Pour établir les propriétés sémantiques d'un énoncé dans une conversation, il faut donc pouvoir déterminer les éléments pertinents du contexte de la conversation dans laquelle il est utilisé, et inclure ces éléments au nombre des indices du « score » de la conversation. En second lieu, les éléments pertinents pour l'acceptabilité d'un énoncé dépendent de l'état de la conversation au moment de l'énonciation, et ils varient en fonction du cours de la conversation. Lewis montre plus précisément que leur évolution est gouvernée par des règles, au nombre desquelles on compte une règle d'accommodation.

On notera ainsi, au terme de ce parcours, la variété des types d'analyse introduits par la révolution pragmatique, qui aura obligé à prendre en considération bien des éléments *du langage* oubliés par la première analyse. Cette première analyse avait ignoré ou, d'une certaine façon, feint d'ignorer que le langage est une pratique humaine, qui sert à faire des choses ou fait des choses – parmi lesquelles communiquer. Or, le langage est résolument inscrit dans notre forme de vie. La seconde philosophie analytique incite, tout simplement, à poursuivre le travail de la philosophie du langage dans un esprit curieux et attentif à la multiplicité et aux détails du réel, pour mieux comprendre comment le langage nous permet, d'une part bien sûr de parler du monde, mais d'autre part et surtout de nous y inscrire adéquatement pour y développer nos capacités. C'est à ce prix que la philosophie du langage, dans l'esprit de ses pères fondateurs, restera *réaliste*.

ADOLF REINACH

LA PROMESSE

Présentation, par Bruno Ambroise

Il pourrait ne pas sembler évident, au premier abord, d'inclure dans un volume consacré à la philosophie du langage un texte d'A. Reinach (1883-1917), phénoménologue spécialiste de philosophie du droit, essayant de trouver une assise ontologique aux « réalités juridiques ». Si pourtant cet auteur allemand du début du XXᵉ siècle, totalement étranger à la philosophie analytique, trouve ici sa place, c'est parce que ses idées forment une anticipation étonnante de ce qui allait devenir la « théorie des actes de parole », développée de manière indépendante une cinquantaine d'années plus tard, par J.L. Austin et J.R. Searle (voir leurs textes dans ce volume). En recherchant en effet l'origine de l'objectivité du droit, Reinach en est venu à développer une phénoménologie réaliste du droit (influencé en cela par les premiers travaux de son maître Husserl), dans laquelle une large place était faite à une analyse des actes juridiques, par lesquels les réalités juridiques en viennent à exister. Ces actes juridiques (jugements, promulgations de lois, etc.) sont considérés par lui comme autant « d'actes sociaux », réalisés au moyen du langage, en ce que la nécessaire publicité requise pour leur co-réalisation, effectuée à la fois par le locuteur et l'interlocuteur, se fait par ce médium humain qu'est le langage. De telle sorte que les actes sociaux de Reinach forment la matrice des « actes de parole » d'Austin. Il s'agit en effet d'actes qui, dans le domaine juridique, amènent au jour la réalité dont ils parlent, à la manière dont les performatifs, selon Austin, feront ce qu'ils disent.

Or un rapprochement plus frappant encore se fait jour entre le théoricien de la réalité juridique et les explorateurs des actes de parole quand ils trouvent tous leur archétype dans la promesse. Ce dernier acte, qui avait déjà massivement retenu l'attention de la scolastique médiévale[1], est en effet caractérisé par Reinach comme la matrice de tous les actes sociaux, à la fois comme acte et comme accomplissement nécessairement social. Pourquoi, ainsi, la promesse ne se réduirait-elle pas à un simple dire (à une simple déclaration ou expression d'intention, par exemple) et ne pourrait-elle pas être accomplie par le seul sujet qui promet ? C'est l'objectivité propre de la promesse qui, selon Reinach, empêche de la contenir dans les limites du seul champ subjectif et expressif. Une promesse faite, en effet, engage. Or on ne pourrait comprendre, d'une part, qu'une déclaration d'intention ait la force d'un engagement – une déclaration d'intention n'engage précisément pas comme une promesse à faire inconditionnel-lement ce que l'on a dit que l'on ferait –, ni, d'autre part, que la seule volonté de l'individu promettant ait suffisamment de force contraignante pour obliger celui-ci à tenir sa promesse. Pour le dire autrement, un individu qui a promis n'est pas forcé de tenir sa promesse parce qu'il s'oblige lui-même à la tenir, mais parce que la promesse, en tant qu'acte accompli, impose à lui toute sa force contraignante. Celle-ci, qui correspond à son objectivité d'acte,

---

1. Voir, entre autres, I. Rosier-Catach, *La parole efficace*, *op. cit.*

dérive du fait que, si j'ai promis, je suis obligé de tenir ma promesse à l'égard d'autrui. Quelqu'un d'autre est nécessairement présent lorsque je fais une promesse, à qui elle s'adresse. Sans cette présence qui, en retour m'oblige, je ne ne peux tout simplement pas accomplir une promesse. (On peut d'ailleurs douter qu'une promesse faite à soi-même soit une vraie promesse[1].) Autrement dit, l'acte de promettre crée une obligation, qui n'existe que parce qu'il existe un autre vis-à-vis de qui elle est une obligation. L'analyse de la promesse oblige ainsi à admettre son caractère intrinsèquement social (ou interlocutif, ou encore dialogique).

En conséquence, on comprend bien l'impossibilité pour la promesse d'être une simple expression de quelque chose d'autre qu'elle-même, d'un état d'esprit par exemple. Une expression n'est jamais que le rapport, en première personne, de ce qu'un sujet éprouve. Celle-ci ne nécessite pas d'interlocuteur et ne crée pas d'obligation. À ce titre, elle ne modifie pas l'état du monde, du moins l'état des réalités déontiques qui, selon Reinach, habitent le monde humain. On trouve en effet dans ce monde des droits, des lois, des obligations, etc. Le fait d'exprimer un état mental ou un contenu de pensée ne modifie pas ceux-ci. Tel n'est pas le cas de la promesse : celle-ci amène bel et bien au jour une nouvelle obligation, conçue comme une nouvelle réalité déontique. C'est à ce titre que la promesse peut être considérée comme un véritable acte : un acte réalisé au moyen de la parole, qui amène au jour une réalité dont il est question, et qui est accompli par la collaboration d'un autre à qui elle est adressée.

1. Voir déjà D. Hume, *A Treatise of Human Nature* (1740), book 3 ; trad. fr. Ph. Saltel, *Traité de la nature humaine*, III, *La morale*, Paris, GF-Flammarion, 1999, section V.

Ce schéma, étonnamment proche des analyses d'Austin et de Searle, oblige toutefois à s'interroger sur la nécessité d'admettre des réalités déontiques au sens fort du terme, comme le fait Reinach. Si la théorie des actes de parole contemporaine admet bien l'efficacité déontique du langage[1], elle n'adhère plus de manière aussi enthousiaste à l'idée que celle-ci forme des réalités dans le monde, dont on pourrait appréhender l'essence et qui constitueraient autant de contre-parties des différents actes réalisés au moyen du discours. Il n'en reste pas moins que le texte de Reinach forme une illustration parfaite de la révolution « pragmatique » qui allait s'opérer dans les années 1950, en notant, dès le début du siècle, que dire des choses, c'est aussi faire des choses et agir dans et sur le monde.

LA PROMESSE[*]

En aucun cas la promesse ne saurait se limiter à la simple communication d'une résolution. Si l'on s'en tient pour le moment très fermement au cas où je prends la résolution de faire quelque chose pour un autre, et où j'informe celui-ci de ma résolution, alors dans un tel cas aucune promesse n'a été faite. La communication d'une décision et la promesse sont deux choses radicalement différentes, et l'on ne doit pas se laisser tromper par le simple fait qu'on puisse user, dans certaines circonstances, de la même expression linguistique. Si l'on néglige ce simple fait, c'est

---

[*] A. Reinach, *Les principes a priori du droit civil* [1913], traduction R. de Calan, Paris, Vrin, 2004, p. 58-69.

1. Voir par exemple M. Sbisà, « On Illocutionary Types », art. cit.

tout naturellement qu'on s'épuisera en constructions vaines, afin de rapporter la prétention et l'obligation à l'expression d'une résolution. Notre première tâche doit donc se limiter à expliquer ce qu'est véritablement une promesse. [...]

Revenons maintenant à notre point de départ, la promesse. Il n'est plus besoin d'expliquer très longuement les raisons pour lesquelles nous devons la considérer comme un acte social impliquant autrui. La promesse engage, semblable en cela à l'ordre et à la différence de la communication, une série de conséquences. Elle aussi vise un certain comportement, naturellement pas de la part de celui qui la reçoit, mais de celui qui la donne. Cette action, à la différence de la réponse à une question, n'a pas besoin d'être un acte social.

Comme tous les actes sociaux, la promesse présuppose un vécu interne qui se rapporte à son contenu intentionnel. Il s'agit, comme c'est le cas pour l'ordre, de la *volonté* que quelque chose se produise, naturellement pas par l'intermédiaire du destinataire mais du côté de celui qui l'énonce. Chaque promesse de se comporter d'une certaine manière présuppose nécessairement une volonté propre de se comporter ainsi.

Nous voyons à présent très clairement combien la conception commune de la promesse comme expression d'une intention ou d'une volonté peut être trompeuse et intenable. L'expression d'une volonté a pour contenu un : Je veux. On peut l'adresser à un autre, dans ce cas elle est une assertion, c'est-à-dire un acte social, mais pas une promesse. Et même le fait quelle s'adresse précisément à celui auquel le comportement qu'elle présuppose bénéficie ne fait naturellement pas de cette expression une promesse. La promesse n'est ni une volonté, ni l'expression d'une volonté, mais c'est un acte spontané indépendant qui, en s'adressant à autrui, s'extériorise. Cette forme d'extériorisation peut être appelée déclaration de la promesse. Elle constitue seulement indirectement une déclaration de volonté, dans la mesure où l'acte spontané de promettre a nécessairement pour origine une volonté. Si l'on veut décrire la promesse comme une déclaration de volonté, on devra alors décrire la question comme la déclaration d'un doute ou la requête comme la déclaration d'un souhait. Le caractère mystificateur de toutes ces descriptions saute aux yeux. Le monde des rapports juridiques ne se construit pas sur d'impuissantes déclarations de volonté, comme on l'a souvent cru, mais sur la stricte efficacité légale des actes sociaux.

C'est seulement dans la mesure où l'on reste collé à la face extérieure de la promesse, sans aller au-delà, que l'on peut en venir à la confondre avec l'expression d'une volonté. Ces mots : « je veux faire cela pour toi », peuvent faire office d'expression d'une promesse ou de déclaration de volonté. Il arrive également que divers actes sociaux puissent recourir à la même expression, et plus particulièrement lorsque les circonstances ne laissent aucun doute au destinataire quant à la nature de l'acte social qui lui apparaît. On sait en général avec certitude si derrière les mots se cache une promesse ou une communication. Et même si, comme certaines disputes et certains procès le montrent, quelques malentendus sont possibles, cela n'y change naturellement rien, mais tend plutôt à confirmer le fait que les déclarations de volonté et les promesses sont des actes radicalement différents.

De là, on peut éclairer la difficulté que l'on a rencontré à propos de la « contrainte » par la promesse. Qu'une déclaration de volonté puisse produire la moindre obligation, c'est naturellement incompréhensible. Mais nous avons trouvé dans la promesse un acte d'un type particulier, et nous affirmons qu'il est dans l'essence même de cet acte de produire des prétentions et des obligations.

En tant qu'acte social, la promesse admet toutes les modifications que nous avons relevées auparavant. Il existe des promesses qui s'adressent globalement à plusieurs personnes, ou qui sont énoncées globalement par plusieurs personnes. De ces promesses résultent des prétentions auxquelles plusieurs personnes ont part ensemble, tout comme des obligations auxquelles sont astreintes plusieurs personnes ensemble. Plus encore, il existe une promesse conditionnée, que l'on distinguera absolument de la promesse inconditionnée avec un contenu conditionné. De la première ne peuvent résulter qu'à l'apparition même de la condition une prétention et une obligation, car c'est seulement à ce moment précis que la promesse développe son efficacité particulière[a]. De la seconde résultent immédiatement prétention et obligation. Le destinataire de la promesse peut dans ce cas prétendre immédiatement à ce que son auteur se comporte, à la venue de l'événement, d'une certaine manière, alors que dans le premier cas il ne peut prétendre à ce que l'auteur de la promesse se comporte immédiatement ainsi qu'à la venue même de l'événement. Dans le second cas, il lui est possible de renoncer à ses prétentions avant l'apparition de l'événement. Dans le premier cas, il n'existe encore rien à quoi l'on puisse renoncer[b]. Seule une renonciation conditionnée serait possible : une renonciation pour le cas où (à la venue de l'événement) serait établie une prétention. Dans le

a. La promesse conditionnée n'est pas absolument dépourvue d'efficacité immédiate. Elle crée un état de contrainte sur le promettant qui tient au fait qu'il ne peut longtemps cacher l'éventualité que la réalisation de la condition puisse créer une obligation dans sa personne.

b. L'état de contrainte n'est pas chose à laquelle on puisse renoncer, car il n'induit aucun droit de la part du destinataire de la promesse. On peut seulement parler d'une libération du promettant par les destinataire de sa promesse.

second cas, la renonciation est immédiatement efficace, et l'apparition de l'événement n'a plus de signification. Dans le premier, l'apparition de l'événement provoque l'affirmation de prétentions et avec elles la seconde condition qui rend la renonciation efficace et fait disparaître immédiatement les prétentions. L'entrée en scène de la prétention est précisément la raison immédiate de sa disparition. Un mécanisme strictement légal d'interactions sociales s'offre à nous; il s'agit de relations d'essence immédiatement évidentes, rien de semblable à des « créations » ou des « découvertes » d'un quelconque droit positif.

À côté de la promesse propre d'une personne donnée, il existe une promesse au nom d'une autre personne, une promesse par représentation. Un acte de promesse est accompli par une personne, mais elle n'est pas celle qui promet; bien plus, elle fait promettre un autre, ou plus exactement: elle promet pour un autre. Là où l'on promet dans l'intérêt, sur l'ordre ou « à la place » d'autrui, il existe bien une promesse assumée directement par une autre personne, et l'obligation la concerne en propre. On doit également exclure le cas où quelqu'un promet sur la base d'une promesse qu'on lui a faite. A peut promettre à B de promettre à C de lui transmettre quelque chose. Alors B peut prétendre à ce que A ait promis à C, et par la réalisation de cette prétention il naît de la part de A une obligation vis-à-vis de C de lui transmettre cette chose. Ou bien B promet à A de lui transmettre quelque chose, et se fait promettre par C d'obtenir cette chose. Dans ce cas, sont présentes en B simultanément la prétention vis-à-vis de C de se voir transmettre la chose et l'obligation vis-à-vis de A de la lui transmettre. Dans aucun de ces deux cas, il n'est question d'une promesse faite par B à C au nom de A. C'est pourtant seulement dans ce cas que réside l'acte de représentation et en même temps l'effet particulier de la représentation. Par la promesse en représentation, exactement comme la promesse individuelle, il naît une prétention de C; cette prétention s'adresse à A et non à B; et simultanément lui correspond une obligation en la personne de A. Naturellement, cette efficacité est soumise à des présuppositions déterminées. Nous consacrerons à cette question tout un paragraphe. Ça n'est pas le contenu habituel qui lui est donné par les juristes, mais sa forme strictement *a priori* qui doit susciter le plus grand intérêt philosophique.

JOHN L. AUSTIN

LES ÉNONCÉS PERFORMATIFS

Présentation, par Bruno Ambroise

« Les énoncés performatifs », originairement destiné à une audience radiophonique, est un texte particulièrement clair d'Austin (1911-1960). C'est cette clarté même qui lui donne toute son importance, car elle permet de bien saisir toute la force et la finesse de la conception austinienne des « actes de parole » – qui ne se réduisent pas, comme on l'oublie souvent, aux « performatifs ». Dans sa tonalité comme dans sa méthode, il est très représentatif du style philosophique d'Austin, et il offre, outre une synthèse magistrale des conséquences de l'« invention » des performatifs, quelques mises au point fort originales sur la philosophie du langage ordinaire : par exemple, l'idée (p. 238) qu'au lieu d'évoquer des « usages en nombre infini » du langage, certains philosophes feraient mieux de prendre le temps de les compter.

Les performatifs forment d'une certaine façon la première strate de toute la constellation d'activités linguistiques mises au jour par Austin. On les identifie en montrant que certains énoncés sont tout à fait pourvus de sens, sans pour autant répondre aux canons véri-conditionnels posés par le positivisme logique : ils sont grammaticalement bien formés, ils ont d'ailleurs la forme d'assertions, mais ils n'affirment rien que l'on puisse vérifier. En réalité, ces énoncés ne disent pas tant quelque chose qu'ils ne font quelque chose. Ainsi, « Je te promets de faire x » : il ne s'agit pas de décrire le fait que je promets de faire x (puisque précisément, je ne l'ai pas *encore* fait), mais bien de faire x *en disant* que je le fais. La fonction de ces énoncés ne se réduit pas à décrire le monde, comme le croient les philosophes sous le coup de « l'illusion descriptive », mais elle consiste plutôt à accomplir quelque chose dans le monde, à y introduire une *modification*.

On remarquera qu'une telle action n'est possible que s'il existe une procédure conventionnelle qui vient déterminer ce qu'on fait au moyen de tels énoncés – une procédure qui peut être sujette à différentes formes de ratés empêchant le performatif de s'accomplir (totalement ou adéquatement). On comprend que la réussite d'un performatif a ainsi des conditions (dont beaucoup sont institutionnelles) qui, si elles conservent un rapport aux faits, ne se ramènent pas aux conditions de vérité posées par le positivisme logique ; ce sont des conditions de *félicité*. Et, en fonction des conditions qui ne sont pas respectées, on dira que l'énoncé subit tel ou tel type d'échec, ou d'infélicité.

Austin va aller plus loin et montrer qu'on ne peut pas trouver de critère permettant de distinguer un énoncé performatif d'un énoncé « normal », qui décrit le monde. Car même si l'on peut classer différents verbes en fonction du type d'action performative qu'ils servent à accomplir et qualifier tout énoncé où ils figurent de manière efficace de « performatif explicite », on rencontre également nombre d'énoncés où ces verbes ne figurent pas et qui sont pourtant tout aussi efficaces dans leurs contextes d'énonciation. La formulation explicite des performatifs n'est qu'un développement ultérieur. Ils doivent leur efficacité à autre chose qu'à la présence d'un élément linguistique spécifique : donc, à des conditions institutionnelles et contextuelles.

Or on remarque qu'un *même* énoncé peut, selon les circonstances (et donc les conditions respectives), servir à décrire quelque chose ou à faire quelque chose, ou qu'un même énoncé, comme « je suis désolé », peut balancer entre le performatif et le descriptif. De telle sorte que la distinction initiale entre « performatif » et « constatif » semble progressivement se brouiller. On assiste là au véritable renversement opéré par la découverte d'Austin : ce qui vaut pour les performatifs vaut pour les constatifs, notamment en ce qui concernent les conditions de félicité – *car ils fonctionnent en réalité de la même façon*, même s'ils ne servent pas à faire la même chose. Autrement dit, les énoncés descriptifs sont également des actes, comme les énoncés performatifs, en ce sens qu'ils servent à faire une description. Tous sont donc des *actes de parole* dotés d'une certaine force, et sujets à infélicités.

On voit ici Austin généraliser, dans un geste particulièrement radical, la dimension performative à l'ensemble des énoncés et, en retour, généraliser la dimension de rapport avec les faits aux performatifs (ce qu'il appellera leur « dimension d'évaluation » spécifique). On comprend alors que la réussite de tout acte de parole, aussi bien dans sa dimension d'efficacité que dans sa dimension de rapport correct au monde, est déterminée par tout un ensemble (conventionnel) de conditions extra-linguistiques, qui ancrent la réalité linguistique dans le monde concret des usages et des situations.

LES ÉNONCÉS PERFORMATIFS *

I

Vous avez parfaitement le droit de ne pas savoir ce que veut dire le mot « performatif ». C'est un nouveau et vilain mot, et peut-être ne veut-il pas dire grand-chose. Mais il a une chose pour lui, c'est que ce n'est pas un mot profond. Je me souviens qu'une fois, après que j'ai parlé à ce sujet, quelqu'un a déclaré : « Vous savez, je n'ai pas la moindre idée de ce que ce monsieur veut dire, à moins qu'il ne veuille simplement dire ce qu'il dit ». C'est exactement ce que j'aimerais vouloir dire.

En premier lieu, examinons comment surgit cette affaire. Nous n'avons pas à remonter bien loin dans l'histoire de la philosophie pour trouver des philosophes tenant acquis plus ou moins comme une évidence que l'unique fonction, l'unique fonction intéressante, de tout énoncé – c'est-à-dire de tout ce que nous disons – est d'être vrai ou, au pire, faux. Bien sûr, ils ont toujours su qu'il y a d'autres types de choses que nous disons – des choses comme les impératifs, les expressions de souhait et les exclamations –, dont certaines ont même été l'objet de classifications par les grammairiens, bien qu'il n'ait pas toujours été évident de les distinguer les unes des autres. Mais les philosophes ont continué à considérer que la seule chose intéressante était les énoncés qui rapportent des faits, ou qui décrivent des situations, de façon vraie ou fausse. Depuis quelques temps, on a remis en cause ce type d'approche – en deux temps, je pense. Avant tout, on a commencé à dire « Bon, si ces choses sont soit vraies, soit

---

* J.L. Austin, « Perfomative Utterances » [1956], dans *Philosophical Papers*, Oxford, Oxford UP, 1979, p. 234-252, traduction B. Ambroise revue par S. Laugier.

fausses, il devrait être possible de déterminer ce qu'il en est, et si nous ne pouvons pas le faire, alors elles ne sont bonnes à rien et, en bref, sont dénuées de sens ». Et cette nouvelle approche eut un effet positif; bon nombre de choses qui relèvent probablement du non-sens furent reconnues comme telles. Je pense qu'il n'est pas encore vrai que nous ayons classé de façon appropriée toutes les formes de non-sens, de même qu'il est possible que des choses reléguées au rang de non-sens n'en soient pas. Pour autant, ce mouvement – le mouvement vérificationniste – fut, à sa façon, parfait.

Nous en venons cependant à la deuxième étape. Après tout, nous posons quelques limites à la quantité de non-sens que nous disons, ou du moins à la quantité de non-sens que nous sommes prêts à admettre que nous disons. Dès lors, on a commencé à se demander si, finalement, certaines de ces choses qui risquaient d'être considérées comme des non-sens lorsqu'on les traitait comme des affirmations, entendaient vraiment être des affirmations. Ne pourraient-elles pas être destinées à influencer les gens d'une façon ou d'une autre, ou à se défouler de quelque manière, plutôt qu'à rapporter des faits ? Ou, peut-être au moins une part de ces énoncés accomplissaient-ils de telles fonctions ou, par exemple, attiraient-ils d'une certaine façon l'attention (sans pour autant le décrire) sur un trait important des circonstances dans lesquelles ces énoncés étaient formulés. Sur ces bases, certaines personnes ont désormais adopté un nouveau slogan, le slogan des « usages multiples du langage ». L'ancienne approche, la vieille approche en termes d'affirmations, est même parfois qualifiée d'illusion : l'illusion descriptive.

Il existe certainement un grand nombre d'usages du langage. Il est bien dommage qu'on se sente autorisé à invoquer un nouvel usage du langage à chaque fois qu'on en a envie, pour se tirer d'embarras face à tel ou tel imbroglio philosophique bien connu.

Nous avons grand besoin d'un cadre dans lequel discuter ces usages du langage et je pense également que nous ne devrions pas désespérer trop facilement, ni parler, comme on y est trop enclin, d'usages *infinis* du langage. Les philosophes ont tendance à faire cela dès qu'ils en ont énuméré, disons, dix-sept ; mais même s'il y avait dix-mille usages du langage, nous pourrions certainement, en prenant le temps, en faire la liste exhaustive. Après tout, ce chiffre n'est pas plus élevé que le nombre d'espèces de scarabées que les entomologistes ont pris la peine de recenser. Mais quels que soient les défauts de chacun de ces mouvements – le mouvement « vérificationniste » ou celui des « usages du langage » –, personne ne peut nier qu'ils ont en tout état de cause accompli une formidable révolution en philosophie et, beaucoup diraient, la plus salutaire de son histoire. (Ce qui n'est pas, si vous y réfléchissez, une très grande prétention.)

C'est un de ces usages du langage que je veux maintenant étudier ici. Je veux parler d'un type d'énoncés qui ressemblent à des affirmationss et qui, grammaticalement, seraient, je suppose, classés comme des affirmations, qui ne sont pas des non-sens et qui pourtant ne sont ni vrais, ni faux. Ce ne seront pas des énoncés contenant ces constructions verbales curieuses que sont les auxiliaires modaux exprimant la possibilité conditionnelle (*might*) et la capacité conditionnelle (*could*) ou des mots comme « bon », que beaucoup de philosophes considèrent maintenant comme un simple signal d'alarme. Ce seront des énoncés irréprochables, formés avec des verbes parfaitement ordinaires, au présent et à la première personne du singulier voix active, et nous verrons pourtant tout de suite qu'ils ne peuvent absolument pas être vrais ou faux. De plus, si une personne formule un énoncé de ce type, nous devrions dire qu'elle *fait* quelque chose plutôt qu'elle ne *dit* simplement quelque chose. Cela peut sembler un peu étrange mais, en fait, les exemples que je vais donner ne le seront en rien et pourront même sembler décidément bien quelconques. En voici trois ou quatre. Supposons, par exemple, qu'au cours d'une céré-monie de mariage je dise, comme c'est d'usage, « Oui, je le veux » (prendre cette femme pour épouse). Ou supposons encore que je vous marche sur les pieds et dise « Excusez-moi ». Ou encore, supposons que j'aie une bouteille de champagne à la main et dise « Je baptise ce bateau le *Queen Elizabeth* ». Ou supposons que je dise « je te parie six pence qu'il pleuvra demain ». Dans tous ces cas, il serait absurde de considérer les choses que je dis comme le compte-rendu de la réalisation de l'action qui est incontesta-blement réalisée – l'action consistant à parier, à baptiser ou à s'excuser. Nous devrions plutôt dire qu'en disant ce que je fais, j'accomplis véritablement l'action. Quand je dis « je baptise ce bateau le *Queen Elizabeth* », je ne décris pas la cérémonie de baptême, je fais réellement le baptême ; et quand je dis « Oui, je le veux » (prendre cette femme pour épouse), je ne raconte pas le mariage, je me compromets avec lui.

Ce sont ces types d'énoncés auxquels nous donnons le nom d'énoncés *performatifs*. C'est un nouveau mot, plutôt laid, mais aucun mot de notre vocabulaire ne semble convenir à la fonction. Le seul mot qui s'en rapproche auquel je puisse penser est le mot « dispositif », dans son sens juridique. Lorsque les juristes parlent des instruments juridiques, ils distinguent entre le préambule, qui décrit les circonstances dans lesquelles une transaction est effec-tuée, et le dispositif – la partie qui accomplit effectivement l'acte légal que l'instrument a pour but d'accomplir. Le mot « dispo-sitif » est ainsi très proche de ce que nous recherchons. « Je donne et lègue ma montre à mon frère » serait la clause d'un dispo-sitif et c'est un énoncé performatif. Le mot « dispositif » a néanmoins d'autres usages et il semble préférable d'avoir un mot spécialement conçu aux fins que nous voulons lui voir servir.

À ce stade, cependant, on pourrait s'élever, peut-être même avec une certaine inquiétude, contre le fait que je semble suggérer que le mariage consiste simplement à dire certains mots – que le simple fait de dire certains mots, *c'est* se marier. Eh bien, cela n'est certainement pas le cas. Les mots doivent être dits dans des circonstances appropriées – c'est une question qui réapparaîtra plus tard. Mais nous ne devons pas supposer que, dans de tels cas, nous avons besoin d'ajouter à l'énonciation des mots l'accomplissement d'un certain acte spirituel interne, que les mots se borneraient à rapporter. Il est très facile de succomber à cette idée, du moins dans les cas compliqués, ou majestueux ; mais cela n'arrive peut-être pas aussi facilement avec les cas simples comme l'excuse. Dans le cas de la promesse – par exemple « Je promets d'être là demain » –, on en vient très facilement à croire que l'énoncé n'est que le signe extérieur et visible (c'est-à-dire verbal) de l'accomplissement d'un certain acte intérieur et spirituel, et l'on trouve bien souvent cette conception exprimée dans la littérature classique. Pensons au cas de l'Hippolyte d'Euripide qui dit « Ma langue a juré, mais pas mon cœur » – peut-être devrait-ce être l'esprit, ou l'âme, plutôt que le cœur, mais en tout cas une sorte d'artiste dans les coulisses. Or ce type d'exemples nous montre bien que si nous succombons à l'idée que de tels énoncés sont des descriptions, vraies ou fausses, de l'accomplissement d'actes intérieurs et spirituels, nous offrons une échappatoire aux parjures, menteurs, et autres bigames, et qu'ainsi l'excessive solennité dans ce domaine n'a pas que des avantages. Il est peut-être mieux d'en rester à la vieille formule selon laquelle notre parole nous engage.

Quoique ces énoncés ne rapportent pas d'eux-mêmes des faits et ne soient d'eux-mêmes ni vrais, ni faux, il n'en reste pas moins que le fait de dire ces choses *implique* bien, le plus souvent, que certaines choses sont vraies et non pas fausses, du moins en un certain sens de ce mot plutôt équivoque qu'est « implique ». Quand je dis, par exemple, « J'accepte de prendre cette femme pour épouse », ou quelque autre formule de la cérémonie de mariage, cela implique bien que je ne suis pas déjà marié, avec une femme vivante, saine d'esprit, non-divorcée, et tout ce qui s'ensuit. Mais il est très important de comprendre ceci : impliquer qu'une chose ou une autre est vraie, ce n'est pas du tout la même chose que dire quelque chose de vrai.

Ces énoncés performatifs ne sont alors ni vrais, ni faux. Mais ils souffrent en effet de certaines infirmités qui leurs sont propres. Ils peuvent rater leur coup de différentes façons, et c'est ce que je souhaite maintenant aborder. Pour les nommer, nous appellerons infélicités les différentes façons dont un énoncé performatif peut ne pas être satisfaisant ; et une infélicité survient – c'est-à-dire qu'un énoncé est malheureux – lorsque certaines règles, des règles manifestement simples, sont violées. Je vais mentionner certaines de ces règles, puis donner quelques exemples d'infractions.

Avant toute chose, il est évident que la procédure conventionnelle que nous prétendons utiliser par notre énoncé doit véritablement exister. Dans les exemples donnés ici, cette procédure sera verbale – une procédure verbale pour marier, pour léguer ou quoi que ce soit d'autre. Mais nous devons garder à l'esprit le fait qu'il y a de nombreuses procédures non-verbales au moyen desquelles nous pouvons accomplir exactement le même acte que celui accompli par ces moyens verbaux. Il est également important de se rappeler qu'un grand nombre de choses que nous faisons sont, au moins partiellement, de type conventionnel. Les philosophes se laissent (au moins) trop facilement aller à présumer qu'une action est toujours, en dernière instance, la réalisation d'un mouvement physique alors qu'elle est d'habitude, au moins partiellement, une affaire de convention.

La première règle est donc que la convention invoquée doit exister et être acceptée. Et la seconde règle, elle aussi très évidente, est que les circonstances dans lesquelles nous envisageons d'invoquer cette procédure soient appropriées à cette invocation. Si cela n'est pas observé, alors l'acte que nous essayons d'accomplir échouera – il sera, pourra-t-on dire, un raté. Ce sera aussi le cas si, par exemple, nous n'exécutons pas la procédure – quelle qu'elle soit – correctement et complètement, sans un défaut et sans un accroc. Si certaines de ces règles ne sont pas respectées, nous disons que l'acte que nous prétendons accomplir est nul, sans effet. Si, par exemple, l'acte prétendu était un acte de mariage, alors nous devrions dire que nous « avons formellement procédé à » un mariage, mais que nous n'avons pas réellement réussi à nous marier.

Voici plusieurs exemples de ce type de raté. Supposons que, vivant dans un pays similaire au nôtre, nous souhaitions divorcer de notre épouse. Nous pourrions essayer de la placer bien en face de nous dans la pièce commune et dire de manière à ce que tout le monde entende : « je divorce de toi ». Or cette procédure n'est pas admise. Nous n'aurons pas par là réussi à divorcer d'avec notre femme, du moins dans ce pays et d'autres pays semblables. C'est un cas où nous devrions dire que la convention n'existe pas ou n'est pas admise. Ou supposons que, formant les équipes à une fête d'enfants, je dise « Je prends Georges (dans mon équipe) ! ». Mais Georges pique un fard et dit « Je ne joue pas ». Dans ce cas, je n'ai manifestement pas pris Georges dans mon équipe, pour une raison ou pour une autre – que ce soit parce qu'il n'y a pas de convention permettant de prendre dans son équipe des personnes qui ne jouent pas, ou parce que Georges n'est pas un objet approprié, dans ces circonstances, pour la procédure de choix. Ou considérons le cas où je dis « Je vous nomme consul » et qu'il s'avère que vous ayez déjà été nommé – ou peut-être même que l'information filtre que vous êtes un cheval ; là encore, l'infélicité relève du caractère inapproprié des circonstances, des objets et ainsi de suite. Il est à peine besoin de donner des exemples d'actes défectueux ou avec accroc : lors de la cérémonie de mariage, une partie dit « Oui, je le veux » et l'autre « Non » ; je dis « Je te parie six pence » mais personne ne répond « Entendu ! », personne ne participe au pari. Dans tous ces cas et dans d'autres, l'acte que nous prétendons accomplir, ou que nous entreprenons d'accomplir, n'est pas réussi.

Mais ce type d'énoncé peut échouer d'une autre façon, assez différente. Un bon nombre de ces procédures verbales sont destinées à être utilisées par des gens qui ont certaines croyances, ou certains sentiments, certaines intentions. Et si vous utilisez une de ces formules quand vous n'avez pas les pensées, les sentiments ou les intentions requis, alors il y a un abus de la procédure, il y a insincérité. Prenons, par exemple, l'expression « Je vous félicite ». Elle est destinée à être utilisée par des personnes qui sont contents que la personne à qui elles s'adressent ait réussi quelque prouesse, qui croient qu'elle est personnellement responsable de son succès, et ainsi de suite. Si je dis « Je vous félicite » quand je ne suis pas heureux ou que je ne crois pas qu'il faille vous créditer de votre réussite, alors il y a insincérité. Il en est de même si je dis que je promets de faire quelque chose sans avoir la moindre intention de le faire ou sans le croire faisable. Il y a certainement quelque chose qui ne va pas dans ces cas, mais ce n'est pas la même chose que dans les cas de ratés. Nous ne devrions pas dire qu'en réalité je n'ai pas promis, mais plutôt que j'ai promis de manière insincère ; je vous ai bien félicité mais les félicitations étaient creuses. On peut rencontrer une infélicité à peu près similaire quand l'énoncé performatif engage le locuteur à une conduite future qu'on peut décrire et puis qu'il ne se comporte pas de la façon attendue. C'est bien sûr très clair si je promets de faire quelque chose puis que je romps ma promesse, mais il existe beaucoup d'engagements de forme bien moins tangible que dans le cas de la promesse. Je peux dire, par exemple, « Bienvenue ! », vous souhaitant la bienvenue chez moi, ou dans quelque lieu que ce soit, puis me mettre ensuite à vous traiter comme si vous étiez particulièrement malvenu. Dans ce cas, on a abusé de la procédure consistant à dire « Bienvenue ! » d'une façon assez différente de la simple insincérité.

Or nous pourrions nous demander si cette liste d'insincérités est complète, si les types d'insincérités sont mutuellement exclusifs, et ainsi de suite. Eh bien, elle n'est pas complète et ils ne sont pas mutuellement exclusifs ; ils ne le sont jamais. Supposons que vous soyez prêt à baptiser un bateau, que vous ayez été désigné pour le baptiser, et que vous soyez prêt à lancer la bouteille contre la proue ; mais à ce moment même, un type minable se pointe, vous arrache la bouteille des mains, la fracasse contre la proue, crie « Je baptise ce bateau *Le Généralissime Staline* », et, pour faire bonne mesure, repousse les cales du pied. Bon, nous nous accordons bien sûr sur plusieurs choses. Nous sommes d'accord sur le fait que le bateau ne se nomme certainement pas maintenant *Le Généralissime Staline*, nous sommes d'accord quant au fait que c'est parfaitement scandaleux, et ainsi de suite. Mais il se peut que nous ne soyons pas d'accord pour savoir comment classer l'infélicité particulière en ce cas. Nous pourrions dire que nous avons affaire à un cas de procédure parfaitement légitime et conventionnelle, qui a cependant été invoquée dans de mauvaises circonstances, à savoir par la mauvaise personne, cet individu minable, au lieu de la personne désignée pour la faire. Mais, d'autre part, nous pourrions considérer ce cas différemment et dire que c'est un cas où la procédure n'a pas été complètement exécutée, parce qu'une partie de la procédure de baptême d'un bateau consiste en ce que vous devez avant tout être vous-même désigné comme la personne devant faire le baptême – et c'est ce que ce type n'était justement pas. La façon dont nous devrions classer les infélicités dans des cas différents sera peut-être ainsi une question assez difficile et pourra même se révéler finalement être un peu arbitraire. Mais les juristes, qui doivent souvent s'occuper de ce genre de choses, ont naturellement inventé toutes sortes de termes techniques et élaboré de nombreuses règles concernant divers types de cas, qui leur permettent de classer assez rapidement ce qui précisément ne va pas dans n'importe quel cas donné.

Quant à savoir si cette liste est complète, elle ne l'est certainement pas. Les choses peuvent par ailleurs mal se passer lorsque survient ce qu'en général on peut appeler une incompréhension. Vous pouvez ne pas entendre ce que je dis, ou vous pouvez comprendre que je me réfère à autre chose que ce à quoi j'entendais me référer, et ainsi de suite. Et en dehors des ajouts que nous pourrions faire à la liste, nous devons avant tout tenir compte du fait que, lorsque nous sommes en train d'accomplir un acte en prononçant ces énoncés performatifs, il est tout à fait possible que nous parlions sous la contrainte ou dans quelques autres circonstances qui nous enlèvent une part de responsabilité quant à ce que nous sommes en train de faire. Ce serait certainement une chose malheureuse – toute sorte d'irresponsabilité pourrait être qualifiée de malheureuse; mais c'est bien sûr tout autre chose dont nous parlions. Et je pourrais mentionner le fait, encore bien différent, que nous pourrions être en train de prononcer chacun de ces énoncés – comme nous pouvons prononcer absolument n'importe quel énoncé – en jouant une pièce de théâtre, par exemple, ou en faisant une blague, ou en écrivant un poème – auquel cas elle ne sera bien sûr pas sérieusement entendue et nous ne serons pas susceptibles de dire que nous accomplissions sérieusement l'acte en question. Si le poète dit

« Va et saisit une étoile filante » ou quoi que ce soit d'autre, il ne prononce pas sérieusement un ordre. Des considérations de ce type s'appliquent à n'importe quel énoncé et pas seulement aux performatifs.

Cela suffit alors peut-être pour l'instant. Nous avons discuté de l'énoncé performatif et de ses infélicités. Nous pouvons supposer que cela nous dote de deux outils flambant neufs pour attaquer la vraie nature (peut-être) de la réalité. Cela nous permet aussi d'enfiler à nos pieds métaphysiques – comme toujours – une nouvelle paire de patins flambant neufs. Reste à savoir comment les utiliser.

II

Jusqu'ici, nous sommes résolument allés de l'avant, sentant le sol ferme des préjugés glisser sous nos pieds – ce qui est toujours assez exaltant ; mais où cela nous a-t-il mené ? Vous attendez le moment où nous nous enliserons, le moment où nous nous raviserons complètement, et ce moment finira bien par arriver, mais cela demandera du temps. Tout d'abord, qu'on nous permette de poser une question assez simple. Comment pouvons-nous être sûrs, comment pouvons-nous dire qu'il faille classer n'importe quel énoncé comme performatif ? Comment pouvons-nous le savoir ? Nous avons l'impression que nous devons être capables de le faire. Et nous devrions évidemment être heureux si nous pouvions dire qu'il existe un critère grammatical nous permettant de le faire, un quelconque moyen grammatical permettant de décider si un énoncé est performatif. Tous les exemples que j'ai donnés jusqu'ici ont bien en réalité la même forme grammaticale ; ils commencent tous avec un verbe à la première personne du singulier au présent de l'indicatif, voix active – ce n'est bien sûr pas n'importe quel verbe dont il s'agit, mais tous ces énoncés ont de fait cette forme. De plus, avec les verbes que j'ai utilisés, il existe une asymétrie typique entre l'usage d'une certaine personne et d'un certain temps du verbe, et l'usage du même verbe avec d'autres personnes et d'autres temps. Cette asymétrie est un indice assez important.

Par exemple, quand nous disons « Je promets que… », il s'agit de tout autre chose que lorsque nous disons « Il promet que… ». Car lorsque nous disons « Je promets que… », nous accomplissons bien l'acte consistant à promettre – nous faisons une promesse. Ce que nous *ne* faisons *pas*, c'est rapporter la réalisation d'une promesse par quelqu'un – nous ne rapportons notamment pas l'usage qu'une personne fait de l'expression « Je promets ». Nous l'utilisons réellement et faisons la promesse. Mais si je dis « Il promet » ou dis en utilisant le passé « J'ai promis », alors, précisément, je rapporte un acte consistant à promettre, c'est-à-dire un acte consistant à utiliser la formule « Je promets » – je rapporte son acte présent ou mon acte passé. Il y a ainsi une différence claire entre notre première personne du singulier au présent de l'indicatif, voix active, et les autres personnes et les autres temps. Ce point est clairement mis en évidence par l'épisode classique du petit Willie auquel l'oncle dit qu'il lui donnera une demi-couronne s'il lui promet de ne jamais fumer avant qu'il ait 55 ans. Anxieux, les parents du petit Willie diront « Bien sûr qu'il promet – n'est-ce pas Willie ? », en lui donnant un coup de coude, sans que le petit Willie ne confirme. Le point important ici, c'est qu'il doit promettre de lui-même en disant « Je promets » et que ses parents vont trop vite en besogne en disant qu'il promet.

C'est donc un petit test pour savoir si un énoncé est, ou non, performatif, mais il ne faudra pas supposer que tout énoncé performatif doit prendre cette forme standard. Il existe au moins une autre forme standard, tout aussi commune dans les moindres détails, que la première, où le verbe est à la voix passive et à la deuxième ou troisième personne, non à la première. Le type de cas dont je parle est celui d'une pancarte où il est marqué « Il est enjoint aux passagers d'emprunter le pont pour traverser », ou d'un document où il est écrit « Vous êtes autorisés par la présente » à faire ceci et cela. Ils sont sans aucun doute performatifs et une signature est en fait souvent nécessaire qui précise la personne qui accomplit l'acte consistant à recommander ou à autoriser ou quoi que ce soit d'autre. Ce qui est typique de ce type de performatif – particulièrement susceptible d'apparaître dans les documents écrits, bien sûr –, c'est le fait que la locution « par la présente » apparaisse ou puisse être insérée.

Cependant, nous ne pouvons malheureusement toujours pas suggérer que tout énoncé devant être classé comme performatif doit prendre l'une ou l'autre de ce que nous pourrions appeler ces formes standard. Après tout, « Je t'ordonne de fermer la porte » serait un énoncé performatif typique. Il satisfait tous les critères. Il est l'accomplissement de l'acte consistant à t'ordonner de fermer la porte, et il n'est ni vrai ni faux. Mais dans les circonstances appropriées, nous pourrions certainement accomplir exactement le même acte en disant simplement « Ferme la porte », à l'impératif. Ou encore, supposons qu'une personne affiche « Ce taureau est dangereux » ou simplement « Taureau dangereux », ou même « Taureau ». Est-ce que cela diffère nécessairement du fait d'afficher une pancarte, signée de manière appropriée, disant « Par la présente, vous êtes averti que ce taureau est dangereux » ? Il semble que le simple avis « Taureau » convient tout aussi bien que la formule plus élaborée. Bien sûr, la différence est que si nous affichons simplement « Taureau », il ne sera pas tout à fait clair que c'est un avertissement ; cela peut n'être qu'un renseignement ou une information, comme « Wallaby » sur la cage d'un zoo, ou « Monument historique ». Sans doute devrions-nous savoir, étant donnée la nature du cas, que c'est un avertissement, mais il ne serait pas explicite.

Dés lors, au vu de cet effondrement des critères grammaticaux, nous aimerions supposer que tout énoncé performatif pourrait être réduit ou élargi, ou analysé dans l'une de ces deux formes standard commençant par « Je… » ceci et cela ou par « Vous êtes/il est par la présente… » ceci et cela. Si cet espoir était d'une quelconque façon justifié (puisqu'on peut dire, en un sens, qu'il l'est), alors nous pourrions espérer faire une liste de tous les verbes qui apparaissent dans ces formes standard, et nous pourrions ensuite classer les types d'actes qui peuvent être accomplis par des énoncés performatifs. Nous pourrions le faire en nous aidant d'un dictionnaire, en utilisant un test comme celui que nous avons mentionné – consistant à déterminer si l'on rencontre cette asymétrie caractéristique entre la première personne du singulier à l'indicatif voix active et les autres personnes et autres temps – afin de décider si un verbe doit figurer, ou non, dans notre liste. Or, si nous construisons une telle liste de verbes, nous trouverons bien qu'ils se rangent en fait dans certaines classes assez bien définies. Il y a la classe des cas où nous délivrons des verdicts et faisons des estimations et des évaluations de différents types. Il y a la classe où nous promettons, où nous nous engageons de différentes façons en disant quelque chose. Il y a la classe où en disant quelque chose, nous exerçons différents droits et pouvoirs tels que la nomination ou l'exercice du droit de vote, et ainsi de suite. Et il y a une ou deux autres classes bien définies de ce type.

Supposons cette tâche achevée. Alors, dans notre liste, nous pouvons appeler ces verbes des verbes performatifs explicites, et nous pouvons appeler tout énoncé réduit à l'une ou l'autre de nos formes standard un énoncé performatif explicite. « Je t'ordonne de fermer la porte » serait un énoncé performatif explicite, alors que ne le serait pas « Ferme la porte » – qui n'est qu'un énoncé performatif primaire, ou autre chose si on veut le nommer différemment. En utilisant l'impératif, nous pouvons être en train de t'ordonner de fermer la porte, mais il n'est pas évident que nous vous donnons un ordre, ou que nous vous supplions, ou que nous vous implorons, ou que nous vous conjurons, ou que nous vous incitons, ou que nous vous tentons, ou que nous faisons l'une ou l'autre des multiples autres actions subtilement différenciées qui, très probablement, ne sont pas encore distinguées dans un langage primitif peu sophistiqué. Mais nous ne devons pas surévaluer l'absence de sophistication des langages primitifs. Il y a un grand nombre d'instruments, même au niveau primitif, qui peuvent être utilisés pour éclairer l'acte que nous accomplissons quand nous disons quelque chose – le ton de la voix, la cadence, la gestuelle – et par dessus tout, nous pouvons nous fonder sur la nature des circonstances, le contexte dans lequel l'énoncé est formulé. Cela empêche très souvent de se tromper quant à savoir si c'est un ordre qui est donné ou si, disons, je suis simplement en train de vous faire une recommandation ou de vous supplier. Nous pouvons par exemple dire quelque chose de ce style : « Venant de lui, j'étais obligé de le prendre comme un ordre ». Encore que, malgré tous ces instruments, demeure un nombre malheureux d'ambiguïtés et d'imprécisions quand nos verbes performatifs explicites sont absents. Si je dis quelque chose comme « Je serai là », il peut n'être pas évident de déterminer si c'est une promesse, ou une déclaration d'intention, ou peut-être même une prévision de mon comportement futur, de ce qui va m'arriver. Et il peut être très important, du moins dans nos sociétés développées, de déterminer laquelle de ces choses est précisément faite. C'est la raison pour laquelle le verbe performatif explicite s'est développé – notamment pour rendre claires quelle action précise est accomplie, ainsi que l'étendue de ce à quoi elle m'engage et la façon dont elle m'engage.

Ce n'est qu'une façon dont le langage se développe en accord avec la société dont il est le langage. Les habitudes sociales d'une société peuvent affecter considérablement la variété des verbes performatifs qui se sont développés et de ceux qui, pour des raisons peu pertinentes, ne se sont pas développés. Si je dis par exemple « Vous êtes un poltron », il se pourrait que je sois en train de vous blâmer ou que je sois en train de vous insulter. Or comme il semble que la société approuve la réprimande ou le blâme, nous avons développé ici une formule « Je vous blâme » ou « Je vous désapprouve… », qui nous permet d'exécuter promptement cet indispensable travail. Mais par ailleurs, puisque apparemment nous n'approuvons pas l'insulte, nous n'avons pas développé une formule simple du type « Je vous insulte », qui aurait pu connaître un succès comparable.

Au moyen de ces verbes performatifs explicites et de quelques autres instruments, nous rendons ainsi explicite l'acte précis que nous sommes en train d'accomplir lorsque nous formulons l'énoncé. Mais je voudrais ajouter ici quelques mots d'avertissement. Nous devons distinguer entre la fonction consistant à rendre explicite l'acte que nous accomplissons et la fonction bien différente consistant à *exposer* l'acte que nous accomplissons. En produisant un énoncé performatif explicite, nous n'exposons pas de quel acte il s'agit, nous mettons en évidence ou explicitons de quel acte il s'agit. Nous pouvons dresser ici un parallèle utile avec un autre cas où l'acte, l'acte conventionnel que nous accomplissons, n'est pas un acte de parole mais une performance physique. Supposons que j'apparaisse devant vous un jour et vous salue en m'inclinant profondément. Eh bien, ce geste est ambigu. Je pourrais n'être qu'en train d'observer la flore locale, ou de refaire mon lacet, quelque chose de ce type ; d'un autre côté, il se pourrait bien que je vous fasse la révérence. Eh bien, pour résoudre cette ambiguïté nous avons certains procédés, comme le fait de soulever son chapeau, de dire « Salam », ou quelque chose de ce genre, afin de rendre tout à fait clair que l'acte accompli est l'acte conventionnel consistant à faire la révérence, plutôt qu'autre chose. Or personne ne voudrait dire que soulever son chapeau, c'est exposer le fait que vous étiez en train de faire la révérence ; cela ne l'est certainement pas, mais rend assez évident que vous êtes en train de la faire. Et ainsi, de la même façon, dire « Je vous avertis que… », « Je vous ordonne de… » ou « Je promets que… » n'est pas affirmer que vous êtes en train de faire quelque chose, mais montrer clairement que vous êtes en train de le faire – cela constitue bien votre performance verbale, une performance d'un type particulier.

Jusqu'ici nous avons fait comme s'il existait une différence bien claire entre nos énoncés performatifs et ce dont nous les avons différenciés : les affirmations, les expositions ou les descriptions. Mais nous commençons maintenant à trouver cette distinction moins évidente qu'elle ne pourrait l'être. C'est ici que nous commençons à nous enliser un peu. En premier lieu, bien sûr, nous pourrions avoir quelque doute quant à l'extension de nos performatifs. Si nous pensons à certaines expressions bizarres que nous utilisons dans des cas bizarres, nous pourrions très bien nous demander si elles satisfont notre critère assez vague de l'énoncé performatif. Supposons, par exemple, que quelqu'un dise « Hourra ! ». Ce n'est ni vrai, ni faux ; il accomplit l'acte consistant à acclamer. Est-ce que cela fait de « Hourra » un performatif dans le sens où nous l'avons défini ? Ou supposons qu'il dise « Zut ! » ; il accomplit l'acte consistant à jurer, et ce n'est ni vrai, ni faux. Cela le rend-il performatif ? Nous avons l'impression que, d'une certaine façon, oui, et pourtant c'est un cas assez différent. Considérons encore les cas où on « joint le geste à la parole » : ceux-ci aussi peuvent nous conduire à nous demander si l'énoncé ne devrait pas être classé comme performatif. Et quelquefois, si quelqu'un dit « Je suis désolé », nous nous demandons si c'est exactement la même chose que « Je m'excuse » – auquel cas nous avons bien sûr dit que c'est un énoncé performatif – ou s'il ne doit pas plutôt être pris comme une description, vraie ou fausse, de ses sentiments. S'il avait dit « Je me sens terriblement coupable », alors nous devrions penser que cela est censé être une description, vraie ou fausse, de ses sentiments. S'il avait dit « Je m'excuse », nous devrions penser que c'était évidemment un énoncé performatif, exécutant le rituel de l'excuse. Mais s'il dit « Je suis désolé », il y a une malheureuse hésitation entre les deux possibilités. C'est un phénomène assez commun. Nous rencontrons souvent des cas où figure, de façon évidente, un pur énoncé performatif, mais où figurent également, en relation avec lui, d'autres énoncés, qui ne sont pas performatifs mais descriptifs, et, d'autre part, on rencontre des énoncés de type intermédiaire, difficiles à classer ainsi. En certaines occasions, bien sûr, ils sont, de manière évidente, utilisés d'une façon et, en d'autres occasions, de l'autre façon ; mais, dans certaines occasions, ils semblent manifestement se complaire dans l'ambiguïté.

Considérons maintenant le cas de l'arbitre lorsqu'il dit « Hors-jeu » ou « Stop », ou la déclaration d'un jury lorsque les membres disent que l'accusé est jugé coupable. Nous disons bien sûr que ce sont des cas où l'on rend des verdicts, où l'on fait une estimation et ainsi de suite, mais ils ont encore, d'une certaine façon, un rapport avec les faits. Ils semblent avoir comme le devoir d'être vrais ou faux et ainsi n'être pas très éloignés des affirmations. Si l'arbitre dit « Stop », cela a au minimum quelque chose à voir avec le fait que six balles ont déjà été lancées et non pas sept, et ainsi de suite. En fait, nous pouvons nous rappeler qu'en général « J'affirme que… » ne semble pas tellement différent de « Je vous avertis que… » ou « Je promets que… ». Cela rend certainement clair le fait que l'acte que nous accomplissons est un acte consistant à affirmer et qu'ainsi il fonctionne tout comme « J'avertis » ou « J'ordonne ». Dès lors, « J'affirme que… » n'est-il pas un énoncé performatif ? Mais on peut pourtant avoir l'impression que les énoncés commençant par « J'affirme que… » doivent bien être vrais ou faux, qu'ils *sont* des affirmations.

Ce type de considérations peut nous contrarier fortement. Si nous revenons un moment au contraste que nous avions établi entre les affirmations et les énoncés performatifs, nous comprenons que nous avons pris pour argent comptant, comme on l'a dit, les assertions telles que nous les livrait l'analyse traditionnelle. Les affirmations, admettions-nous, devaient être vraies ou fausses ; les énoncés performatifs, d'autre part, devaient être heureux ou malheureux. Ils étaient l'accomplissement de quelque chose, alors que la réalisation d'assertions, pour ce que nous en disions, n'était l'accomplissement de rien. Mais si nous revenons sur ce contraste, il nous apparaît certainement insatisfaisant. Bien sûr, les affirmations sont susceptibles d'être évaluées en fonction de leur correspondance ou de leur échec à correspondre avec les faits, c'est-à-dire en fonction de leur valeur de vérité. Mais elles sont tout autant susceptibles d'infélicités que les énoncés performatifs. De fait, on peut montrer que certains problèmes qui sont apparus récemment dans l'étude des affirmations ne sont que des problèmes d'infélicité. On a par exemple mis en évidence le fait qu'il y a quelque chose de très bizarre à dire une chose comme : « Le chat est sur le tapis mais je ne le crois pas ». Or c'est une chose extravagante à dire, mais qui n'est pas contradictoire. Rien n'empêche que le chat soit sur le tapis quand je ne crois pas qu'il y est. Comment devons-nous alors déterminer ce qui ne va pas avec cet énoncé particulier ? Si nous nous souvenons maintenant de la doctrine des infélicités, nous verrons que la personne qui fait cette remarque sur le chat est dans une position très similaire à celle qui dit quelque chose du genre : « Je promets que je serai là, mais je n'ai pas la moindre intention d'y être ». Une fois encore, il est certain que vous pouvez très bien promettre d'être là sans avoir aucune intention d'être là, mais il y a quelque chose d'extravagant dans le fait de le dire, dans le fait d'avouer l'insincérité de la promesse que vous êtes en train de faire. De la même façon, il y a insincérité dans le cas de la personne qui dit « Le chat est sur le tapis, mais je ne le crois pas », et qui est de fait en train d'avouer son insincérité – ce qui produit un type particulier de non-sens.

On a mis au jour un autre cas, celui concernant les enfants de John – le cas où quelqu'un est censé dire « Tous les enfants de John sont chauves mais John n'a pas d'enfant ». Ou supposons que quelqu'un dise « Tous les enfants de John sont chauves », lorsqu'en réalité – il ne le dit pas – John n'a pas d'enfant. Or les spécialistes des affirmations trouvent là sujet d'inquiétude ; doivent-ils dire que, dans ce cas, l'affirmation « Tous les enfants de John sont chauves » est dépourvue de signification ? Bon, mais s'il en est ainsi, alors cette absence de signification n'a aucune ressemblance avec la plupart des types plus standard d'absence de signification ; et si nous revenons à notre liste d'infélicités, nous voyons que ce qui ne va pas dans ce cas est très similaire à ce qui ne va pas dans le cas, disons, d'un contrat de vente d'un terrain qui n'existe pas. Or dans le cas de la vente de ce terrain, qui serait bien sûr réalisée au moyen d'un énoncé performatif, nous disons que la vente est nulle [*void*] – nulle en raison de l'absence de référence ou de son ambiguïté ; et nous pouvons alors voir que l'affirmation concernant les enfants de John est nulle de la même façon, en raison d'une absence de référence. Et si l'homme dit en fait que John n'a pas d'enfant et, du même trait, qu'ils sont chauves, il

formule le même type d'énoncé extravagant que l'homme qui dit
« Le chat est sur le tapis et je ne le crois pas », ou que l'homme qui
dit « Je promets mais n'ai pas l'intention de… ».

De cette façon, les maux qui, on l'a découvert, affectent les
affirmations peuvent alors être précisément mis en parallèle avec
les maux qui caractérisent les énoncés performatifs. Et après tout,
quand nous affirmons, décrivons ou rendons compte de quelque
chose, nous accomplissons bien un acte qui est tout autant un acte
que l'acte consistant à ordonner ou à avertir. Il ne semble y avoir
aucune raison valable de donner à la seule affirmation une position spéciale. Les philosophes ont bien sûr coutume de parler
comme si vous, moi ou quiconque pouvions passer notre temps à
affirmer n'importe quoi sur n'importe quel sujet, et que tout serait
parfaitement en ordre, sauf pour la petite question : est-ce vrai
ou faux ? Mais au-delà de la petite question de la vérité et de la
fausseté, il y a à coup sûr la question : tout *est-il* en ordre ? Peut-on
se répandre en faisant des affirmations sur n'importe quoi ?
Supposons par exemple que vous me disiez « Je me sens un peu
barbouillé ce matin ». Alors je vous dis « Non, vous n'êtes pas
barbouillé » et vous répondez « Qu'est-ce que vous racontez, je ne
le suis pas ? ». Et je dis « Oh rien – J'affirme juste que ce n'est pas
ainsi que vous vous sentez : est-ce vrai ou faux ? ». Vous dites
alors « Laissez tomber la question de savoir si c'est vrai ou faux ;
la question, c'est ce que vous voulez dire en vous prononçant ainsi
sur ce que ressent une autre personne. Je vous ai dit que je me
sentais un peu barbouillé, et vous n'êtes tout simplement pas en
position de dire, d'affirmer que ce n'est pas ainsi que je me sens ».
Cela met en évidence le fait que vous ne pouvez faire des affirmations sur les sensations d'autrui (même si vous pouvez faire
des suppositions, si vous le souhaitez); et il existe un très grand
nombre de choses dont vous ne pouvez tout simplement rien
affirmer, n'en n'ayant aucune connaissance ou n'étant pas en

position de vous prononcer à leur sujet. Il nous faut descendre un peu de leur piédestal l'affirmation et, par la même occasion, la description et le compte-rendu, afin de comprendre qu'ils sont tout autant des actes de parole que ceux que nous avons mentionnés et discutés sous le nom de performatifs.

Que l'on regarde donc un instant d'un autre point de vue notre contraste de départ entre le performatif et l'affirmation. En maniant les performatifs, nous avons constamment fait comme si la seule chose qu'un énoncé performatif avait à faire était d'être heureux, de s'exécuter, de ne pas être un raté, ni un abus. Certes, mais ceci ne règle pas le problème. On peut au moins dire dans le cas de beaucoup d'énoncés, qui, selon ce que nous avons dit, devraient être classés comme performatifs – les cas où l'on dit « Je t'avertis… », « Je te conseille de… » etc. – qu'outre la simple question : « était-il en règle, était-il correct, en tant que conseil ou avertissement, s'est-il réalisé ? », d'autres questions se poseront. Après cette question, viendra sûrement cette autre : était-ce un bon conseil – un conseil valable ? Était-ce un avertissement justifié ? Ou, disons, dans le cas d'un verdict ou d'une estimation : était-ce une bonne estimation ou un verdict légitime ? On ne peut résoudre ces questions qu'en prenant en considération la façon dont le contenu du verdict ou de l'estimation est, en un sens, en rapport avec les faits ou avec les preuves factuelles disponibles. C'est dire qu'il faut au moins évaluer un grand nombre d'énoncés performatifs à l'aune de la dimension générale de la correspondance avec les faits. On peut bien sûr encore dire que cela ne les rend pas identiques aux affirmations, parce qu'ils ne sont toujours pas vrais ou faux et que c'est la marque précise et distinctive de la classe des affirmations. Mais, en fait, plus vous réfléchissez à la vérité et à la fausseté, plus vous découvrez que très peu d'affirmations sont simplement vraies ou simplement fausses – même si cela prendrait trop de temps de s'appesantir vraiment sur cette question. Souvent, la question se pose de savoir si elles sont correctes ou incorrectes, appropriées ou inappropriées, exagérées ou non. Sont-elles trop approximatives ou parfaitement précises, exactes, et ainsi de suite? « Vrai » et « faux » ne sont que les labels généraux de toute une dimension d'évaluations différentes qui ont plus ou moins à voir avec la relation entre ce que nous disons et les faits. Si donc nous assouplissons nos idées de la vérité et de la fausseté, nous verrons que les affirmations, lorsqu'elles sont évaluées en rapport aux faits, ne sont après tout pas tellement différentes des conseils, des avertissements, des verdicts et autres performatifs.

Nous voyons alors qu'affirmer quelque chose, c'est tout autant accomplir un acte que l'est le fait de donner un ordre ou un avertissement; et nous voyons d'autre part que lorsque nous donnons un ordre, un avertissement ou un conseil, on peut se demander comment celui-ci est lié aux faits, question qui n'est peut-être pas tellement différente du type de question qui se pose quand nous examinons la façon dont une affirmation est liée aux faits. Eh bien, cela semble indiquer que dans sa forme originale, notre distinction entre le performatif et l'affirmation s'affaiblit considérablement et même s'effondre. Je ne ferai qu'une suggestion quant à la manière de nous en sortir. Il nous faut revenir très en amont, et examiner de quelle façon et en quel sens dire quoi que ce soit, c'est faire ceci ou cela – parce que, bien entendu, c'est toujours faire un bon nombre de choses différentes. Et une chose émerge alors si l'on fait cela : c'est que, à la question très étudiée par le passé de la *signification* d'un énoncé, il faut ajouter la question, distincte de la précédente, de savoir quelle est ce qu'on pourrait appeler la *force* d'un énoncé. Nous pourrions très bien savoir ce que signifie « Ferme la porte » sans pour autant savoir si, en plus, énoncé à un certain moment, c'était un ordre, une supplication ou autre chose. Outre la vieille doctrine sur les significations, nous avons besoin d'une nouvelle doctrine portant sur les différentes forces possibles des énoncés – ce que pourrait grandement nous aider à découvrir la liste des verbes performatifs que nous avons proposée –; et à partir de là, d'une enquête sur les différents termes d'évaluation dont nous faisons usage en discutant de tel ou tel acte de parole précis – les ordres, les avertissements, etc.

Nous avons donc étudié les notions suivantes : le performatif, l'infélicité, le performatif explicite et, en dernier lieu et plutôt rapidement, la notion de force de l'énoncé. J'avoue que tout cela peut paraître peu gratifiant et plutôt compliqué. Certes, je suppose que d'un certain point de vue c'est peu gratifiant, et que cela devrait rapporter plus. Cependant, je pense que, si nous sommes attentifs à ces questions, nous pourrons au moins écarter quelques erreurs philosophiques – la philosophie n'étant d'ailleurs qu'un bouc émissaire : elle fait étalage d'erreurs qui sont les erreurs de tout un chacun. Peut-être même pourrons-nous écarter quelques erreurs de grammaire, ce qui est peut-être un peu plus respectable.

Et pour finir, est-ce compliqué ? Oui, c'est un peu compliqué ; mais la vie, la vérité, les choses aussi ont tendance à être compliquées. Ce ne sont pas les choses, mais les philosophes qui sont simples. Je suppose que vous avez entendu dire que la simplification excessive est la maladie professionnelle des philosophes – et on pourrait en un sens être d'accord. Sans pouvoir s'empêcher de soupçonner qu'il s'agit là plutôt de leur profession.

JOHN R. SEARLE

QU'EST-CE QU'UN ACTE DE LANGAGE ?

Présentation, par Bruno Ambroise

Dans ce texte très clair qui reprend les analyses austiniennes pour les modifier, John Searle (1932-) entend formaliser plus avant les actes de langage découverts par Austin en partant ici d'un exemple particulièrement éclairant, le cas de la promesse, dont il va établir l'analogie avec le jeu. Ce faisant, il donne dans ce texte le paradigme de ce qui deviendra l'analyse de la « théorie des actes de langage ».

Si Searle reprend la nomenclature austinienne des actes « illocutoires », il entend donner un rôle beaucoup plus important aux intentions dans la détermination de ceux-ci, contrairement à Austin qui en faisait des réalités essentiellement convention-nelles. Searle juge nécessaire de faire intervenir les intentions comme critère permettant d'opérer la distinction entre les événe-ments naturels et les événements qui ont un sens. L'intentionnel est ainsi le critère du signifiant, car un son a un sens dès lors qu'il est utilisé avec l'intention de signifier quelque chose.

Mais parmi les activités humaines et conventionnelles, il convient de distinguer encore au moins deux types d'activités :

celles qui sont gouvernées par des règles régulatives et celles qui sont gouvernées par des règles constitutives. Les premières préexistent aux règles, pas les secondes. Prenons le cas des manières de table : l'activité consistant à se nourrir existait avant que les règles de politesse ne viennent la régir. Par contre, le football n'existait pas avant que certaines règles, les « règles du jeu », ne viennent établir ce qui consiste à jouer au football. On voit ainsi que certaines règles jouent un rôle définitionnel en créant même l'activité qu'elles évoquent.

Or Searle entend montrer qu'une bonne part de l'activité discursive est déterminée par des règles constitutives et il considère que les règles sémantiques gouvernant les actes linguistiques identifiés par Austin forment un ensemble particulier de ces règles constitutives.

Avant de poursuivre cette caractérisation, il tient à distinguer plusieurs sous-actes dans l'acte linguistique, en établissant des distinctions différentes de celles d'Austin. Pour lui, un acte de langage comprend essentiellement un acte illocutoire (spécifiant ce qu'il fait) et un acte signifiant (spécifiant le « contenu » de l'acte de langage). Cet acte signifiant se décompose lui-même en deux activités, qui, suivant la distinction frégéenne du sens et de la référence, ont pour tâche respective de référer au monde et de prédiquer quelque chose. Cet acte bipartite permet d'établir un contenu propositionnel qui peut s'allier à différents actes illocutoires pour former des actes de langage différents ayant un contenu propositionnel identique (je peux promette de me marier avec toi, mais je peux aussi menacer de me marier avec toi, ou espérer me marier avec toi, etc.).

On obtient donc l'analyse suivante pour tout acte de langage : il est composé d'une valeur illocutoire spécifique (généralement indiquée par un marqueur grammatical, par exemple un verbe) et d'un contenu propositionnel identifiant ce dont il parle.

Offrant une analyse sémantique, Searle considère que c'est la signification des mots qui permet de comprendre l'acte de langage qu'ils servent à faire. Il lui faut donc offrir une analyse de la signification, qu'il emprunte en partie à H.P. Grice. Signifier peut s'analyser comme un processus non-naturel consistant à communiquer de l'information (qui réside généralement dans les croyances du locuteur). Mais je ne communique un contenu au moyen de mots que si j'ai l'*intention* de communiquer ce contenu au moyen de ces mots. Toutefois, une pure analyse intentionnelle est insuffisante, car elle ne rend pas compte du caractère conventionnel de la signification littérale des mots, qui s'impose à tous. En réalité, je ne parviens à communiquer un contenu que si l'interlocuteur est amené à reconnaître mon intention de communiquer ce contenu *en raison* des mots que j'utilise pour le faire, qui ont pour *fonction conventionnelle* de porter ce contenu étant donnée leur signification. En disant par exemple que je promets de faire telle ou telle chose, étant donnée la signification des mots employés, l'interlocuteur comprend mon intention de les employer pour communiquer que je veux promettre de faire telle ou telle chose.

Searle peut alors dégager des règles sémantiques qui forment autant de conditions nécessaires et suffisantes permettant de rendre compte de l'accomplissement des actes de langage au moyen des mots. Ces règles, qu'il dégage à partir d'une analyse de la promesse, sont des types suivants.

1) Des conditions de contenu propositionnel : je dois dire quelque chose à propos de quelque chose et cela doit être compris, pour pouvoir prétendre accomplir un acte de langage.

2) Des conditions (que Searle qualifie de « préparatoires ») qui constituent ce que l'acte est destiné à produire – qui le définissent en quelque sorte, ou font de lui ce qu'il est destiné à accomplir.

3) Des conditions de pertinence, qui déterminent la mise en œuvre de l'acte de langage, puisque je ne peux pas faire n'importe quel acte dans n'importe quelles circonstances.

4) Des conditions de sincérité, qui sont évidentes dans le cas de la promesse, mais que Searle généralise et dont il offre, au contraire d'Austin, une analyse purement intentionnelle.

5) La condition essentielle, qui est en fait une condition d'engagement, encore relative à l'intention du locuteur. En faisant l'acte de langage que j'entends faire, je dois m'engager à respecter tout ce à quoi il m'engage, en en ayant l'intention.

6) Enfin, une condition d'expressivité qui engage le locuteur par la communication et la reconnaissance de toutes les intentions précédentes. Cette condition est nécessaire puisque l'acte de langage intervient au sein de l'échange linguistique et que les intentions qui le sous-tendent doivent être elles-mêmes communiquées à l'interlocuteur pour pouvoir engager le locuteur et ainsi produire des « effets illocutoires ».

Searle offre donc une analyse des actes de langage qui, fondée sur la promesse, semble parfois hypostasier des éléments qu'on pourrait penser propres à cette dernière (la sincérité, l'engagement, etc.) mais qui fournira un cadre d'analyse efficace et fructueux à l'ensemble des actes de langage, en ouvrant la voie à tous les travaux de ce qui deviendra la pragmatique.

QU'EST-CE QU'UN ACTE DE LANGAGE ?[*]

I. Introduction

Dans une situation de discours typique, incluant un locuteur, un auditeur et l'énonciation du locuteur, plusieurs types d'actes sont associés à l'énoncé du locuteur. Typiquement, le locuteur aura bougé sa mâchoire et sa langue, et il aura produit des sons. Par ailleurs, il aura typiquement accompli certains actes appartenant à la classe comprenant le fait d'informer, d'irriter ou d'ennuyer ses auditeurs ; il aura également accompli de manière typique certains actes appartenant à la classe incluant le fait de se référer à Kennedy, Khrouchtchev ou au Pôle Nord, ainsi que certains actes de la classe incluant la réalisation d'assertions, le fait de poser des questions, de donner des ordres, de faire des comptes-rendus, de saluer et d'avertir. Les membres de cette dernière classe sont ce que Austin[a] a appelé des actes illocutoires et c'est à cette dernière classe que je m'intéresserai dans ce texte

---

[*] J.R. Searle, « What is a Speech Act ? », dans M. Black (ed.), *Philosophy in America*, Ithaca, Cornell UP, 1962, p. 221-239, traduction B. Ambroise.

On sait qu'il existe dans la littérature francophone trois façons de rendre « *speech act* » : « acte de langage », « acte de parole », « acte de discours ». Suivant la première traduction de Searle en français et en nous appuyant sur l'objectif théorique de Searle consistant à construire une théorie « sémantique » et non pas « pragmatique » des *speech acts*, nous avons traduit par « acte de langage », qui indique bien que, pour Searle, c'est la langue elle-même qui dispose des ressources pour faire des actes (couplées, chez Searle, à l'intervention d'intentions diverses, et donc à l'intervention de la psychologie du locuteur).

[a]. J.L. Austin, *How to Do Things with Words*, J.O. Urmson et M. Sbisà (eds.), Oxford, Oxford UP, 2e éd. 1976 (1re éd. Oxford, Clarendon Press, 1962), 176 p. [trad. fr. G. Lane, *Quand dire c'est faire*, Paris, Seuil, 1970 ; rééd. 1991, postface F. Récanati].

– aussi aurait-il pu s'intituler « Qu'est-ce qu'un acte illocutoire ? ». Je n'essaie pas de définir l'expression « acte illocutoire », mais si l'analyse que je propose d'un acte illocutoire particulier est réussie, peut-être nous donnera-t-elle une base définitionnelle. Certains verbes et locutions verbales du français associés à des actes illocutoires sont : affirmer, soutenir, décrire, avertir, remarquer, commenter, commander, ordonner, demander, critiquer, s'excuser, blâmer, approuver, souhaiter la bienvenue, promettre, donner son assentiment, et exprimer ses regrets. Austin prétendait qu'il existait plus de mille expressions de ce type en anglais.

En guise d'introduction, je peux peut-être dire pourquoi je pense qu'il est intéressant et important, en philosophie du langage, d'étudier les actes de langage, ou, comme on les appelle parfois, les actes de discours ou les actes linguistiques. Je pense qu'un acte linguistique est impliqué de manière essentielle dans tout exemple de communication linguistique. L'unité de communication n'est pas, comme on l'a généralement supposé, le symbole, le mot ou la phrase, ni même le *token* du symbole, du mot ou de la phrase ; mais c'est plutôt la *production* du *token* dans l'accomplissement de l'acte de langage qui constitue l'unité élémentaire de la communication linguistique. Pour le dire de façon plus précise, la production du *token* de la phrase dans certaines conditions est l'acte illocutoire, et l'acte illocutoire est l'unité minimale de la communication linguistique.

Je ne sais pas comment *prouver* que la communication linguistique implique essentiellement des actes mais je peux penser à des arguments qu'on pourrait essayer d'employer pour convaincre un sceptique. Un argument consisterait à attirer l'attention du sceptique sur le fait que, lorsqu'il prend un son ou une marque écrite comme un cas de communication linguistique, cette appréhension du son ou de la marque implique notamment qu'il considère que celui-ci ou celle-ci a été émise par un être ayant certaines intentions. Il ne peut pas le considérer simplement comme un phénomène naturel tel qu'une pierre, une chute d'eau ou un arbre. Pour la considérer comme un cas de communication linguistique, on doit supposer que cette production est ce que j'appelle un acte de langage. Par exemple, faire l'hypothèse que les marques que nous voyons sur les pierres furent produites par des êtres qui nous ressemblaient plus ou moins et qu'elles furent produites avec certains types d'intentions c'est une présupposition logique de toute tentative de déchiffrage des hyéroglyphes Mayas. Si nous étions certains que les marques étaient une conséquence, disons, de l'érosion, alors la question de les déchiffrer ou même de les appeler des hiéroglyphes ne pourrait pas se poser. Les ranger sous la catégorie de la communication linguistique implique nécessairement d'interpréter leur production comme des actes de langage.

Accomplir des actes illocutoires, c'est s'engager dans une forme de comportement gouvernée par des règles. Je défendrai l'idée que des activités comme le fait de poser des questions ou de faire des assertions sont gouvernées par des règles de manière assez semblable à ces activités où le fait de marquer un point au base-ball, ou de bouger un roi aux échecs, sont des types d'actes gouvernés par des règles. J'entends par conséquent expliquer le concept d'acte illocutoire en établissant un ensemble de conditions nécessaires et suffisantes pour la réalisation d'un type particulier d'acte de langage, et en en extrayant un ensemble de règles sémantiques pour l'usage de l'expression (ou de l'instrument syntaxique) qui marque l'énoncé comme un acte illocutoire de ce type. Si je réussis à établir les conditions et les règles correspondantes, ne serait-ce que pour un seul type d'acte illocutoire, cela nous donnera un schéma d'analyse pour les autres types d'actes – nous permettant en conséquence d'expliquer le concept en général. Mais afin de disposer la scène sur laquelle établir véritablement les conditions et extraire les règles permettant d'accomplir un acte illocutoire, je dois développer trois concepts préliminaires : *règles*, *propositions* et *signification*. J'aimerais restreindre ma discussion de ces concepts aux aspects essentiels pour les objectifs principaux que vise mon texte, mais, même ainsi, pour être complet, ce que je voudrais dire de chacun de ces concepts demanderait en soi un article. Néanmoins, il est parfois important de sacrifier la minutie pour fournir une vue d'ensemble et, par conséquent, je serai bref.

II. Des Règles

Depuis quelques années, on parle énormément en philosophie du langage du concept de règles pour l'usage des expressions. Certains philosophes ont même soutenu que connaître la signification d'un mot revient à connaître les règles de son usage, ou de son emploi. Un trait inquiétant de cette discussion est qu'aucun philosophe, du moins à ma connaissance, n'a jamais donné de formulation un tant soit peu adéquate des règles d'usage, ne serait-ce que d'une seule expression. Si la signification est une question de règles d'usage, nous devrions certainement être capables d'établir les règles d'usage des expressions d'une manière qui expliquerait la signification de ces expressions. D'autres philosophes, peut-être consternés par l'échec de leurs collègues à produire aucune règle, ont nié cette idée à la mode qui voulait que la signification soit une affaire de règles et ont affirmé qu'il n'existait absolument aucune règle sémantique de la sorte supposée. J'ai tendance à penser que ce scepticisme est prématuré et résulte d'une incapacité à distinguer différents types de règles, comme je vais maintenant essayer de l'expliquer.

Je distinguerai deux types de règles : certaines régulent des formes de comportement déjà existantes ; les règles de l'étiquette, par exemple, régulent les relations interpersonnelles, mais ces relations existent indépendamment des règles de l'étiquette. D'autres règles, par contre, ne servent pas simplement à réguler, mais elles créent ou définissent de nouvelles formes de comportement. Les règles du football, par exemple, ne régulent pas seulement le jeu du football, mais, pour ainsi dire, elles créent la possibilité de cette activité, ou elles la définissent. L'activité consistant à jouer au football est constituée par le fait de jouer conformément à ces règles; le football n'existe pas sans ces règles. J'appelle ce dernier type de règles des règles constitutives, et le premier type des règles régulatives. Les règles régulatives doivent réguler une activité pré-existante, une activité dont l'existence est logiquement indépendante de l'existence des règles. Les règles constitutives constituent (et régulent également) une activité dont l'existence est logiquement dépendante des règles [b].

De manière caractéristique, les règles régulatives prennent la forme de formules impératives, ou du moins peuvent en prendre la forme, comme par exemple : « Tiens ton couteau dans la main droite lorsque tu coupes de la viande », ou « Les officiers doivent porter la cravate au dîner ». Certaines règles constitutives prennent une forme assez différente; ainsi, par exemple, il y échec et mat si le roi est attaqué de telle sorte qu'aucun déplacement ne lui est plus permis; un joueur marque un essai s'il traverse la ligne de but en possession du ballon alors que le jeu est engagé. Si les règles régulatives impératives forment nos paradigmes des règles, ces règles constitutives non-impératives risquent de nous surprendre, tant elles sont curieuses et ressemblent à peine à des règles. Remarquons qu'elles ont un caractère presque tautologique,

b. On trouve cette distinction chez Rawls, « Two Concepts of Rules », *Philosophical Review*, 1955, et J.R. Searle, « How to Derive "Ought" from "is" », *Philosophical Review*, 1964.

puisque la « règle » semble offrir une définition partielle de
« l'échec et mat » et de « l'essai ». Mais ce caractère quasi-
tautologique est bien sûr une conséquence nécessaire du fait que
ce sont des règles constitutives : les règles concernant les essais
doivent définir la notion d'« essai » de la même façon que les
règles concernant le football définissent le « football ». Qu'on
puisse par exemple compter un essai de telles et telles façons et
qu'il vaille six points, cela apparaît parfois comme une règle,
parfois comme une vérité analytique ; et le fait qu'on puisse la
construire comme une tautologie est central pour la qualité
constitutive de la règle considérée. Les règles constitutives sont
généralement de la forme : « Faites X » ou « Si Y, alors faites X ».
Plusieurs membres de l'ensemble des règles constitutives sont
de cette forme, mais d'autres sont également de la forme « X vaut
comme Y »[c].

L'incapacité à le saisir est de quelque importance en philosophie. Ainsi, certains philosophes demandent par exemple :
« Comment la promesse peut-elle créer une obligation ? ». Une
question similaire serait : « Comment un essai peut-il valoir
6 points ? ». Or, ces questions étant ce qu'elles sont, on ne peut
y répondre qu'en établissant une règle de la forme « X vaut
comme Y ».

Je suis enclin à penser que l'échec de certains philosophes à
l'égard des règles d'usage des expressions et le scepticisme d'autres
concernant l'existence de ces règles dérivent tous deux en partie
d'une incapacité à voir les distinctions qui existent entre les règles
constitutives et les règles régulatives. Le modèle ou le paradigme
de la règle, pour la plupart des philosophes, est celui d'une règle

c. C'est Max Black qui m'a suggéré pour la première fois d'utiliser la
formulation « X vaut comme Y ».

régulative ; et à chercher de pures règles régulatives en sémantique, on risque de ne rien trouver qui soit digne d'intérêt du point
de vue de l'analyse logique. Il existe sans aucun doute des règles
sociales de la forme « On ne doit pas dire d'obscénités dans les
réunions mondaines », mais cela ressemble difficilement à une
règle d'un type crucial pour l'explication de la sémantique d'un
langage. L'hypothèse qui sous-tend mon texte veut qu'on puisse
voir la sémantique d'un langage comme une série d'un système
de règles constitutives et veut que les actes illocutoires soient
accomplis en conformité avec ces ensembles de règles constitutives. Un des objectifs de ce texte est de formuler un ensemble de
règles constitutives pour un certain type d'acte de langage. Et si
ce que j'ai dit à propos des règles constitutives est correct, nous ne
devrions pas être surpris que toutes ces règles n'aient pas toutes la
forme de règles impératives. Nous verrons en effet que les règles
tombent sous différentes catégories, dont aucune ne ressemble
vraiment aux règles de l'étiquette. On peut également considérer
l'effort pour établir les règles de l'acte illocutoire comme une sorte
de test de l'hypothèse selon laquelle des règles constitutives sous-
tendent les actes de langage. Si nous ne parvenons pas à donner
une formulation satisfaisante des règles, on pourra voir notre
échec comme un désaveu partiel de notre hypothèse.

III. Des propositions

Des actes illocutoires différents partagent souvent certains
traits en commun. Prenez les énonciations des phrases suivantes :

1. John va-t-il sortir de la pièce ?
2. John va sortir de la pièce.
3. John, sors de la pièce !
4. Que John sorte de la pièce.
5. Si John sort de la pièce, je sors aussi.

Les énonciations de chacune de ces phrases en des occasions données correspondraient de manière caractéristique à des réalisations d'actes illocutoires différents. La première serait, de manière typique, une question, la deuxième une assertion portant sur le futur, c'est-à-dire une prédiction, la troisième serait une requête ou un ordre, la quatrième l'expression d'un vœu, et la cinquième l'expression hypothétique d'une intention. Pourtant, en réalisant chacun de ces actes illocutoires, le locuteur réaliserait de manière typique des actes subsidiaires communs aux cinq actes illocutoires. En énonçant chacune de ces phrases, le locuteur *se réfère* à une personne particulière, John, et en *prédique* l'action de sortir de la pièce. Dans aucune, ce n'est tout ce qu'il fait, mais dans chaque cas cela fait partie de ce qu'il fait. Je dirai par conséquent que, dans chacun de ces cas, même si les actes illocutoires sont différents, certains des actes non-illocutoires de référence et de prédication sont identiques.

La référence à une personne, John, et le fait qu'on en prédique la même chose dans tous ces actes illocutoires m'inclinent à dire qu'un même *contenu* leur est commun. Ce qui semble un trait commun à tous est quelque chose qu'on peut exprimer par la phrase propositionnelle [*clause*] « que John va sortir de la pièce ». Sans trop les modifier, nous pouvons ré-écrire chacune de ces phrases de manière à isoler ce trait commun; ainsi : « J'affirme que John va sortir de la pièce », « Je demande si John va sortir de la pièce », etc.

Ne disposant pas d'un meilleur terme, je propose d'appeler ce contenu commun une proposition et je décrirai ce trait des actes illocutoires en disant que dans chaque énonciation des phrases (1) à (5), le locuteur exprime la proposition que John va sortir de la pièce. Notez bien que je ne dis pas que la phrase exprime une proposition – je ne sais pas comment les phrases pourraient accomplir des actes de ce type. Mais je dirai que dans l'énonciation d'une phrase, le locuteur exprime une proposition. Notez également que je fais une distinction entre une proposition et l'affirmation ou l'assertion de cette proposition. La proposition que John va sortir de la pièce est exprimée dans toutes les énonciations des phrases (1) à (5), mais ce n'est que dans l'énonciation de (2) qu'elle est assertée. Une assertion est un acte illocutoire, mais une proposition n'est en rien un acte, même si l'acte d'exprimer la proposition forme partiellement la réalisation de certains actes illocutoires.

Je pourrais résumer tout cela en disant que je fais une distinction entre l'acte illocutoire et le contenu propositionnel de l'acte illocutoire. Bien sûr, tout les actes illocutoires n'ont pas de contenu propositionnel, comme par exemple l'énoncé « Hourra ! » ou « Aïe ». Qu'on la formule d'une manière ou d'une autre, c'est une vieille distinction et elle a été soulignée de façon différente par des auteurs aussi divers que Frege, Sheffer, Lewis, Reichenbach et Hare, pour n'en citer que quelques-uns.

D'un point de vue sémantique, nous pouvons distinguer dans une phrase le marqueur propositionnel et le marqueur de force illocutoire. Cela revient à dire que dans le cas d'un grand nombre de phrases utilisées pour accomplir des actes illocutoires, nous pouvons dire, étant donnés les objectifs de notre analyse, que la phrase est composée de deux parties (pas nécessairement distinctes), l'instrument marqueur de la proposition et l'instrument indiquant la fonction[d]. Le marqueur de fonction montre

---

d. Dans la phrase « Je promets que je viendrai », le marqueur de fonction et l'élément propositionnel sont distincts. Dans la phrase « Je promets de venir », qui signifie la même chose que la première et qui en dérive au moyen de certaines transformations, les deux éléments ne se distinguent pas.

comment l'on doit prendre la proposition ou, pour le dire d'une autre façon, il montre la force illocutoire que l'énoncé doit avoir, c'est-à-dire l'acte illocutoire accompli par le locuteur en énonçant cette phrase. Les marqueurs du français incluent les mots impératifs, l'insistance, l'intonation, la ponctuation, le mode verbal, et finalement un ensemble de verbes qualifiés de performatifs : je peux indiquer le type d'acte que j'accomplis en commençant ma phrase par « Je m'excuse », « Je vous avertis », « J'asserte », etc. Bien souvent, dans les situations de discours ordinaires, le contexte rendra claire la force illocutoire de l'énoncé, sans qu'il soit nécessaire de faire appel au marqueur de fonction correspondant.

Si cette distinction sémantique est d'une quelconque importance, il semble probable qu'elle ait un analogue sur le plan syntaxique – comme tendent à le supposer certains développements récents de la grammaire transformationnelle. Dans le marqueur phrastique qui sous-tend une phrase, on trouve une distinction entre ces éléments qui correspondent au marqueur de fonction et ceux qui correspondent au contenu propositionnel.

La distinction entre un marqueur de fonction et un indicateur propositionnel s'avérera très utile lorsque nous proposerons une analyse de l'acte illocutoire. Puisque la même proposition peut être commune à toutes sortes d'actes illocutoires, nous pouvons isoler notre analyse de la proposition de l'analyse des types d'actes illocutoires. Je pense qu'il existe des règles permettant d'exprimer des propositions, des règles permettant d'accomplir des choses telles que la référence et la prédication, mais que l'on peut étudier ces règles indépendamment des règles permettant d'indiquer une fonction. Dans ce texte, je n'essaierai pas de traiter des règles propositionnelles ; je me concentrerai plutôt sur les règles permettant d'utiliser certains types de marqueurs de fonction.

IV. De la signification

De manière caractéristique, on réalise les actes de langage au moyen de l'énonciation de sons ou de l'écriture de signes. Quelle différence existe-t-il entre le fait d'énoncer simplement des sons, ou d'écrire simplement des signes, et le fait d'accomplir un acte de langage ? Une différence est qu'on dit des sons et des signes faits dans l'accomplissement d'un acte de langage que, typiquement, ils ont une *signification* – une seconde différence, en rapport avec la première, est que, typiquement, il est admis qu'on *signifie* quelque chose par ces sons ou ces signes. Typiquement, lorsqu'on parle, on signifie quelque chose par ce que l'on dit, et on considère que ce que l'on dit – la suite de morphèmes émise – a une signification. On remarque ici une autre rupture dans notre analogie entre l'accomplissement d'un acte de langage et le jeu. On ne dit pas qu'il est caractéristique des pièces d'un jeu comme les échecs qu'elles ont une signification ; qui plus est, lorsqu'on joue un coup dans ce jeu, on ne dit pas qu'il est caractéristique que j'ai signifié quoi que ce soit par ce coup.

Mais en quoi consiste le fait de signifier quelque chose par ce qu'on dit et en quoi consiste le fait d'avoir une signification ? Pour répondre à la première question, je propose d'emprunter des idées de Paul Grice, en les révisant. Dans un texte intitulé « Meaning »[e], Grice propose l'analyse suivante d'un certain sens du concept de « signification ». Dire de *A* qu'il veut dire quelque chose par *x*, c'est dire que «*A* avait l'intention que l'énonciation de X produise un certain effet sur un auditeur qui reconnaît cette intention ». Cela me semble être un bon point de départ pour une analyse de la signification, premièrement parce que cela montre

e. P. Grice, « Meaning », *Philosophical Review*, 66, 1957 ; rééd. dans *Studies in the Ways of Words*, *op. cit.*, p. 213-223.

la relation étroite qu'il y a entre la notion de signification et la notion d'intention et deuxièmement parce que cela capture quelque chose qui est, je crois, essentiel pour parler une langue : en parlant une langue, j'essaie de communiquer des choses à mon interlocuteur en faisant en sorte qu'il reconnaisse mon intention de communiquer ces choses précises. Par exemple, quand je fais une assertion, il est caractéristique que j'essaie de communiquer à mon interlocuteur la vérité d'une proposition et que j'essaie de l'en convaincre ; et les moyens que j'emploie pour le faire consistent à énoncer certains sons, dont j'ai l'intention que l'énonciation produise en lui l'effet désiré lorsqu'il reconnaît mon intention de produire cet effet précis. Je vais illustrer ceci par un exemple. Je pourrais d'un côté essayer de vous convaincre que je suis français en parlant français tout le temps, en m'habillant à la mode française, en faisant montre de beaucoup d'enthousiasme pour De Gaulle et en cultivant des amitiés françaises. Mais d'un autre côté, je peux essayer de vous convaincre que je suis français en vous disant simplement que je suis français. Mais où réside la différence entre ces deux manières d'essayer de vous convaincre que je suis français ? Une différence cruciale repose sur le fait que dans le second cas, j'essaie de faire en sorte que vous croyiez que je suis français en vous amenant à reconnaître que mon intention présumée est de vous amener à le croire. Cela fait partie des choses impliquées dans le fait de vous dire que je suis français. Mais bien sûr, si j'essaie de vous amener à croire que je suis français en accomplissant les actions précédemment décrites, alors votre reconnaissance de mon intention de produire en vous la croyance que je suis français ne fait pas partie des moyens que j'emploie. En fait, dans ce cas, vous vous montreriez plutôt suspicieux, je pense, si vous reconnaissiez mon intention.

Tout aussi valable que soit cette analyse de la signification, elle me semble à certains égards défectueuse. En premier lieu, elle ne parvient pas à distinguer les différents types d'effets – perlocutoires *versus* illocutoires – qu'on peut avoir l'intention de produire chez son interlocuteur ; par ailleurs, elle ne parvient pas à montrer quelle est la relation de ces différents effets avec la notion de signification. Une deuxième déficience est son incapacité à expliquer dans quelle mesure la signification est une question de règles ou de conventions – c'est-à-dire que cette explication de la signification ne montre pas le rapport existant entre le fait qu'on signifie quelque chose en disant quelque chose et ce que signifie vraiment dans la langue ce qui est dit par quelqu'un. Pour illustrer ce point, je voudrais maintenant présenter un contre-exemple à cette analyse de la signification. L'intérêt de ce contre-exemple sera d'illustrer le rapport entre ce qu'un locuteur signifie et ce que signifient les mots qu'il énonce.

Supposons que je sois un soldat américain durant la deuxième guerre mondiale et que je sois capturé par les troupes italiennes. Supposons également que je veuille faire croire à ces soldats que je suis un officier allemand, afin qu'ils me relâchent. Ce que j'aimerais faire, c'est leur dire en allemand ou en italien que je suis un officier Allemand. Mais supposons que je ne connaisse pas suffisamment l'allemand ou l'italien pour le faire. Aussi, j'essaie, pour ainsi dire, de faire un *show* où je récite les quelques mots d'allemand que je connais afin de leur dire que je suis Allemand, espérant qu'ils ne connaissent pas assez l'allemand pour deviner mes plans. Supposons que je ne connaisse qu'une ligne d'allemand, que je me rappelle d'un poème que j'ai dû apprendre en classe d'allemand au Lycée. Dès lors, je m'adresse, moi, captif Américain, aux Italiens avec la phrase suivante : « Kennst du das Land, wo die Zitronen blühen ? ». Décrivons maintenant la situation en termes gricéens. J'ai l'intention de produire chez eux un certain effet, celui de croire que je suis un officier allemand ; et j'ai l'intention de produire cet effet au moyen de leur reconnaissance de mon intention. J'ai l'intention qu'ils doivent penser que ce que j'essaie de leur dire est que je suis un officier allemand. Mais s'ensuit-il que lorsque je dis « Kennst du das Land etc. », ce que je signifie soit « Je suis un officier allemand » ? Non seulement cela ne s'ensuit-il pas, mais en plus, dans ce cas, il est complètement faux que je veuille dire « Je suis un officier allemand » ou même « Ich bin ein deutscher offizer » en énonçant la phrase allemande, puisque les mots signifient « Connaissez-vous le pays où les citronniers fleurissent ? ». Bien sûr, je veux tromper mes gardiens en les amenant à croire que ce que je dis est « Je suis un officier allemand » ; mais fait partie de la tromperie le fait de les amener à croire que c'est ce que veulent dire en allemand les mots que je prononce. Dans un paragraphe des *Recherches philosophiques*, Wittgenstein dit « Dis "Ici, il fait froid" en voulant dire par là "Ici, il fait chaud" » [f]. La raison pour laquelle nous en sommes incapables est que ce que nous pouvons signifier est fonction de ce que nous disons. La signification n'est pas qu'une question d'intention, c'est aussi une question de convention.

On peut réviser l'explication gricéenne de façon à ce qu'elle s'accommode de ce type de contre-exemples. Nous avons là un cas où j'essaie de produire un certain effet en obtenant la reconnaissance de mon intention de produire cet effet, mais l'instrument que j'utilise pour produire cet effet est conventionnellement utilisé, en raison des règles gouvernant l'usage de cet instrument, pour produire des effets illocutoires assez différents. Par conséquent, nous devons reformuler l'explication gricéenne de la signification de manière à rendre évident le fait que signifier quelque

f. L. Wittgenstein, *Philosophical Investigations*, Oxford, Blackwell, 1953, § 510 [trad. fr., *Les recherches philosophiques*, Paris, Gallimard, 2004, p. 201].

chose lorsqu'on dit quelque chose n'est pas une chose liée de manière seulement contingente à ce que signifie la phrase dans la langue utilisée. Dans notre analyse des actes illocutoires, nous devons prendre en compte à la fois les aspects intentionnels et conventionnels, et notamment les relations qu'ils entretiennent entre eux. Dans l'accomplissement d'un acte de langage, le locuteur a l'intention de produire un certain effet en obtenant que l'interlocuteur reconnaisse son intention de produire cet effet. Qui plus est, s'il utilise les mots dans leur sens littéral, il a l'intention que cette reconnaissance soit accomplie en vertu du fait que les règles d'utilisation des expressions qu'il prononce les associent à la production de cet effet. C'est cette *combinaison* d'éléments que nous aurons besoin d'exprimer dans notre analyse de l'acte illocutoire.

V. Comment promettre

Je vais maintenant essayer de proposer une analyse de l'acte de langage de la promesse. Pour cela, je vais me demander quelles sont les conditions nécessaires et suffisantes pour réaliser un acte consistant à promettre en énonçant une phrase donnée. Je vais essayer de répondre à cette question en posant ces conditions comme un ensemble de propositions telles que la conjonction des membres de l'ensemble implique la proposition qu'un locuteur a fait une promesse, et que la proposition que le locuteur a fait une promesse implique cette conjonction. Chaque condition sera ainsi une condition nécessaire pour la performance de l'acte consistant à promettre et l'ensemble des conditions, prises collectivement, sera une condition suffisante pour que l'acte ait été réalisé.

Si nous obtenons un tel ensemble de conditions, nous pouvons en extraire un ensemble de règles pour l'usage du marqueur de fonction. La méthode est ici analogue à la découverte des règles

des échecs, en se demandant quelles sont les conditions nécessaires et suffisantes sous lesquelles on peut considérer qu'on a
correctement bougé un roi, ou encerclé ou fait échec et mat un
joueur, etc. Nous sommes dans la position de quelqu'un qui a
appris à jouer aux échecs sans avoir jamais vu les règles formulées
et qui recherche cette formulation. Nous avons appris comment
jouer le jeu des actes illocutoires, mais on l'a généralement fait
sans aucune formulation explicite des règles – et le premier pas
pour obtenir cette formulation est d'établir les conditions de la
réalisation d'un acte illocutoire particulier. Notre recherche
servira ainsi un double objectif philosophique. En établissant un
ensemble de conditions pour la réalisation d'un acte illocutoire
particulier, nous aurons offert une explication partielle de cette
notion et nous aurons également pavé la voie pour le second pas,
la formulation des règles.

Je trouve que l'établissement de ces conditions est très
difficile à réaliser et je ne suis pas complètement satisfait de la
liste que je vais présenter. Une raison de cette difficulté tient à
ce que le concept de promesse n'a pas, comme la plupart des
concepts du langage ordinaire, de règles absolument strictes. Il
existe toutes sortes de promesses bizarres, déviantes et limites ; et
on peut produire des contre-exemples plus ou moins bizarres
contre mon analyse. Je suis enclin à penser que nous n'obtien-
drons pas un ensemble de conditions suffisantes et nécessaires « à
prix sacrifiés », qui reflèteront exactement l'usage ordinaire du
mot « promesse ». Je vais par conséquent restreindre ma discussion au cœur du concept de promesse et j'ignorerai les cas limites,
marginaux et partiellement défectueux. Je m'en tiendrai également aux cas des promesses pleinement explicites et ne tiendrai
pas compte des promesses accomplies au moyen de tournures
elliptiques, d'allusions, de métaphores, etc.

Une autre difficulté dérive de mon désir d'établir ces conditions en évitant certaines formes de circularité. Je veux donner une liste de conditions pour la réalisation d'un certain acte illocutoire qui ne mentionnent pas elles-mêmes la réalisation d'un acte illocutoire. Je dois satisfaire à cette condition afin de proposer une explication du concept d'acte de langage en général – sinon, je devrais me contenter de montrer la relation existant entre différents actes illocutoires. Toutefois, même si je ne ferai aucune référence à des *actes* illocutoires, certains *concepts* illocutoires apparaîtront dans l'*analysans* tout autant que dans l'*analysandum*. Et je pense que cette forme de circularité est inévitable en raison de la nature même des règles constitutives.

En présentant ces conditions, je vais d'abord analyser le cas de la promesse sincère, puis montrer comment modifier les conditions pour obtenir des promesses insincères. Comme notre recherche est sémantique plutôt que syntaxique, je présumerai simplement l'existence de phrases grammaticalement bien formées.

Étant donné qu'un locuteur *S* énonce une phrase *T* en présence d'un locuteur *H*, alors dans l'énoncé de *T*, *S* promet sincèrement (et de manière non défectueuse) que *p* à *H* si et seulement si :

(1)   *Nous avons des conditions d'entrées et de sorties normales.*

J'utilise les termes d'« entrée » et de « sortie » pour subsumer l'ensemble large et indéfini des conditions sous lesquelles tout type de communication linguistique sérieuse est possible. Les « sorties » recouvrent les conditions pour parler de manière intelligible et les « entrées » recouvrent les conditions de la compréhension. Prises ensembles, elles incluent des choses comme le fait que le locuteur et l'interlocuteur savent tous deux comment parler; le fait qu'ils sont conscients de ce qu'ils font; le fait que le locuteur n'agit pas sous la menace ou la contrainte; le fait qu'ils n'ont pas d'empêchements physiques pour communiquer, comme en ont les muets, les aphasiques ou les malades d'une laryngite ; le fait qu'ils ne jouent pas une pièce de théâtre ou qu'ils ne blaguent pas, etc.

(2)   *S exprime que p en énonçant T.*

Cette condition isole le contenu propositionnel du reste de l'acte de langage et nous permet de nous concentrer sur les particularités propres à la promesse dans la suite de l'analyse.

(3)   *En exprimant que p, S prédique un acte futur A de S.*

Dans le cas de la promesse, le marqueur de fonction est une expression dont l'étendue inclut certains traits de la proposition. Dans une promesse, il faut qu'un acte soit prédiqué du locuteur et cela ne peut être un acte déjà passé. Je ne peux pas promettre d'avoir fait quelque chose et je ne peux pas promettre que quelqu'un d'autre fera quelque chose. (Même si je peux promettre de voir s'il va le faire.) Le concept d'acte, tel que je l'interprète pour mes objectifs immédiats, inclut le fait de se réfréner d'agir, le fait d'accomplir une série d'actes et peut également inclure des états et des conditions : je peux promettre de ne pas faire quelque chose, je peux promettre de faire quelque chose de manière répétée et je peux promettre d'être ou de rester dans un certain état ou une certaine condition. J'appelle les conditions (2) et (3) les *conditions de contenus propositionnels.*

(4)   *H préférerait que S fasse A plutôt qu'il ne le fasse pas et S croit que H préférerait qu'il fasse A plutôt qu'il ne le fasse pas.*

Une distinction cruciale entre, d'un côté, les promesses et, de l'autre, les menaces tient à ce qu'une promesse est un engagement de faire quelque chose pour vous, et non pas un engagement de

vous faire quelque chose ; alors qu'une menace est un engagement à vous faire quelque chose, et non pas un engagement de
faire quelque chose pour vous. Une promesse est défectueuse si la
chose promise est une chose que ne désire pas celui à qui l'on
promet ; elle est encore plus défectueuse si celui qui promet ne
croit pas que celui à qui il promet veut qu'elle soit tenue,
puisqu'une promesse non-défectueuse doit être entendue comme
une promesse et non comme une menace ou un avertissement.
Je crois que les deux moitiés de cette double condition sont
nécessaires pour éviter des contre-exemples massifs assez
évidents.

On peut néanmoins penser à des contre-exemples apparents à
cette condition, telle qu'on l'a établie. Supposez que je dise à un
étudiant paresseux : « Si vous ne rendez pas votre devoir à temps,
je vous promets de vous mettre une mauvaise note ». L'énoncé
est-il une promesse ? J'incline à penser qu'il ne l'est pas. Nous le
décririons plus naturellement comme un avertissement ou éventuellement même comme une menace. Mais pourquoi est-il donc
possible d'utiliser la locution « Je promets » dans un tel cas ? Je
pense que nous l'utilisons ici parce « Je promets » et « Par là, je
promets » sont, dans la langue française, parmi les marqueurs
de fonctions les plus forts qui existent pour l'*engagement*. Pour
cette raison, nous utilisons souvent ces expressions pour réaliser
des actes de langage qui ne sont pas à strictement parler des
promesses, mais dans lesquels nous souhaitons souligner notre
engagement. Pour l'illustrer, prenons un autre contre-exemple
apparent à l'analyse, lequel prend des voies différentes. Parfois,
plus souvent aux États-Unis qu'en Angleterre, je pense, on entend
des gens dire « Je promets » pour faire une assertion emphatique.
Supposons, par exemple, que je vous accuse de m'avoir volé de
l'argent. Je dis : « Vous m'avez volé de l'argent, n'est-ce pas ? ».
Vous répondez : « Non, ce n'est pas moi ; je vous le promets, ce

n'est pas moi». Avez-vous fait une promesse dans ce cas? Je trouve qu'il n'est pas naturel du tout de décrire votre énoncé comme une promesse. Il conviendrait plus de décrire cet énoncé comme un déni emphatique et nous pouvons y expliquer la présence du marqueur de fonction «Je promets» comme dérivant de véritables promesses et servant ici d'expression qui ajoute de l'emphase au déni.

En général, ce qu'établit la condition (4) est que, si une promesse présumée n'a pas de raison d'être défectueuse, la chose promise doit être désirée par l'interlocuteur, estimée par lui comme étant dans son intérêt, ou du moins préférée à son absence, etc. Et le locuteur doit être conscient, ou doit croire, ou savoir que tel est le cas. Il faudrait, je pense, introduire une termi-nologie technique pour donner une formulation plus élégante et plus exacte de cette condition.

> (5)   *Il n'est pas évident à S et H que S ferait A dans le cours ordinaire des évènements.*

Cette condition est un exemple d'une condition générale posée sur plusieurs types différents d'actes illocutoires et selon laquelle l'acte doit avoir une pertinence. Si, par exemple, je demande à quelqu'un de faire quelque chose qu'il est évident qu'il a déjà fait ou qu'il va faire, alors ma demande est sans perti-nence et, à cet égard, est défectueuse. Dans une véritable situation de discours, les interlocuteurs, qui connaissent les règles pour accomplir les actes illocutoires, supposeront que cette condition est satisfaite. Supposons, par exemple, qu'au cours d'un discours public, je dise à un membre du public : «Regarde ici, Smith, fais attention à ce que je dis!». Pour donner un sens à cet énoncé, l'auditoire devra supposer que Smith ne m'écoutait pas ou, du moins, qu'il n'était pas évident qu'il m'écoutait, que la question de savoir s'il m'écoutait a pu se poser d'une certaine façon. Car, s'il n'est pas évident que l'interlocuteur fasse ou s'apprête à faire la chose demandée, c'est une condition pour s'interroger.

Il en va de même avec les promesses. Il est hors de question pour moi de promettre de faire une chose dont il est évident que je vais de toute façon la faire. Si je semble bien faire une telle promesse, la seule façon dont celle-ci peut avoir un sens pour mes interlocuteurs est pour eux de supposer que je crois qu'il n'est pas évident que j'allais faire la chose promise. Un homme marié heureux qui promet à sa femme qu'il ne la quittera pas la semaine prochaine lui procure probablement plus d'anxiété que de réconfort.

Entre parenthèses, je pense que cette condition est un exemple du type de phénomène établi par la loi de Zipf. Je pense qu'opère dans notre langage, comme dans la plupart des formes de comportement humain, un principe de moindre effort – dans ce cas, un principe qui vise à obtenir le maximum d'effet illocutoire avec le minimum d'efforts phonétiques. Et je pense que la condition (5) en est un exemple.

J'appelle les conditions telles que (4) et (5) des *conditions préparatoires*. Elles sont *sine quibus non* d'une promesse heureuse, mais elles n'établissent pas encore la caractéristique essentielle.

(6)   *S entend faire A.*

La distinction la plus importante entre les promesses sincères et insincères tient à ce que dans le cas de la promesse sincère, le locuteur entend réaliser l'acte promis, alors qu'il n'entend pas le faire dans le cas de la promesse insincère. Dans les promesses sincères, le locuteur croit également qu'il lui est possible d'accomplir l'acte (ou de s'empêcher de le faire), mais comme je considère que la proposition qu'il entend le faire implique qu'il pense qu'il est possible de le faire (ou de s'empêcher de le faire),

je ne suis pas en train de poser une condition supplémentaire.
J'appelle cette condition la *condition de sincérité*.

> (7)   *S a l'intention que l'énoncé de T le placera sous l'obligation de faire A.*

La caractéristique essentielle d'une promesse réside en ce
qu'elle consiste à prendre une obligation de réaliser un certain
acte. Je pense que cette condition distingue les promesses (et les
autres membres de la même famille, comme les serments) des
autres types d'actes de langage. Notez que, dans l'établissement
de la condition, nous spécifions seulement l'intention du locuteur ;
d'autres conditions viendront préciser comment cette intention
est réalisée. Il est néanmoins évident que le fait d'avoir cette
intention est une condition nécessaire pour faire une promesse.
Car si un locuteur peut prouver qu'il n'avait pas cette intention
en produisant un énoncé donné, il peut montrer que cet énoncé
n'était pas une promesse. Nous savons par exemple que
Mr. Pickwick ne promit pas de se marier à la femme, parce que
nous savons qu'il n'avait pas l'intention requise.

J'appelle ceci la *condition essentielle*.

> (8)   *S a l'intention que l'énoncé de T entraînera chez H la
> croyance que les conditions (6) et (7) sont satisfaites par la
> reconnaissance de l'intention de produire cette croyance ; et
> il a l'intention que cette reconnaissance s'accomplisse au
> moyen de la reconnaissance que la phrase est convention-
> nellement utilisée pour produire ce type de croyances.*

Cela rend compte de notre analyse gricéenne corrigée de ce
qui consiste pour un locuteur à entendre faire une promesse. Le
locuteur entend produire un certain effet illocutoire en obtenant
que l'interlocuteur reconnaisse son intention de produire cet
effet et il a également l'intention que cette reconnaissance soit
accomplie en vertu du fait que les caractéristiques lexicales et

syntaxiques de l'item énoncé l'associent conventionnellement à la production de cet effet.

À strictement parler, on peut formuler cette condition comme une partie de la condition (1), mais elle a suffisamment d'intérêt philosophique pour mériter d'être établie séparément. Je la trouve problématique pour la raison suivante. Si ma première objection à Grice est véritablement valide, alors on pourrait certainement dire que toutes ces intentions itérées sont superflues et qu'il suffit que le locuteur énonce sérieusement une phrase. La production de tous ces effets n'est qu'une conséquence de la connaissance du locuteur de ce que signifie la phrase, ce qui est pour sa part une conséquence de sa connaissance du langage, qui est supposée dès le début par le locuteur. Je pense que la bonne réponse à cette objection consiste à dire que la condition (8) explique ce qui consiste pour un locuteur à énoncer « sérieusement » une phrase, c'est-à-dire à l'énoncer et à vouloir la dire, mais je ne suis pas sûr ni de la force de l'objection, ni de celle de la réponse.

(9) *Les règles sémantiques du dialecte parlé par S et H sont telles que T est énoncé correctement et sincèrement si et seulement si les conditions (1) et (8) sont réalisées.*

Cette condition entend expliquer que la phrase exprimée est utilisée, en raison des règles sémantiques de ce langage, pour faire une promesse. Si on l'ajoute à la condition (8), elle supprime les contre-exemples du type de ceux du soldat fait prisonnier. Nous verrons bientôt quelle est la formulation exacte de la règle.

Jusqu'ici, nous n'avons étudié que le cas de la promesse sincère. Mais les promesses insincères sont néanmoins des promesses et nous devons maintenant voir comment modifier les conditions pour en rendre compte. En faisant une promesse insincère, le locuteur n'a certainement pas toutes les intentions et croyances qu'il a en faisant une promesse sincère. Il prétend néanmoins les avoir. C'est en effet parce qu'il prétend avoir des intentions et des croyances qu'il n'a pas que nous décrivons son acte comme insincère. Aussi, pour rendre compte de promesses insincères, nous avons seulement besoin de réviser nos conditions pour établir que le locuteur prend la responsabilité d'avoir les croyances et les intentions nécessaires, plutôt que d'établir qu'il les a vraiment. Un indice de ce que le locuteur prend cette responsabilité est le fait qu'il ne peut dire sans absurdité, par exemple, « Je promets de faire A mais je n'ai pas l'intention de le faire ». Dire « Je promets de faire A », c'est prendre la responsabilité d'avoir l'intention de faire A et cette condition est valable, que l'énoncé soit ou non sincère. Pour rendre compte de la possibilité d'une promesse insincère, nous n'avons alors qu'à réviser la condition (6) de telle manière qu'elle établisse non pas que le locuteur entend faire A, mais qu'il prend la responsabilité d'avoir l'intention de faire A. Et pour éviter l'accusation de circularité, je formulerai cette condition ainsi :

> (6*) *S a l'intention que l'énoncé de T le rendra responsable d'avoir l'intention de faire A.*

Ainsi amendée (et avec la disparition du « sincèrement » de notre analysandum et de la condition (9)), notre analyse devient neutre quant à la question de savoir si la promesse est, ou non, sincère.

VI. Règles pour l'usage du marqueur de fonction

Notre prochaine tâche consiste à extraire de notre ensemble de conditions un ensemble de conditions pour l'usage du marqueur de fonction. Il est évident que toutes nos conditions ne sont pas pertinentes pour cette tâche. La condition (1) et les conditions de la forme (8) et (9) s'appliquent généralement à toutes les sortes normales d'actes illocutoires normales et ne sont pas propres à la promesse. On doit trouver des règles du marqueur de la fonction « promesse » qui correspondent aux conditions (2) à (7).

Les règles sémantiques pour l'usage de tout marqueur P de la fonction « promesse » sont :

Règle 1. Il ne faut énoncer P que dans le contexte d'une phrase (ou d'un morceau plus large de discours) dont l'énonciation prédique un certain acte futur A du locuteur S. J'appelle cela la règle du contenu propositionnel. Elle dérive des conditions (2) et (3) qui portaient sur le contenu propositionnel.

Règle 2. Il ne faut énoncer P que si l'interlocuteur H préférerait que S fasse A plutôt qu'il ne le fasse pas. S croit également que H préfère que S fasse A plutôt qu'il ne le fasse pas.

Règle 3. Il ne faut énoncer P que s'il n'est pas évident à S et à H que S fera de toute façon A.

J'appelle les règles (2) et (3) des *règles préparatoires*. Elles dérivent des règles préparatoires (4) et (5).

Règle 4. Il ne faut énoncer P que si S a l'intention de faire A. Je l'appelle la *règle de sincérité*. Elle dérive de la règle de sincérité (6).

Règle 5. L'énonciation de P vaut comme le fait de prendre l'obligation de faire A. Je l'appelle la *règle essentielle*.

Ces règles ont un ordre : les règles (2) à (5) ne s'appliquent que si la règle (1) est satisfaite et la règle (5) ne s'applique que si les règles (2) et (3) sont également satisfaites.

Notez que bien que les règles (1) à (4) prennent la forme de quasi-impératifs, c'est-à-dire qu'elles sont de la forme : n'énoncez P que seulement si x ; la règle (5) est de la forme : l'énonciation de P vaut comme Y. La règle (5) est ainsi du type particulier propre aux systèmes de règles constitutives que j'ai analysés dans la deuxième section.

Notez également que l'analogie plutôt ennuyeuse avec les jeux tient remarquablement bien. Si nous nous demandons sous quelles conditions on peut dire d'un joueur qu'il déplace correctement son roi, nous trouverons des conditions préparatoires, telle celle voulant qu'il faut que ce soit son tour de jouer, aussi bien qu'une condition essentielle établissant la véritable position où l'on peut déplacer le roi. Je pense qu'il existe même une règle de sincérité pour les jeux compétitifs, la règle selon laquelle chaque participant essaie de gagner. Je suggère qu'un participant qui « sabote » le jeu se comporte d'une manière très proche du locuteur qui ment ou fait une fausse promesse. Bien sûr, généralement il n'y a pas de règles de contenu propositionnel pour les jeux, puisque les jeux ne représentent en rien des états de choses.

Si cette analyse devait avoir quelque intérêt général qui aille au-delà du cas de la promesse, alors il semblera que ces distinctions doivent valoir pour d'autres types d'actes de langage – et je pense qu'un peu de réflexion suffira à montrer que c'est le cas. Considérons par exemple le fait de donner un ordre. La condition préparatoire inclut le fait que le locuteur doive être dans une position d'autorité par rapport à l'interlocuteur; la condition de sincérité veut que le locuteur souhaite que l'acte ordonné soit fait; la condition essentielle a à voir avec le fait que l'énoncé est un essai pour que l'interlocuteur le fasse. Pour les assertions, les conditions préparatoires incluent le fait que le locuteur doit avoir des bases lui permettant de supposer que son assertion est vraie; la condition de sincérité est qu'il doive la croire vraie; la condition essentielle est en rapport avec le fait que l'énoncé est un essai pour en informer l'interlocuteur et le convaincre de sa vérité. Les salutations forment un type d'acte de langage plus simple, mais s'appliquent également à elles un certain nombre de nos distinctions. Dans « Bonjour », il n'y a pas de contenu propositionnel, ni de condition de sincérité. La condition préparatoire veut que le locuteur vienne de rencontrer l'interlocuteur et la règle essentielle est que l'énoncé indique une reconnaissance courtoise de la part du locuteur.

Une proposition de recherche ultérieure est d'étendre cette analyse à d'autres types d'actes de langage. Cela ne nous donnerait pas seulement une analyse de concepts intéressants en eux-mêmes, mais la comparaison des différentes analyses rendrait plus profonde notre compréhension de la question dans sa globalité et, soit dit en passant, fournirait la base d'une taxonomie plus sérieuse que n'importe laquelle des divisions faciles entre les catégories telles que l'évaluatif et le descriptif, ou le cognitif et l'émotif.

HERBERT PAUL GRICE

RETOUR SUR LA SIGNIFICATION

Présentation, par Fabrice Pataut

L'héritage de Grice est considérable[1]. Pour ce qui concerne l'étude de la notion de signification, qui seule nous intéresse ici, nous devons faire état de trois directions : la sémantique fondée sur les intentions et autres attitudes propositionnelles[2], la théorie de la communication humaine et la pragmatique[3] et, enfin, la théorie des implicatures au secours de la logique classique[4].

---

1. Voir A. Avramides, *Meaning and Mind – An Examination of a Gricean Account of Language*, Cambridge (Mass.), The MIT Press, 1989; G. Cosenza, *Paul Grice's Heritage*, Turnhout, Brepols, 2001; R.E. Grandy et R. Warner, « Paul Grice », *Stanford Encyclopedia of Philosophy*, 2006, http://plato.stanford.edu/entries/grice.

2. S. Schiffer, *Meaning*, with the Introduction to paperback edition, Oxford, Oxford UP-Clarendon Press, 1972, rééd. 1988; B. Loar, *Mind and Meaning*, Cambridge, Cambridge UP, 1982.

3. D. Sperber et D. Wilson, *La pertinence – communication et cognition*, trad. fr. A. Gerschenfeld et D. Sperber, Paris, Minuit, 1989.

4. Pour un compte rendu critique, voir S. Soames, *Philosophical Analysis in the Twentieth Century*, vol. 2, *The Age of Meaning*, Princeton (N.J.), Princeton UP, 2003.

L'article novateur « Meaning » paraît en 1957[1]. Les premières étapes de sa rédaction remontent à 1948, le texte fait onze pages et son influence est incontestable. Dans cet article, Grice propose d'analyser la signification intemporelle des phrases-types d'une langue naturelle en termes de la signification occasionnelle de leurs exemplaires particuliers (de leur « tokens »). La signification des élocutions est à son tour analysée en termes des intentions manifestées par les interlocuteurs à l'occasion de la production de ces énoncés, dans des situations conversationnelles appropriées. Cette idée originelle et ce cadre d'analyse ont été raffinés par Grice à l'occasion de trois articles subséquents, notamment pour répondre à des objections, publiées ou non[2]. Le dernier de cette série est le « Meaning Revisited » ici traduit[3].

Dans ce dernier article consacré aux questions et aux distinctions originelles de « Meaning », Grice est amené à esquisser une théorie informelle de la rationalité que nous pouvons présenter succinctement comme suit.

Considérons les relations triangulaires entre la réalité, les croyances et le langage. Les correspondances psychologiques entre nos croyances et la réalité sont favorisées par l'expérience

1. « Meaning », *Philosophical Review*, vol. 66, 1957, p. 377-388, rééd. dans Grice, *Studies in the Way of Words*, Cambridge (Mass.), Harvard UP, 1989, chap. 14, p. 213-223.

2. Notamment de P.F. Strawson, « Intention and Convention in Speech Acts », *Philosophical Review*, 73/4, 1964, p. 439-460, rééd. dans P.F. Strawson, *Logico-linguistic Papers*, *op. cit.*, p. 149-169.

3. Pour les deux autres, voir H.P. Grice, « Utterer's Meaning, Sentence-Meaning, and Word-Meaning », *Foundations of Language*, vol. 4, August 1968, p. 225-242, rééd. dans Grice, *Studies in the Way of Words*, Cambridge (Mass.), Harvard UP, 1989, chap. 6, p. 117-137 et « Utterer's Meaning and Intentions », *Philosophical Review*, vol. 78, 1969, p. 147-177, rééd. dans Grice, *Studies in the Way of Words*, Cambridge (Mass.), Harvard UP, 1989, chap. 5, p. 86-116.

et la connaissance commune que nous acquérons petit à petit, à l'aide de correspondances d'un deuxième genre, les correspondances psycho-linguistiques entre nos échanges verbaux et ce que nous croyons, à la fois individuellement et collectivement. Ces correspondances répétées entre pensée et langage assurent la transmission de nos états psychologiques comme les intentions et les croyances. Être rationnel, c'est être capable d'estimer que les correspondances psychologiques sont utiles et que les séquences ordonnées du genre <état ψ^1 du locuteur A, élocution, état ψ^2 du locuteur B> sont désirables. Les liens entre les deux types de correspondances sont réglés de manière que les deuxièmes sont avantageuses seulement au cas où nos croyances, liées à la réalité par le premier genre de correspondance, sont, dans l'ensemble, vraies.

La notion de vérité défendue par Grice en cette instance est un mélange de vérité-correspondance et de vérité au sens pragmatique de la maximisation de l'utilité : elle sert à généraliser sur le domaine des correspondances psychologiques effectives ou réussies. En un sens, Grice propose une réfutation indirecte et pragmatique du scepticisme qui repose sur une analyse de la signification non-naturelle, symbolique ou linguistique, en termes d'intentions et autres attitudes propositionnelles afférentes. Le mauvais fonctionnement systématique des correspondances psychologiques est inconcevable. La grande majorité des transferts psycho-linguistiques sont des transferts d'états qui, *ceteris paribus*, correspondent avec le monde.

Grice propose en dernière instance une analyse de la signification en termes d'activité rationnelle dirigée vers un but, c'est-à-dire en termes d'*activité de communication visant à produire des effets de compréhension chez le locuteur*. Une bonne analyse de la signification des phrases-types et des élocutions occasionnelles particulières doit spécifier ce qu'il est optimal pour les locuteurs de *faire* avec ces élocutions, et quelles attitudes propositionnelles enchâssées il est optimal, pour eux, d'avoir ou d'acquérir. L'analyse doit spécifier l'état optimal que les locuteurs devraient réaliser s'il leur était possible d'être le plus performants possible au vu de leurs buts communicationnels. La sub-optimalité des agents dans le monde réel ne doit pourtant pas nous gêner : leur compréhension mutuelle à l'aide de dispositifs de communication syntaxiquement structurés n'implique pas nécessairement la mise en route de processus inférentiels conscients.

Même si le jugement d'un récepteur concernant l'acte de langage de son interlocuteur n'a pas réellement (ou psychologiquement) pour objet un ensemble complexe d'intentions et de méta-intentions enchâssées, il reste possible d'envisager l'*explication* de la signification des phrases-types en termes de telles intentions. (Un exemple typique en cette instance est celui de l'intention que certaines intentions soient reconnues comme faisant l'objet d'une connaissance commune.) Expliquer la signification revient à effectuer un remplacement, mais cela n'implique nullement que nous devions, à cause de cela et par ce simple fait, obtenir quelque chose qui soit interchangeable dans *tous* les contextes psychologiques avec ce qui a été pourvu d'une explication. Que l'*explicans* et l'*explicandum* n'aient pas de rôles fonctionnels ou conceptuels équivalents ne milite nullement contre le genre d'analyse conceptuelle défendue ici par Grice, dans ce troisième volet de son œuvre directement consacrée à la notion de *meaning*.

Note sur la traduction

J'ai traduit *item* par *chose*, *to explicate* par *expliquer*, *performance* par *prestation* et *view* par *conception*. Conformément à l'usage, j'ai traduit *speaker's meaning* et *meaning in a language*, respectivement par *signification du locuteur* et *signification dans un langage*, et *utterance* par *élocution*. *Specify* est traduit tantôt par *spécifier*, tantôt par *expliciter*. Je me suis attaché en règle générale à rendre le ton informel, direct et familier de Grice, plutôt que de chercher à tout prix des mots français distincts pour *item*, *thing* et *object*, ou pour *to refer* et *to make reference to*. Ces distinctions auraient alourdi le texte et compliqué inutilement la lecture.

RETOUR SUR LA SIGNIFICATION [*]

Je vais traiter de manière informelle des thèmes liés à la signification. Plutôt que d'essayer de dire quelque chose de particulièrement nouveau, j'ai en tête de faire pour ainsi dire converger quelques unes des idées que j'ai pu avoir à des moments différents, de manière qu'un sens puisse se dégager, concernant non seulement le genre de conception de la nature de la signification que je suis, ou étais, enclin à défendre, mais également les raisons pour lesquelles il devrait être rétrospectivement plausible de l'accepter. Lorsque je dis « rétrospectivement plausible », je veux dire plausible pour des raisons différentes de celles qui font que la conception en question offre l'espoir de traiter les données intuitives : les faits concernant notre usage du mot « signification », et ainsi de suite. Je vais donc creuser un peu l'arrière-plan de l'étude de la signification et autour de ses racines dans des domaines comme la psychologie

[*] H.P. Grice, « Meaning Revisited », dans *Mutual Knowledge*, N.V. Smith (ed.), New York, Academic Press, 1982, rééd. dans *Studies in the Way of Words*, Cambridge (Mass.), Harvard UP, 1989, chap. 18, p. 283-303, traduction F. Pataut.

philosophique, sans trop aller, j'espère, dans toute la complexité des détails.

Le thème principal concernera la relation entre la signification du locuteur et la signification dans un langage, ou encore la signification des mots, la signification des phrases, la signification des expressions, etc. Au cours de cette présentation, je me rapporterai grosso modo aux définitions et aux analyses que j'ai précédemment proposées. Je ne garantis pas que celles que je vais utiliser seront exactement les mêmes, mais cela ne m'inquiète pas. Je ne m'occupe pas ici des détails. Il me semble qu'en ce qui concerne la possibilité d'utiliser la notion d'intention de manière enchâssée [nested] pour expliquer la notion de signification, il y a une grande variété d'analyses plausibles, ou en tous les cas pas trop invraisemblables, qui diffèrent plus ou moins dans les détails ; et je ne vais pas vraiment essayer de me prononcer maintenant en faveur de l'une ou l'autre de ces différentes versions.

L'essai se présentera en trois sections. Dans la première, je tenterai d'esquisser trois genres de correspondances que nous pourrions être justifiés à rechercher, et même à exiger, lorsque nous réfléchissons sur les thèmes de la pensée, du monde et du langage. J'espère que cela fournira une sorte de cadre pour exposer les conceptions de la signification ; cela donnera peut-être même une impulsion en faveur de telle ou telle conception. Dans la seconde section, où il sera à nouveau question de faire converger différentes choses dans un cadre plus englobant, je proposerai une discussion de ce que j'ai appelé par le passé la distinction entre la signification naturelle et la signification non-naturelle. Et là, je ne m'intéresserai pas tant à l'existence de cette distinction – qui s'est transformée entre temps en terrain d'entente passablement ennuyeux (ou en connaissance commune) – qu'à la relation entre les deux notions, aux connections plutôt qu'aux dissemblances. J'annoncerai le contenu de la troisième section au moment où je l'aborderai ; gardons-le par-devers nous en attendant comme un paquet surprise.

1. Langage, pensée et réalité

La première des trois correspondances que nous pourrions nous attendre à découvrir lorsque nous envisageons en termes très larges les relations entre la réalité, la pensée et le langage, ou tout autre dispositif de communication, est une correspondance entre la pensée et la réalité ; ce que j'appellerai, pour faire bref, la correspondance psychologique. Cela se rapporte de manière évidente à l'idée générale de vérité, lorsqu'on l'applique aux croyances ou aux notions analogues qui décrivent des états physiques. Ce que je veux faire valoir n'est pas tant qu'*il y a* de telles correspondances, ou qu'il est intuitivement plausible de penser qu'il y en ait, mais plutôt que leur présence est *requise*, ou *désirable*, si nous regardons la manière dont les êtres humains et d'autres créatures douées de sensations s'en sortent et restent en vie, et font même éventuellement des choses plus ambitieuses. Cela conduit à une conception, que j'ai adoptée depuis un certain temps, selon laquelle une batterie de concepts psychologiques auxquels nous avons recours, aussi bien pour nous-mêmes que pour ce que l'on pourrait considérer comme des créatures infé-rieures, a pour fonction de fournir une passerelle explicative entre l'apparence d'une créature dans un certain genre de situation physique et le fait qu'elle s'engage dans certains genres de comportements.

Supposons par exemple que nous ayons une créature C qui se trouve en présence d'un certain objet, disons un morceau de fromage, et une situation dans laquelle la créature mange l'objet. Dans certaines circonstances, nous pourrions vouloir recourir aux thèses d'une théorie psychologique pour expliquer la transition entre le fait que la créature se trouve en présence de l'objet et le fait qu'elle le mange. Le « travail de liaison » [« *bridgework* »] qui serait réalisé en ces termes peut être exposé d'une manière plutôt schématique et peu réaliste, ce qui, une fois de plus, ne me pose pas de problème particulier dans la mesure où je n'essaie pas de produire une explication en bonne et due forme, mais seulement une première ébauche de ce qui pourrait être le modèle d'une telle explication.

Pour commencer, supposons que la créature croie (ou pense, si elle n'est pas assez évoluée pour avoir des croyances) que l'objet est un morceau de fromage, et qu'elle croie également que l'objet est tout près. Deuxièmement, supposons que la créature croie, ou pense, que le fromage est quelque chose qui se mange; troisièmement, que la créature a faim, qu'elle veut manger. Comme il se doit, tout cela semble relativement peu excitant. Alors, en vertu de ce que je considérerai comme une loi psychologique vulgaire et vernaculaire, dont l'application constitue notre raison pour introduire les concepts de croyance et de volonté, nous obtenons notre première loi psychologique pour la créature, ou le genre de créature en question. Cette loi dit que pour tout objet X, pour toute caractéristique F et pour toute activité ou tout genre de comportement A, si la créature C croit que l'objet X possède la caractéristique F et se trouve également tout près, ou bien à une distance qui permet de l'atteindre, et que les choses du type F conviennent à l'activité A, alors la créature est en besoin de A relativement à l'objet X. Autrement dit, la loi attèle l'objet au genre d'activité.

En appliquant la loi aux trois prémisses initiales données plus haut, nous rejoignons un autre niveau, celui où la créature C veut manger l'objet X, c'est-à-dire le morceau de fromage. Nous pourrions alors invoquer une deuxième loi psychologique pour cette créature, cette fois-ci une loi psycho-physique, selon laquelle pour tout genre d'activité A, si une créature C est en besoin de A relativement à un objet particulier X, alors la créature C produit effectivement l'activité A relativement à X, si aucune manière quelconque de l'en empêcher, dont nous pourrions ou non dresser la liste, ne se présente. Avec l'application de la seconde loi, nous arrivons à notre étape finale, où la créature C mange l'objet X. Nous avons maintenant notre explication, un pont entre la situation initiale où la créature est en présence d'un morceau de fromage et le comportement final par lequel la créature le mange.

Les lois dont je viens de faire état sont des lois vulgaires. Le genre de théorie dans laquelle je les vois figurer ne serait pas celui de théories psychologiques spécialisées ou formalisées, à supposer que de telles choses existent. Il se peut que je ne sois pas très à l'aise avec l'idée qu'on leur applique le mot « théorie ». Il s'agirait plutôt du genre de système approximatif avec lequel nous fonctionnons tous, et nous devons considérer les lois qu'il contient comme des lois modifiables, corrigibles, et *ceteris paribus* de par leur nature.

Or, si certaines correspondances psychologiques font défaut, la créature C peut être déçue. Par exemple, si C croit *à tort* que l'objet en face d'elle est un morceau de fromage, ou considère *à tort* que le fromage est, de son point de vue, quelque chose qui se mange, alors, au minimum, il se peut que C soit victime d'une indigestion une fois l'objet consommé. Pour cette raison, les correspondances psycho-physiques sont nécessaires (les choses telles que les croyances doivent être vraies, et ainsi de suite) pour que la mise en place des mécanismes psychologiques que j'ai esquissés soit *favorable* à la créature en cause.

De même, si le désir de la créature de manger l'objet n'est pas satisfait pour une raison ou une autre, la créature a toujours faim. Là encore, nous avons besoin de certains genres de correspondances entre les désirs, les besoins, les états volontaires et ainsi de suite, et la réalité, qui soient parallèles à celles qui relient les croyances à la même réalité. Les désirs, etc. ..., doivent correspondre à la réalité pour être satisfaits, c'est-à-dire pour que le mécanisme psychologique fonctionne d'une manière qui soit bénéfique.

En dernier lieu, si C est une créature rationnelle ou capable de réfléchir (ce que je n'ai pas supposé jusqu'ici), elle peut reconnaître le genre de faits qui la concernent et que j'ai brièvement décrits. Elle peut reconnaître que des correspondances entre les états psychologiques et le monde sont en général requises pour que les mécanismes psychologiques soient utiles. Elle peut également ment reconnaître que, si cette clause restrictive de correspondance est satisfaite, le mécanisme psychologique contribue à la survie, ou à l'atteinte d'autres de ses objectifs. Si elle reconnaît tout cela, alors il est probable qu'elle pensera elle-même à de telles correspondances comme étant, de son propre point de vue, des choses désirables à avoir sous la main. C'est-à-dire que, non seulement les correspondances *seront* désirables, mais C les considérera comme telles.

Nous avons donc en premier lieu les correspondances psychologiques, et il semble qu'elles soient le genre de choses que nous voudrions avoir. Mais il y a également d'autres correspondances. Il y a pour ainsi dire un triangle constitué par la réalité, la pensée et le langage, ou d'autres dispositifs de communication ; et nous avons maintenant, je l'espère, un premier accrochage de la pensée à la réalité. Je pense néanmoins qu'il existe également un accrochage d'un genre différent, qui serait également désirable, entre la pensée et les dispositifs de communication. Cela impliquerait de nouveau des correspondances d'un genre relativement simple et trivial, que nous pourrions concevoir dans les termes suivants.

Premièrement, le fonctionnement de créatures telles que celles dont j'ai parlé, sera soutenu et favorisé, au moins dans certaines circonstances, s'il existe ce que nous pourrions concevoir comme une expérience commune. En particulier, il serait avantageux que des états psychologiques initialement affectés à une créature puissent être transmis ou transférés à une autre, ou reproduits dans une autre (un processus que nous pourrions appeler une transmission-ψ). Il est évident que la production de dispositifs de communication est une ressource qui aidera à effectuer de tels transferts.

Si nous acceptons cette idée, nous pourrions également accepter sans difficulté que, pour que le processus soit intelligible, pour que nous puissions le comprendre, il faudra qu'il y ait des correspondances entre, d'une part, des dispositifs de communication ou des élocutions particulières et, d'autre part, des états psychologiques. Ces correspondances peuvent être établies soit directement, soit (et c'est plus probable) indirectement, à travers les *types* auxquels appartiennent les élocutions particulières : les phrases dont les élocutions particulières sont des élocutions, les gestes-types dont les gestes particuliers sont des productions, et ainsi de suite. Qu'elle soit directe ou indirecte, la correspondance serait établie entre, d'une part, les élocutions ou les élocutions-types, et, d'autre part, les *types* d'états psychologiques ; et ceux-ci incluraient, par exemple, les croyances-types auxquelles appartiennent les croyances de telle ou telle personne : non pas la croyance *de Jones* que ceci ou cela, mais *une* croyance que ceci ou cela.

Si ces correspondances existent entre, d'une part, les élocutions ou les élocutions-types et, d'autre part, les types psychologiques, nous pouvons dire qu'il est en général *désirable*, sous certaines conditions, qu'il y ait des occurrences de séquences du genre suivant dans la vie commune ou sociale des créatures de l'espèce en question : dans certaines circonstances, un certain genre d'état psychologique-ψ^1 est suivi d'une certaine élocution U, faite dans certaines circonstances qui, à son tour, si les circonstances sont appropriées, est suivie d'une instance particulière d'un nouvel état psychologique-ψ^2, un état qui est présent, non plus dans la créature qui communique, mais dans celle avec laquelle on communique. Et il se peut qu'il soit désirable pour ψ^1 et ψ^2 d'être des états du même genre, plutôt que des états d'un genre différent, de sorte que lorsque ces séquences ψ^1, U, ψ^2, se présentent, elles impliquent des élocutions et des états psychologiques entre lesquels ces correspondances psycho-linguistiques sont établies.

Il se peut bien évidemment qu'il y ait des transferts en l'absence de telles correspondances. Il se peut qu'une créature choisisse la mauvaise élocution pour exprimer son état psychologique, auquel cas l'élocution manquera probablement son but, et l'état psychologique induit dans la seconde créature ne sera pas le même que celui de la première. Il se peut au contraire que la première créature s'y prenne correctement, mais que la seconde comprenne en quelque sorte incorrectement le dispositif qui a été produit, et choisisse du coup la mauvaise croyance ou le mauvais désir, ne correspondant pas à l'élocution produite par la première créature.

La condition générale, ou en tous les cas la condition générale la plus remarquable pour que les transferts de ce genre soient désirables et avantageux, est liée à la réalisation du premier genre de correspondance. Autrement dit, si tous ces transferts impliquaient la transmission de croyances erronées, il n'est pas certain que nous considérerions ce mécanisme de communication comme avantageux, même si les correspondances psycho-linguistiques appropriées étaient réalisées. Je pense qu'il est en un sens tout à fait inconcevable que tous les transferts impliquent des croyances erronées, même si nous pouvons envisager avec attention une telle situation. Une condition générale serait donc que les transferts entre les âmes, si nous pouvons nous exprimer ainsi, sont avantageux seulement au cas où les états transmis correspondent avec le monde.

Il semble que nous soyons maintenant arrivés au point où nous avons présenté dans ses grandes lignes, d'une manière en quelque sorte générale et plus ou moins théologique, un prototype approximatif d'une notion de vérité dans son application aux croyances et aux choses de ce genre. Cela nous donnerait le premier genre de correspondance. Avec le deuxième genre de correspondance, nous avons au moins un candidat prometteur au rôle de prototype approximatif de la notion de signification, car il semble qu'il ne soit pas invraisemblable de suggérer qu'expliquer à quel type d'état psychologique une élocution particulière ou une élocution-type correspond, de manière que les transferts de ce genre soient un aspect caractéristique de la vie des créatures, constituerait une première approximation de l'analyse de la signification des élocutions ou des élocutions-types en question. Nous avons donc raccordés les trois coins du triangle. Le coin numéro un, la réalité, a été raccordé au coin numéro deux, la pensée. Puis nous avons raccordé la pensée, le coin numéro deux, au langage ou aux dispositifs de communication, le coin numéro trois. Cela nous donne évidemment un lien indirect entre le coin numéro trois, les élocutions ou les phrases, et le coin numéro un, la réalité, par l'intermédiaire des croyances ou d'autres états psychologiques auxquels elles sont elles-mêmes reliées. Mais il vaut peut-être également la peine de nous demander si, en plus d'un tel lien indirect entre le langage et la réalité, qui passe par la médiation des états psychologiques, nous ne pourrions pas argumenter qu'il peut exister un lien direct : une voie directe entre le langage et la réalité, aussi bien qu'une voie directe jusqu'à la pensée. Et je pense qu'il est au moins possible d'argumenter qu'il en existe un, bien qu'il s'agisse d'un lien qu'il nous faut évidemment concilier avec ceux qui ont déjà été introduits.

Si je pose la question « Quelles sont les conditions auxquelles une croyance précise (par exemple une croyance que la neige est blanche) correspond au monde ? », je peux sans grande difficulté donner des réponses pour des cas individuels. Par exemple, je peux dire que la croyance que la neige est blanche correspondra au monde seulement au cas où la neige est blanche, et je peux dire que la croyance que le fromage est bleu correspondra au monde seulement au cas où le fromage est bleu ; et vous êtes à même de voir à quelle routine monotone je m'en remets dans ces cas particuliers. Les philosophes ont néanmoins remarqué que nous rencontrons des difficultés lorsque nous voulons généraliser explicitement à partir des morceaux individuels de communication dont j'ai débité quelques exemples. C'est parce que généraliser à partir de ces cas reviendrait probablement à passer sous silence la référence aux objets particuliers et aux croyances particulières, et à énoncer en général ce que sont les conditions pour que les croyances correspondent aux objets. C'est-à-dire qu'une condition générale de correspondance entre les croyances et le monde devrait commencer de la manière suivante : « Pour chaque chose crue par quelqu'un, cette chose correspond au monde si... ». Mais comment continuer ? Avec les cas particuliers, j'avais une phrase que j'avais citée, ou bien à laquelle je m'étais référée dans l'antécédent, du côté gauche, et que j'exhibais ensuite du côté droit. Mais puisque j'ai éliminé toute référence aux croyances ou aux phrases particulières, je n'ai plus de phrase disponible pour compléter la condition générale.

Il semble que je veuille dire quelque chose comme « Pour n'importe quelle chose P, si quelqu'un croit que P, alors la croyance d'une certaine personne que P correspond avec le monde seulement au cas où P ». Malheureusement, cela engendre des difficultés parce que, conformément à l'analyse ordinaire de la quantification, je suis en train de parler de choses ou d'objets. Je ferais donc aussi bien d'utiliser la lettre x, caractéristique des objets, et de dire : « Pour n'importe quelle chose x, si x est crue, alors x correspond au monde seulement au cas où x ». Mais il semble que cela revienne plutôt à produire la généralisation selon laquelle, si n'importe quel objet x est un cochon, alors x ; et cela ne constitue pas une forme intelligible d'énoncé parce que « x » n'est pas une variable à laquelle nous pouvons substituer des phrases. Il semble en réalité que nous ayons oublié quelque chose en chemin et que nous n'ayons pas de spécification des conditions de vérité qui soit intelligible. Qui plus est, il est difficile d'y remédier, parce qu'à moins d'affronter les affres inhérentes au fait que nous envisageons les propositions ou les expressions propositionnelles, tantôt comme s'apparentant aux noms (sous la forme de subordonnées introduites par *que*), tantôt comme s'apparentant aux phrases (en détachant le mot « que » de ces subordonnées), et que nous glissons d'une conception à l'autre, il est difficile de savoir ce qu'il faut faire.

Il semble que, pour éviter cette difficulté, si je veux obtenir une généralisation de l'idée de correspondances entre les états psychologiques et le monde – généralisation que j'ai déjà en un certain sens obtenue –, il se pourrait bien que je doive recourir à une forme du genre suivant : « Si une certaine phrase S est l'expression d'une certaine croyance particulière, alors la croyance qu'exprime la phrase S correspond au monde seulement au cas où S est vraie ». C'est-à-dire que pour pallier cette difficulté concernant la généralisation, je fais maintenant entrer en jeu une notion de vérité dans son application aux phrases, et je fais cela de manière à disposer d'un moyen d'énoncer de manière générale les conditions auxquelles les croyances correspondent au monde. Donc, en essayant de sauvegarder la caractérisation de ce que c'est pour des croyances que de correspondre au monde, j'ai introduit une autre correspondance, une correspondance entre les élocutions ou les phrases, et le monde, indiquée par l'apparition du mot « vrai ».

Tout se passe comme si, pour réussir à caractériser le premier genre de correspondance entre les croyances et le monde, nous devions recourir à un genre parallèle de correspondance entre les élocutions, ou les phrases, et le monde. Il s'ensuit que ces dernières seraient non seulement possibles, mais en réalité nécessaires si nous devons être capables d'énoncer en toute généralité que les correspondances du genre psycho-physique sont effectivement réalisées.

Néanmoins, bien que, comme je l'ai indiqué, elles puissent être requises pour les besoins de la présentation, il se peut également que, pour montrer que les correspondances entre les phrases et le monde sont désirables, non seulement pour les besoins de l'exposé théorique, mais du point de vue des créatures qui opèrent avec de telles élocutions ou de telles élocutions-types, nous devions continuer à faire appel aux états psychologiques lorsque nous spécifions les conditions de pertinence, de désirabilité, ou à vrai dire n'importe quelles autres conditions. C'est-à-dire qu'il se peut que nous soyons parfaitement capables de formuler ou de caractériser une notion de correspondance directe entre les élocutions et le monde – et cela pourrait avoir une certaine justification téléologique limitée, notamment parce qu'il faut procéder ainsi pour fournir un moyen général d'exprimer les conditions pour d'autres types de correspondance –, mais que, si nous voulons fournir une justification téléologique plus générale, il faille nous référer aux croyances et à d'autres états psychologiques. Autrement dit, il se pourrait que nous devions nous servir des trois coins, le coin manquant inclus, pour obtenir une justification plus générale de l'idée de vérité dans son application aux phrases.

2. Signification naturelle et non-naturelle

Voilà que j'ai pour ainsi dire introduit en contrebande une sorte de version préliminaire du genre de conception de la signification que j'ai déclaré publiquement avoir soutenue; avec cette réserve que j'ai également introduit en contrebande des versions du genre de conceptions que d'autres ont également adoptées. Si vous le voulez bien, je vais maintenant essayer de continuer à présenter des arguments, de manière à défendre mon genre de conception par opposition à certaines autres.

Je pense qu'il ne sera pas trop controversé de dire qu'il y a une distinction raisonnablement claire et intuitive entre les cas où le mot « signifier » possède ce qu'on pourrait concevoir comme un sens naturel, un sens où ce que quelque chose signifie est étroitement lié à l'idée de ce dont cette chose est un signe naturel (comme dans « Les nuages noirs signifient la pluie »), et ceux où le mot possède ce que j'appelle un sens non-naturel, par exemple dans des contextes comme « Sa remarque signifiait telle ou telle chose », « Son geste signifiait qu'il en avait assez », et ainsi de suite (voir l'essai n° 14[1]).

J'ai proposé quelques tests de reconnaissance qui devraient pouvoir nous aider à décider à laquelle des deux significations, naturelle ou non naturelle, nous avons affaire dans un cas précis. Grosso modo, les tests dévoilaient que les cas de signification non naturelle, les cas liés au phénomène de la communication, sont ce

1. Grice renvoie ici à « Meaning », *Philosophical Review*, vol. 66, 1957, p. 377-388, rééd. dans *Studies in the Way of Words*, Cambridge (Mass.), Harvard UP, 1989, chap. 14, p. 213-223.

que nous pourrions appeler non-factifs, alors que les cas naturels sont factifs. Quiconque dit « Ces nuages noirs signifient la pluie », ou « Ces nuages noirs signifiaient qu'il allait pleuvoir », s'engagerait probablement à reconnaître qu'il pleuvra, ou qu'il a plu. En revanche, si je dis « Son geste signifiait qu'il en avait assez », sous une interprétation du genre non-naturel, plus particulièrement liée avec ce que nous concevons comme relevant de la communication, le fait de le dire ne m'engage pas à reconnaître que la personne en question en avait effectivement assez. J'ai également fait remarquer que la spécification de la signification non-naturelle peut être faite le plus confortablement du monde en recourant aux phrases entre guillemets, alors qu'il semblerait plutôt étrange d'affirmer que ces nuages noirs signifient « Il va pleuvoir » : il ne semble pas que nous puissions ici remplacer la subordonnée introduite par *que* par une phrase entre guillemets.

Supposons pour le moment que ces tests soient, grosso modo, adéquats. Je voudrais maintenant, non pas insister sur les différences entre ces deux cas – cela a déjà été fait –, mais plutôt me pencher sur ce qu'ils ont en commun. Ce double usage du mot « signifier » est-il exactement comme le double usage du mot « ampoule », auquel nous avons recours tantôt pour nous référer à ce qu'on fixe sur les douilles, tantôt à ce qui nous gêne sur la plante des pieds [1] ? Dans ce deuxième cas, on a vraiment tendance à dire qu'il y a deux mots distincts, écrits et prononcés de la même manière.

Pour une raison générale d'économie, j'ai tendance à penser que, si nous pouvons éviter de dire que tel mot a ce sens-ci, ce sens-là, et encore un troisième, ou telle signification et également

---

1. J'ai utilisé un tout autre exemple que celui de Grice, dont la traduction littérale n'aurait rien donné, et qui fournit le même éloignement de sens ou d'usage que pour l'anglais *vice* (soit un vice, au sens moral ou psychologique, soit un étau).

telle autre en plus, si nous pouvons nous permettre de les regrouper sous un seul principe à titre de variantes, alors il est désirable de le faire. Ne multiplions pas les sens au-delà du nécessaire. Je me dis que l'idée fondamentale pour la notion de signification, qui s'appliquerait à ces deux cas sous une forme ou une autre et avec des ajustements, est que si x signifie que y, alors cela est équivalent à la thèse selon laquelle y est une conséquence de x, ou l'inclut tout au moins comme une partie de ce que x signifie. Autrement dit, ce que les cas de signification naturelle et non naturelle ont en commun est que, sous une certaine interprétation de la notion de conséquence, le fait qu'il soit le cas que y est une conséquence de x.

Bien évidemment, nous nous attendrons à ce qu'il y ait des différences dans les genres de conséquences impliquées, ou dans la manière dont nous arrivons à ces conséquences. C'est pourquoi je voudrais maintenant voir si nous représenterions les cas de signification non-naturelle comme des descendants des cas de signification naturelle, en un sens de « descendant » qui suggérerait qu'ils en seraient des dérivés et des analogues. Je me pencherai également un peu sur la question de savoir à quels genres de principes et de suppositions nous serions obligés de nous engager si nous tentions de défendre cette position selon laquelle la signification naturelle est, d'une manière que nous serions à même d'expliciter, l'ancêtre de la signification non-naturelle.

Dans le cas de la signification naturelle, nous pouvons compter parmi les choses qui ont cette signification, tout autant que les nuages noirs, les taches sur le visage et les symptômes de telle ou telle maladie, certaines formes de conduite : les choses comme les gémissements, les hurlements et d'autres du même genre qui signifient, ou signifient normalement, que quelqu'un ou quelque chose se trouve dans un état de souffrance, ou bien dans tel ou tel autre état. Les cas où des choses comme les comportements corporels signifient la présence de divers éléments ou états de la créature qui les produit, sont donc des cas spéciaux de signification naturelle. Dans le cas naturel, la production de ces petits fragments de comportements, ou en tous les cas la présence, dans de tels fragments, des caractéristiques qui nous donnent pour ainsi dire la signification, est involontaire. Nous obtenons donc ceci comme genre de modèle canonique : une créature X produit involontairement un certain fragment de comportement-α, laquelle production signifie, ou a pour conséquence que, ou encore témoigne que X souffre. C'est le cas naturel initial. Regardons maintenant si nous pouvons le modifier, en une étape ou en plusieurs, de manière à nous retrouver avec quelque chose qui soit vraiment très proche de la signification non-naturelle.

La première étape de l'opération implique la supposition que la créature produit en réalité volontairement un certain genre de comportement ; un comportement tel que sa production involontaire constituerait le témoignage que la créature est, par exemple, en état de souffrance. Les genres de cas qui viennent le plus facilement à l'esprit sont ceux de la feinte ou de la tromperie. D'ordinaire, une créature produit volontairement un comportement, non seulement lorsque sa production involontaire témoignerait du fait qu'elle se trouve dans un certain état, mais *parce qu*'elle en témoigne, avec la conséquence que le reste du monde, les créatures qui sont autour, traitent cette production, en réalité volontaire, comme si elle ne l'était pas. Autrement dit, ces autres créatures arrivent exactement à la même conclusion quant au fait que la créature se trouve dans l'état en question, l'état indiqué. Le but de la créature lorsqu'elle produit volontairement le comportement serait que le reste du monde devrait penser qu'elle se trouve effectivement dans l'état qui serait signalé par la production involontaire.

Dans l'étape numéro deux, non seulement la créature X produit-elle ce comportement volontairement et non pas involontairement, comme dans le cas primitif, mais nous supposons également qu'une autre créature Y, engagée dans une certaine transaction avec X, *reconnaît* cette production comme étant la production volontaire d'un certain genre de comportement dont la production involontaire témoigne, par exemple, de la douleur. C'est-à-dire que, non seulement la créature X est maintenant censée simuler le comportement typique de la douleur, mais il doit être reconnu qu'elle le simule. Bien évidemment, l'effet de la reconnaissance, par Y, du fait que cette production est volontaire, mine à la base toute propension de Y à conclure que la créature X souffre. On pourrait donc se demander ce qu'il faudrait faire pour remettre la situation à l'endroit. Que pourrions-nous ajouter qui jouerait pour ainsi dire le rôle d'antidote à la dissolution de l'idée que X se trouve souffrir?

Un premier pas dans cette direction serait d'aller vers ce que nous pourrions concevoir comme étant la troisième étape. Là, nous supposons que la créature Y reconnaît non seulement que le comportement est volontaire de la part de X, mais également que X *a l'intention* que Y reconnaisse qu'il l'est. Autrement dit, nous avons maintenant miné à la base l'idée que nous sommes en présence d'un simple exemple de tromperie. La tromperie consiste à tenter de faire accepter certaines choses à une créature, comme signes d'une chose ou d'une autre, dans l'ignorance que ce cas est précisément un cas de tromperie. Ici, nous aurions au contraire un genre déviant de cas de feinte, où quelque chose a été feint, mais où il est en même temps clairement indiqué que la feinte a été réalisée.

Nous pouvons concevoir que la créature Y est tout d'abord déconcertée par cette prestation conflictuelle. Il y a cette autre créature qui, en quelque sorte, simule la douleur, tout en annonçant, en un certain sens, que c'est là ce qu'elle fait. Où diable peut-elle bien vouloir en venir? Il me semble que si Y soulève vraiment la question de savoir pourquoi X est en train de faire ce qu'elle fait, elle pourrait d'abord faire droit à l'idée que X joue à faire semblant, qu'elle est engagée dans une forme de divertissement, dans un jeu auquel il est attendu et même exigé que Y apporte une contribution appropriée, précisément dans la mesure où il semble que le comportement de X soit dirigé vers Y. Je considère que les cas qui se prêtent à ce genre d'interprétation relèvent de la quatrième étape.

Nous pouvons néanmoins supposer qu'il y a peut-être des cas que nous ne pourrions traiter de cette manière. S'il est attendu que Y participe avec X à une forme de jeu sur un pied d'égalité, Y doit pouvoir reconnaître quelle genre de contribution elle est censée apporter. Nous pouvons envisager la possibilité que Y n'ait aucune indication sur laquelle fonder une telle reconnaissance, ou encore que, bien qu'il semble qu'une certaine forme de contribution soit suggérée, lorsque Y tient ses engagements en fournissant ce qui lui est demandé, X, au lieu de produire de nouveau un comportement typique du jeu, se fâche et répète éventuellement sa performance originelle, une performance à présent problématique.

Nous arrivons maintenant à l'étape cinq, à laquelle Y suppose non pas que X est engagée dans un jeu, mais que X essaye de lui faire croire ou accepter qu'elle souffre, autrement dit que ce que X tente de faire croire à Y, ou de lui faire accepter, est la présence, chez X, de cet état dont le comportement afférent est en réalité un signe naturel, ou le signifie naturellement, lorsqu'il est produit involontairement. Plus précisément, nous pourrions dire qu'à l'étape cinq, la créature Y reconnaît que la créature X a en tout premier lieu l'intention qu'elle reconnaisse que la production du signe de la souffrance (de ce qui est d'habitude un signe de souffrance) est volontaire, et a ensuite l'intention que Y considère cette première intention comme étant une raison suffisante de croire que X souffre; et que X a ces intentions parce qu'elle a l'intention supplémentaire que Y n'ait pas simplement une raison suffisante de croire que X souffre, mais le croie vraiment.

Que, dans ces circonstances, Y finisse par ne pas simplement reconnaître que X a l'intention de faire croire à Y qu'elle souffre, quoi que d'une manière plutôt bizarre, autrement dit que Y ne se contente pas de reconnaître cela, mais aille effectivement jusqu'à croire qu'elle souffre, dépendrait probablement d'un ensemble de conditions supplémentaires que l'on pourrait regrouper dans une rubrique sous l'idée générale que Y devrait, d'une manière ou d'une autre, tenir X pour digne de confiance. Il se peut qu'il y ait une grande diversité dans les manières de faire cela. Par exemple, supposons que Y pense que X, soit en général, soit au moins dans le genre de cas considéré, ne voudrait pas l'amener à croire qu'elle souffre à moins qu'elle ne souffre vraiment. De plus, supposons que Y croie également que X est digne de confiance, non seulement au sens où elle n'est pas malfaisante, mais également au sens où elle est en quelque sorte, en général, responsable; par exemple parce qu'elle est le genre de créature qui se donne la peine, de manière appropriée, de s'assurer que ce qu'elle essaye de faire croire à l'autre créature est en réalité le cas. Elle n'est pas étourdie, elle n'est pas négligente et elle n'agit pas à la légère. (Peut-être cela ne s'appliquerait-il pas au cas de la douleur, mais plutôt au cas de la communication d'autres états.) Alors, en ce qui concerne en général la réalisation de l'idée que Y juge X digne de confiance, soit en règle générale, soit dans ce cas particulier, et de cette manière à la fois appropriée et consciencieuse, nous considérerions qu'il est rationnel, non seulement que Y reconnaisse que X a ces intentions, à savoir que Y ait certaines croyances concernant le fait que X souffre, mais également que Y aille jusqu'à les adopter.

J'ai parlé jusqu'ici de la communication de l'idée qu'un état de choses est réalisé, par exemple que X souffre, ou se trouve dans un autre état, au moyen d'une simulation non trompeuse des signes ou des symptômes habituels d'un tel état, de la part de la créature communicante. Mais le mécanisme qui a été utilisé, et qui implique l'échange de croyances et d'intentions de différents ordres, n'exige pas réellement que ce qui est pris comme véhicule de communication doive être au départ une expression ou un signe naturel de l'état de choses communiqué. Si nous relâchons à présent cette exigence, nous atteignons l'étape six. Le chemin qui y conduit peut être facilité à l'aide de la réflexion suivante, pour laquelle je suis redevable à Judith Baker.

En ce qui concerne l'exemple particulier que j'ai utilisé, la créature Y devrait, pour arriver à la position que nous lui avons attribuée à l'étape cinq, soit résoudre, soit ignorer, soit contourner un problème qui pourrait être posé par le comportement de X. Pourquoi X produit-elle, non pas une authentique expression de souffrance, mais une expression simulée, si elle veut amener Y à croire qu'elle *souffre*? Pourquoi ne pas hurler le plus naturellement du monde? Il n'est pas très difficile de trouver des réponses possibles. Par exemple, parce qu'il ne serait pas viril, ou digne de la créature X de produire une expression naturelle de souffrance *de manière naturelle*, ou bien parce que la production non-naturelle d'une expression de souffrance n'est pas censée indiquer *toutes* les caractéristiques qui seraient indiquées par une production naturelle (par exemple, il se pourrait que l'on prenne à raison l'émission non-naturelle d'un hurlement particulièrement sonore pour une indication de douleur, mais pas pour une indication du degré de douleur correspondant aux décibels de cette émission particulière). Néanmoins, ce problème ne se poserait pas si la prestation de X, au lieu d'être quelque chose qui, dans le cas naturel, serait une *expression* de cet état de X dont (dans le cas non naturel) il est dans son intention de faire en sorte que Y le croie, était relié d'une manièrc plus lâche à l'état de choses qu'elle a l'intention de transmettre à Y (pas nécessairement un état de X). Autrement dit, la prestation de X suggérerait l'état de choses d'une manière reconnaissable, sans pour autant être une réponse naturelle de X à cet état de choses.

Nous arrivons donc à une étape où les véhicules de communication n'ont pas à être, initialement, des signes naturels de ce qu'ils servent à communiquer. Si nous pouvons nous attendre à ce qu'un fragment de comportement puisse être perçu par la créature réceptrice comme ayant un lien repérable avec un renseignement particulier, alors il pourra être utilisé par la créature qui transmet, à condition qu'elle puisse être à peu près certaine du lien établi par la créature réceptrice. N'importe quel lien fera l'affaire à condition qu'il puisse être détecté par le récepteur. Plus les liens auxquels les créatures sont à même d'avoir recours sont lâches, plus grande sera leur liberté en tant que créatures communicantes : elles seront de moins en moins contraintes par la nécessité de s'en remettre à des liens naturels préalables. Le plus grand éventail possible est disponible lorsque, pour atteindre ce but, les créatures recourent à un registre de dispositifs de communication qui n'ont absolument aucun lien préalable avec ce qu'elles communiquent ou représentent, et que le lien est établi simplement parce que la connaissance, ou la supposition, ou l'hypothèse d'un tel lien artificiel, est connue et fixée à l'avance. Dans ce cas, les créatures peuvent en quelque sorte tirer profit du stock d'informations sémantiques qu'elles ont déjà emmagasinées à une étape précédente.

Dans certains cas, les dispositifs artificiels de communication pourraient également posséder d'autres caractéristiques en plus du fait qu'ils sont artificiels. Par exemple, ils pourraient très bien impliquer un nombre fini de dispositifs de base élémentaires, fondamentaux et centraux, et un ensemble fini de modes ou de formes de combinaisons (ou, si vous préférez, d'opérations combinatoires) qui peuvent être utilisés à de nombreuses reprises. Dans ces cas, les créatures auront, ou auront presque, ce que certains on jugé être caractéristique d'un langage, à savoir un système de communication pourvu d'un ensemble fini de dispositifs initiaux, avec des clauses sémantiques qui leurs correspondent, et un ensemble fini d'opérations ou de combinaisons syntactiques diverses, ainsi qu'une compréhension des fonctions de ces modes de combinaison. Il en résulte qu'ils peuvent générer un ensemble infini de phrases ou de dispositifs complexes de communication, en même temps qu'un ensemble infini correspondant de choses à communiquer – pour ainsi dire.

En procédant de cette manière téléologique, il semble donc que nous ayons fourni une justification en faveur du genre de caractérisation de la signification du locuteur que j'ai défendu il y a longtemps, et également en faveur de la caractérisation de divers genres de systèmes de communication, dont le point culminant se trouve dans des choses qui possèdent des caractéristiques dont on suppose d'habitude (j'imagine plus ou moins correctement) qu'elles sont celles d'un langage pleinement développé. Je dis qu'il *semble* que nous ayons trouvé une justification. Je pense qu'il reste une question résiduelle importante de nature méthodologique. La succession d'étapes que j'ai présentée ne prétend évidemment pas être un compte rendu historique ou génétique du développement de la communication et du langage. C'est un mythe dont le propos est, entre autres, d'exposer le lien conceptuel entre la signification naturelle et la signification non-naturelle. Mais comment un tel lien pourrait-il être expliqué par un *mythe*? Comme on me l'a récemment suggéré, cette question peut être mise en parallèle avec la question de savoir comment la nature et la validité de l'obligation politique (ou peut-être même de l'obligation morale), pourraient être expliquées par un contrat social *mythique*. Bien que le parallèle puisse être utile et suggérer des voies de recherche, on nous excusera de nous demander s'il fait beaucoup plus que dénicher un mystère qui fait écho à un autre. Nous remettons cette question à plus tard.

3. Le paquet surprise

Eh bien c'est cela, le paquet surprise. Je commencerai par une petite anecdote. Mon ami Richard Grandy, espiègle à ses heures, a dit un jour, à l'occasion d'une de mes présentations, qu'il serait nécessaire pour exposer mes remarques d'introduire un nouvelle forme d'acte de parole, ou un nouvel opérateur qu'il faudrait appeler l'opérateur de *quessertion*. L'opérateur se lirait « Serait-il par hasard possible que quelqu'un asserte que… », et son symbole serait « ?⊢ ». Peut-être pourrait-il même être itératif. J'attache une grande valeur à cette suggestion, tout autant qu'à sa maxime, proposée à une autre occasion, selon laquelle « on peut toujours compter sur Grice lorsqu'il s'agit de se rallier à un "sous-dogme" ». Tout ce que je suggère ici est éminemment quessertable. Je ne vais rien faire de plus qu'explorer une idée. Je ne suis pas certain de vouloir y adhérer. Dans ce qui va suivre, il ne faut donc pas croire que je tienne dur comme fer à mes assertions, sinon à l'assertion selon laquelle quelque chose est quesserté.

L'idée générale que je veux explorer, et qui me semble avoir une certaine plausibilité, est que quelque chose a été laissé de côté dans les analyses, définitions, développements, etc. …, des notions sémantiques, et en particulier dans celles qui concernent diverses notions de signification. Cela vaut pour moi, et peut-être aussi pour quelques autres. En réalité, ce qui a été laissé de côté l'a été parce qu'il s'agit de quelque chose que chacun considère avec horreur, tout au moins lorsqu'il se trouve dans une disposition d'esprit scientifique ou théorique : la notion de valeur.

Bien que je pense que nous devons, en règle générale, laisser les notions évaluatives hors du champ de nos recherches philosophiques et scientifiques (d'autres diraient même hors du champ de tout le reste), nous pourrions envisager ce qui se passerait si nous relâchions cette interdiction jusqu'à un certain point. Si nous le faisions, tout un éventail de différentes sortes de prédicats ou d'expressions de valeur pourraient être admises dans différents genres de cas. Pour éviter d'avoir à faire un choix, je vais simplement utiliser le mot « optimal » comme un prédicat ; nous pourrons bien sûr caractériser sa signification avec plus de précision le moment voulu.

La raison pour laquelle cette idée générale m'intéresse plus particulièrement, est que ma propre position – je ne vais pas essayer de la présenter maintenant, ni la défendre en quelques détails que ce se soient – est que la notion de valeur est absolument cruciale pour l'idée de rationalité, ou d'être rationnel. Nous pouvons caractériser ce que c'est qu'être rationnel de nombreuses manières. Il se peut que certaines de ces caractérisations s'avèrent équivalentes en un certain sens : il peut se trouver qu'elles s'appliquent exactement aux mêmes cas. Néanmoins, il se peut aussi que, bien qu'elles soient équivalentes, l'une d'entre elles soit particulièrement féconde d'un point de vue théorético-déductif. Je soupçonne très fortement que l'idée la plus féconde est celle selon laquelle une créature rationnelle est une créature qui évalue, et que les autres caractérisations possibles pourraient s'avérer équivalentes à celle-ci, bien qu'en un sens moins déterminant. Toutes les tentatives naturalistes pour caractériser la rationalité sont vouées à l'échec. Je ne sais si cela en est une conséquence, mais je crois en tout état de cause que c'est vrai : la valeur est là depuis le départ; il est impossible de la déloger. Nous n'allons pas discuter de cela ici, mais cela pourra indiquer à quel point le cadre à l'intérieur duquel je vais maintenant travailler manque de clarté.

Il me semble qu'il y a deux problèmes distincts concernant la signification, à propos desquels des questions de valeur pourraient se poser. Je les appelle le problème mineur et le problème majeur. Le problème mineur concerne le rapport entre ce que, de manière générale, j'appellerais la signification des mots et la signification du locuteur. Il semble plausible de supposer que dire qu'une phrase (un mot, une expression) signifie quelque chose (dire que « Jean est célibataire » signifie que Jean est un mâle non marié, ou quoi que ce soit d'autre qui corresponde à cela) doit être compris, d'une manière ou d'une autre, en termes de ce que tels ou tels usagers de cette phrase (de ce mot, de cette expression) signifient en des occasions spécifiques. On peut en donner une analyse préliminaire plutôt rudimentaire, à savoir que, généralement, les gens utilisent cette phrase (ce mot, etc. …) de cette manière. Une analyse qui me semble plutôt meilleure fait valoir qu'il est conventionnel d'utiliser cette phrase de cette manière. Il y en a beaucoup d'autres.

Je pense en réalité que même l'interprétation la plus subtile ou la plus sophistiquée de cette analyse ne peut convenir : je ne pense pas que la signification soit liée de manière essentielle à la convention. Une manière de fixer ce que les phrases signifient, voilà ce à quoi elle est essentiellement liée : la convention est effectivement l'une de ces manières, mais elle n'est pas la seule. Je peux inventer un langage, disons le Deutero-Espéranto, que personne ne parle jamais. Cela fait de moi un spécialiste, et je peux décréter ce qui est correct. Remarquez que nous arrivons tout de suite à une forme de notion évaluative : à savoir, ce qu'il est correct de faire.

La suggestion générale serait donc que, dire ce qu'un mot signifie dans un langage revient à dire ce qu'il est en général optimal, pour les locuteurs de ce langage, de faire avec ce mot, ou de quelle manière ils doivent l'utiliser, quelles intentions particulières il est correct ou optimal d'avoir en telles ou telles occasions particulières. On ne suggère évidemment pas ici qu'ils doivent *toujours* avoir ces intentions. Il serait simplement optimal, *ceteris paribus*, qu'ils les aient. En ce qui concerne ce qui est optimal dans tel ou tel cas particulier, il faudrait qu'il y ait un profit immédiat, une explication de ce pourquoi c'est optimal. Il se pourrait qu'il y ait toute une gamme d'explications différentes. Il se pourrait par exemple qu'il soit conventionnel d'utiliser le mot de cette manière, ou qu'il soit conventionnel pour une classe privilégiée de le faire. Ce qu'un terme technique de biologie signifie n'est pas l'affaire du public, mais des biologistes. Il se pourrait, dans le cas du langage inventé, que ce soit ce qui est stipulé par son inventeur. Néanmoins, dans chacun de ces cas de figure, ce que nous obtenons en termes d'unification de ces analyses est l'optimalité ou la correction d'une certaine forme de comportement. J'en ai fini avec ma discussion du problème mineur.

La problématique majeure à l'intérieur de laquelle se posent les questions de valeur ne concerne pas nos tentatives pour dévoiler la relation entre signification des mots et signification du locuteur, mais nos tentatives pour dévoiler l'anatomie de la signification du locuteur elle-même. Arrivé à ce point, ma stratégie d'ensemble a consisté à chercher le genre de régressions que Schiffer et d'autres ont déclaré avoir détectées sous la surface lisse et brillante de mes écrits sur la signification : des régressions à l'infini et des régressions vicieuses, dont ils ont proposé de se débarrasser en leur substituant une autre notion impliquant tout autant la régression, comme celle de connaissance mutuelle, en se demandant à l'occasion pourquoi leurs régressions étaient bonnes alors que les miennes étaient mauvaises [1].

Lorsque je me suis penché sur le cas de Schiffer pour essayer de démêler quelles étaient exactement ces régressions supposées, je me suis néanmoins trouvé dans la quasi-impossibilité de le faire. Après tout, quiconque vous accuse de régression à l'infini doit certainement être capable de fournir une méthode générale qui génère l'étape suivante de la régression à partir de celle qui précède. Je n'ai rencontré aucun moyen général de faire cela : les liens entre une étape et une autre semblaient disparates. Je ne dis pas qu'il n'y ait aucun moyen d'y arriver. Lorsque j'en parlais avec Schiffer, j'avais très souvent l'impression qu'il y en avait une, et que je la comprenais ; mais plus maintenant. Néanmoins, dans la mesure où la vraie nature de la régression, ou de l'accusation de régression, importe à vrai dire assez peu, je me suis permis d'inventer la mienne, que l'appellerai une régression pseudo-schifférienne. Et loin d'essayer de la faire craquer et fuir aux jointures, j'aimerais au contraire faire en sorte qu'elle soit aussi solide que possible ; et si elle ne l'est pas, je vais tout simplement prétendre qu'elle l'est.

La régression peut être reconstruite de la manière suivante. Nous pourrions commencer par l'idée que, lorsqu'un certain locuteur S prononce une certaine phrase pour un auditeur A, signifiant par cette phrase que p, il fait cela en voulant que A pense « p ». Autrement dit, à l'étape numéro un, nous avons « S veut que A pense "p" », où p représente le contenu de la pensée de A ou de celle qu'il a l'intention d'avoir. Néanmoins, pour des raisons découvertes il y a longtemps, et qui se rapportent à la

---

1. Voir S. Schiffer, *Meaning*, Oxford, Oxford UP-Clarendon Press, 1972, rééd. 1988, II. 2, p. 30-42 ; et B. Loar, *Mind and Meaning*, Cambridge, Cambridge UP, 1982, 10.3, p. 248-251.

distinction entre signification naturelle et signification non-naturelle, nous ne pouvons nous arrêter à la première étape. Nous devons passer à l'étape numéro deux, où nous obtenons « S veut que A pense "p, fondé sur la robustesse de l'idée que S veut que A pense 'p'" », et ainsi de suite…

Nous sommes arrivés à une situation étrange, au sens où il y a une sorte de disparité entre ce que S veut que A pense, à savoir « p, fondé sur la robustesse de l'idée que S veut que A pense que "p" », et les explications qui sont données, pour ainsi dire, dans sa subordonnée, concernant ce que c'est que S veut que A pense. C'est-à-dire que S veut que A pense, non pas simplement « p », mais « p, pour la raison que S veut que A pense que "p" ». Mais lorsque nous énonçons ce que sont ces raisons, ce que A est censé penser, il s'avère qu'il est simplement censé penser « p ». Autrement dit, ce que nous identifions comme ce que A a l'intention de penser, en termes de raison de penser « p », se trouve toujours à une étape précédant ce que le locuteur considère, lui, être la raison pour laquelle il veut que A pense « p ».

Nous arrivons donc à quelque chose de la forme « S veut que A pense "p, parce que S veut que A pense 'p, parce que S veut…'" » et ainsi de suite. Nous ajoutons la clause supplémentaire pour combler une lacune, mais en réalité nous ne comblons jamais la lacune, parce qu'en ajoutant une clause supplémentaire nous ne faisons qu'introduire une autre lacune à combler. C'est comme passer de l'étape un à l'étape deux. Nous commençons par l'étape un, nous ajoutons le passage de l'étape un à l'étape deux, mais le temps que nous atteignions l'étape deux, il nous faut atteindre l'étape trois, et ainsi de suite. J'ai choisi cette régression parce qu'elle est plutôt pittoresque, mais ce n'est pas la seule que j'aurais pu utiliser. J'ai besoin d'une régression à l'infini qui associe les deux caractéristiques suivantes. Premièrement, comme toutes les régressions à l'infini, elle ne peut être réalisée. Autrement dit, un achèvement, une situation dans laquelle S a une intention qui est infiniment étendue de cette manière ne peut exister en réalité. Deuxièmement, l'idée qu'elle doit exister est bien une exigence. Autrement dit, ce que je cherche est une situation dans laquelle une certaine intention hautement complexe est à la fois logiquement impossible et désirable. Il ne me semble pas que cela soit un but déraisonnable en soi : il peut certainement se faire que quelque chose soit logiquement impossible quoique désirable, et si c'est le cas, j'ai bien le droit d'y recourir.

Le modèle d'analyse que j'aimerais maintenant recommander, parce qu'il offre la manière la plus fondamentale de comprendre la notion de signification du locuteur, serait que S se trouve dans l'état qui est optimal pour quelqu'un qui communique p, relativement à ce qu'il désire communiquer ou transmettre (autrement dit, p). Il s'avère ensuite que, lorsque vous encaissez les bénéfices de ce qui se trouve être optimal, vous vous rendez compte que l'état optimal est un état qui est en fait logiquement impossible. Il faudrait bien évidemment argumenter sur certains points, mais il me semble qu'il n'y a jusqu'ici absolument rien qui pourrait être objecté. Toute cette idée selon laquelle nous recourrons à des expressions expliquées en termes de limites idéales fonctionnerait me semble-t-il de la manière suivante. Il se pourrait que les limites idéales ne soient réalisables dans aucun domaine, ou bien qu'elles puissent l'être dans certains, mais pas dans celui que nous prenons en compte. Par exemple, le fait qu'elles ne soient pas réalisables pourrait être contingent ou, au contraire, ne pas l'être. Il se pourrait, pour une raison ou une autre (supposons-le pour simplifier la situation) qu'il ne puisse y avoir de choses qui soient à proprement parler circulaires dans le monde sublunaire. Cela ne nous empêche pourtant pas d'appliquer le mot « circulaire » dans le monde sublunaire, parce que nous l'appliquons en vertu du fait que nous nous approchons par approximation de la limite idéale qui n'est pas elle-même réalisée. Tout ce dont nous avons besoin est, pour ainsi dire, une manière de jauger les particuliers réels à l'aune de la qualité irréalisable du particulier parfait. C'est peut-être bien là le genre de chose que Platon tenait à défendre.

Il me semble que nous pourrions expliquer la notion de connaissance de cette manière. C'est une notion qui pourrait être réalisable dans un certain domaine, mais pas dans d'autres ; il est concevable qu'elle le soit. Et là, nous nous tournons vers les gens qui ont suggéré par le passé que la caractéristique habituelle ou cruciale de la connaissance est que si vous savez quelque chose, vous ne pouvez vous tromper. À la suite de quoi certaines personnes ont suggéré que les vérités nécessaires étaient donc les seules choses que nous puissions connaître parce que, dans ce cas, en un certain sens de « ne pouvons », nous ne pouvons nous tromper ; et il y a un certain nombre d'objections familières à cela. Je pourrais maintenant vouloir affirmer que ces gens ont raison, si ce qu'ils voulaient dire était, *au sens strict*, que les vérités nécessaires étaient les seules choses qui soient connaissables. Cela ne nous oblige pas pour autant à supposer par restriction que les gens qui parlent de la connaissance d'autres choses font un usage impropre du mot « connaître ». La seule chose requise ici est qu'il devrait être permis d'appliquer le mot d'une manière non stricte à des choses qui, d'une certaine manière, se rapprochent par approximation des cas idéaux.

Mon propos n'est pas de suggérer ici avec exactitude, ou dans les détails, ce que pourraient être les exigences du rapprochement ou de l'approximation. Je dirai seulement que, quelles qu'elles puissent être, elles devraient nous justifier à *estimer* que certains cas satisfont un certain idéal bien qu'ils ne l'exemplifient pas au sens strict. Il y a eu un jour un conflit à Oxford entre un doyen entrant dans ses fonctions et une règle du collège stipulant que les chiens ne sont pas admis dans les collèges. Les instances gouvernantes ont adopté une résolution estimant que le chien du nouveau doyen était un chat. J'ai l'impression qu'il est décisif que nous soyons engagés dans de nombreuses estimations, bien que toutes ne soient pas aussi divertissantes.

Résumons la position à laquelle nous sommes maintenant arrivés. Premièrement, selon cette analyse de la signification du locuteur, et en première approximation de ce que nous voulons dire lorsque nous affirmons qu'un locuteur, en disant ce qu'il dit en une occasion particulière, signifie que p, il y a l'idée que ce locuteur se trouve être dans l'état optimal relativement à la communication ou, si vous préférez, au fait de communiquer que p. Deuxièmement, nous faisons valoir que l'état optimal, l'état dans lequel il possède un ensemble infini d'intentions, est en principe irréalisable, de manière qu'il ne signifie pas *stricto sensu* que p. Le locuteur se trouve néanmoins dans une situation telle qu'il est légitime pour nous, et peut-être même obligatoire, d'estimer qu'il satisfait cette condition irréalisable.

Finalement, il y a la question de savoir de quelle manière cela se rapporte aux régressions que les gens ont découvertes : aux régressions, ou aux accroissements de l'ensemble des conditions qui existent effectivement. Des gens ingénieux comme Strawson et Dennis Stampe, et jusqu'à Schiffer, qui avance avec tant que rapidité et de subtilité qu'il est difficile de suivre son rythme, ont proposé des contre-exemples à l'élément crucial d'origine de mon analyse de la signification, contre-exemples censés montrer que mes conditions, ou qu'une extension quelconque de ces conditions, sont insuffisantes pour une analyse de la signification du locuteur[1]. Le contre-exemple supposé satisfait toujours les conditions exposées au départ concernant la notion de signification du locuteur, bien que le locuteur soit néanmoins supposé avoir en plus ce qu'on pourrait appeler une intention sournoise. C'est-à-dire que dans le premier cas, qui est également le plus simple, son intention est que celui qui l'écoute devrait en réalité accepter p pour telles et telles raisons, mais devrait *penser* qu'il est censé accepter p, non pas pour ces raisons mais pour d'autres. Autrement dit, à un niveau ou un autre d'enchâssement, celui qui écoute se trouve représenté comme se faisant une idée fausse de ce qui est attendu de lui, ou comme quelqu'un dont on a l'intention qu'il se fasse une telle idée fausse, ou dont on voudrait qu'il pense lui-même qu'on a l'intention qu'il se fasse une idée fausse (ou…). Il pense qu'il est censé procéder d'une certaine manière, alors qu'il est en réalité censé procéder autrement. Arrivé à ce point, je voudrais dire que l'effet de l'apparition d'une intention sournoise, la fonction qu'une telle intention sournoise aurait dans la construction que je suis en train de suggérer, serait tout simplement d'annuler l'autorisation que nous avions d'estimer que ce que le locuteur est en train de faire est un cas de signification à cette occasion particulière. Autrement dit, cela reviendrait à annuler l'idée selon laquelle nous devons être autorisés à compter cela comme une performance sublunaire – pour ainsi dire – de l'ensemble infini d'intentions qui n'est réalisable que dans la sphère céleste.

---

1. Voir « Utterer's Meaning and Intentions », chapitre 5 de « Logic and Conversation », dans *Studies in the Way of Words*, Cambridge (Mass.), Harvard UP, 1989, à la section 3-(*ii*), p. 94-100. Grice y discute une objection de D.W. Stampe, puis de Strawon (P.F. Strawson, « Intention and Convention in Speech Acts », art. cit.), et enfin de Schiffer. (La section (*i*) discute une objection de Urmson, la section (*iii*) un contre-exemple de Searle.)

En un sens, ce que fait cette suggestion, ou ce qu'elle ferait si elle était par ailleurs acceptable, est de justifier une proposition que j'ai en réalité déjà faite dans un article plus ancien, selon laquelle ce qui est à vrai dire requis pour une analyse complète de la signification du locuteur est l'*absence* d'un certain genre d'intention[1]. Cela est peut-être bien correct, mais le défaut de cette approche était qu'elle n'expliquait pas *pourquoi* nous avions là une condition raisonnable à inclure dans l'analyse de la signification du locuteur. Je pense que si nous acceptions le cadre d'analyse que je viens de suggérer, ce caractère arbitraire et *ad hoc* pourrait être éliminé, ou tout au moins atténué.

1. Voir H.P. Grice, «Utterer's Meaning and Intentions», *Philosophical Review*, vol. 78, 1969, p. 147-177, rééd. dans Grice, *Studies in the Way of Words*, Cambridge (Mass.), Harvard UP, 1989, chap. 5, p. 86-116; S. Schiffer, *Meaning*, *op. cit.*; B. Loar, *Mind and Meaning*, *op. cit.*, 10.2 et 10.3.

David Lewis

COMPTER LES POINTS DANS
UN JEU DE LANGAGE

Présentation, par Delphine Chapuis-Schmitz

David Lewis est l'un des philosophes analytiques majeurs de la seconde moitié du XXᵉ siècle : il a apporté des contributions décisives en philosophie du langage, mais aussi en philosophie de l'esprit, en philosophie de la logique, en philosophie des sciences et en métaphysique. Né en 1941, Lewis a suivi entre autres les cours de Ryle, Strawson, Austin et Grice. Il a obtenu son PhD à l'université de Harvard en 1967 sous la direction de Quine, et, à partir de 1970 et jusqu'à son décès en 2001, il a enseigné à Princeton.

Dans le cadre de ses travaux en philosophie du langage, Lewis s'est attaché à appliquer les outils de la sémantique formelle à l'analyse du langage naturel, plus précisément à l'analyse de la manière dont nous utilisons le langage dans le cadre d'interactions sociales. Selon lui, il n'y a pas lieu d'opposer langages artificiels et langage ordinaire ou naturel : « la philosophie du langage a un seul objet »[1]. Il est bien sûr possible d'adopter des perspectives différentes sur le langage : il peut être considéré sous la forme d'un système sémantique défini de manière abstraite et il est alors appréhendé comme une fonction qui associe des signes ou des séquences de signes à des significations ; il peut être également considéré comme une activité humaine, sociale et rationnelle, et les faits psychologiques et sociaux qui déterminent cette activité doivent alors être pris en considération. Mais selon Lewis, ces deux perspectives ne sont nullement exclusives. Au contraire, elles doivent être conçues comme complémentaires si l'on veut pouvoir donner une caractérisation adéquate du fonctionnement de notre langage.

On notera une parenté entre le projet de Lewis et celui de Davidson : dans les deux cas, on observe la volonté de transposer à l'étude du langage naturel les outils formels développés pour des langages artificiels. En outre, les deux philosophes s'inscrivent dans la tradition d'une approche référentielle, ou modèle-théorique, de la sémantique, héritée de Frege, Carnap et Tarski. En d'autres termes, ils privilégient une conception de la signification en termes de conditions de vérité : « la signification d'une phrase est quelque chose qui détermine les conditions dans lesquelles la phrase est vraie ou fausse »[2].

Cependant, dans le détail, la stratégie adoptée par Lewis est sans doute plus proche des travaux de Montague. Ce dernier vise

---

1. D.K. Lewis, « Languages and Language », dans K. Gunderstone (ed.), *Minnesota Studies in the Philosophy of Science*, vol. VII, Minneapolis, University of Minnesota Press, 1975, p. 3-35 ; rééd. dans D.K. Lewis, *Philosophical Papers*, vol. I, New York-Oxford, Oxford UP, 1983, p. 163-188, ici p. 188.

2. D.K. Lewis, « General Semantics », *Synthese*, 22, 1970, p. 18-67 ; rééd. dans D.K. Lewis, *Philosophical Papers*, vol. I, New York-Oxford, Oxford UP, 1983, p. 189-232, ici p. 193.

lui aussi à analyser formellement les langues naturelles : à la fin des années soixante, il entreprend de développer une grammaire universelle pour l'anglais. Son objectif est de montrer que des outils logiques adéquats peuvent être utilisés afin de donner une caractérisation précise de la syntaxe, de la sémantique et de la pragmatique des langues naturelles. Or, parmi ces outils, la théorie des mondes possibles occupe une place de premier choix, et c'est également l'approche privilégiée par Lewis.

Cette théorie a été introduite par Kripke pour développer une sémantique modale. Dans cette perspective, la signification d'une phrase contenant une expression modale, telle que « il est possible que » ou « nécessairement », est déterminée par une fonction qui associe des mondes possibles à des valeurs de vérité : les propositions possibles sont vraies dans un monde possible au moins, les propositions nécessaires sont vraies dans tous les mondes possibles.

Lewis défend ainsi une sémantique référentielle selon laquelle la signification des phrases d'un langage formel est déterminée par une fonction qui associe des mondes possibles à des valeurs de vérité. D'un autre côté, les langues naturelles ne sont selon Lewis rien d'autre que des langages formels utilisés par une certaine population selon des conventions spécifiques. En conséquence, déterminer la signification d'énoncés du langage naturel implique de déterminer la signification de phrases en tant qu'elles sont utilisées, autrement dit, en tant qu'elles sont énoncées dans des contextes particuliers. Pour ce faire, il est nécessaire de prendre en considération les éléments du contexte d'énonciation qui sont déterminants pour la signification des phrases considérées.

Dans l'article « Pragmatics », publié en 1968, Montague proposait déjà de prendre en considération certains éléments du contexte d'énonciation pour spécifier la signification de phrases dans lesquelles figurent des indexicaux : une phrase telle que « je suis allée au marché » est vraie dans un monde possible, à un moment donné, pour un certain locuteur. La signification de phrases de ce type peut alors être définie comme une fonction qui associe à une valeur de vérité un ensemble d'éléments, nommé index, au nombre desquels on trouve un monde possible ainsi que des indices pertinents, tels que le moment d'énonciation et le locuteur. L'article que l'on va lire peut être envisagé comme une généralisation de cette approche : Lewis montre que les index qui déterminent la signification d'un énoncé peuvent contenir un nombre varié d'indices, qui représentent à chaque fois les éléments du contexte d'énonciation déterminants pour la signification de l'énoncé considéré. Précisons en outre que l'analyse de Lewis, de même que celle de Montague, se concentre sur les phrases d'un côté et leurs valeurs de vérité de l'autre : en incluant les mondes possibles au nombre des éléments sur la base desquels est déterminée la valeur de vérité d'une phrase, le stade intermédiaire des propositions s'avère superflu.

L'objet de l'article de Lewis est bien la sémantique du langage naturel, plus précisément des phrases utilisées par des locuteurs au cours d'une conversation – et dans cette mesure, la perspective adoptée par Lewis s'inscrit dans la lignée de celle de Grice. Les exemples qui y sont discutés permettent de mettre en lumière deux aspects de la sémantique des énoncés : en premier lieu, les indices pertinents pour déterminer leur acceptabilité – ou d'autres propriétés sémantiques telles que l'extension de leurs constituants – dépend du type d'énoncé auquel on a affaire dans la conversation. Par exemple, si l'on veut déterminer la référence d'une description définie, il faudra inclure au nombre des indices pertinents le degré de saillance des objets du discours dans le contexte de la conversation, ou encore, si l'on veut déterminer l'acceptabilité d'énoncés dans lesquels figurent des concepts vagues, il faudra inclure au nombre des indices le degré de précision requis dans le contexte de la conversation. Pour établir les propriétés sémantiques d'un énoncé dans une conversation, il faut donc pouvoir déterminer les éléments pertinents du contexte de la conversation dans laquelle il est utilisé, et inclure ces éléments au nombre des indices du « score » de la conversation. En second lieu, les éléments pertinents pour l'acceptabilité d'un énoncé dépendent de l'état de la conversation au moment de l'énonciation, et ils varient au cours de la conversation. Lewis montre plus précisément que leur évolution est gouvernée par des règles, au nombre desquelles on compte une règle d'accommodation.

Lewis propose ainsi une conception à la fois unifiée et dynamique de la sémantique des énoncés susceptibles d'être formulés au cours d'une conversation, et il met en évidence les ressorts de leur acceptabilité. Pour ce faire, on a vu qu'il lui était nécessaire d'inclure des éléments pragmatiques au nombre des éléments qui déterminent « ce qui est dit » dans une conversation. En d'autres termes, afin d'appliquer de manière adéquate la sémantique des mondes possibles à l'analyse des énoncés du langage naturel dans des contextes conversationnels, Lewis doit ouvrir l'analyse sémantique à l'examen des éléments pertinents du contexte d'énonciation. Par conséquent, le niveau sémantique s'avère perméable au contexte d'énonciation, et l'application de la sémantique formelle à l'analyse du langage naturel s'accompagne d'une relativisation de la démarcation entre sémantique et pragmatique.

La pertinence d'une telle distinction fait aujourd'hui encore l'objet de débats intenses en philosophie du langage. La position que l'on est prêt à adopter sur ce point dépend évidemment de la conception que l'on a des termes en question, et le texte de Lewis vient témoigner de ce que cela met en jeu, plus fondamentalement, la notion de contexte que l'on est prêt à adopter.

COMPTER LES POINTS DANS
UN JEU DE LANGAGE*

Exemple 1 : présupposé[a]

À n'importe quelle étape d'une conversation bien menée, on présuppose un certain nombre de choses. Ceux qui participent à la conversation tiennent ces choses pour acquises, ou du moins ils le

* D. Lewis, « Scorekeeping in a language-game », *Journal of Philosophical Language*, 8, 1979, p. 339-359, traduction D. Chapuis-Schmitz.

a. Je suis doublement reconnaissant envers Robert Stalnaker : en premier lieu pour son traitement des présupposés, ici résumé dans l'exemple 1, que j'ai pris comme prototype pour le traitement parallèle d'autres sujets ; et en second lieu pour ses remarques précieuses sur une version antérieure de cet article. Je suis également grandement redevable à Stephen Isard qui discute plusieurs des phénomènes que j'examine ici dans son article « Changing the Context », dans Ed.L. Keenan (ed.), *Formal Semantics of Natural Language*, Cambridge, Cambridge UP, 1974. On trouvera des propositions qui vont quelque peu dans la même direction que les miennes dans Th.T. Ballmer, « Einführung und Kontrolle von Diskurswelten », dans D. Wunderlich (ed.), *Linguistische Pragmatik*, Königstein, Athenäum Verlag, 1972 ; et Ballmer, *Logical Grammar : With Special Consideration of Topics in Context Change*, Amsterdam, North-Holland, 1978.

Une version précédente de cet article a été présentée lors de l'école d'été de logique à l'université Victoria de Wellington en août 1976 ; je remercie la Fondation pour l'éducation des États-Unis de Nouvelle Zélande pour son soutien financier à cette occasion. Cet article a également été présenté lors d'un atelier de

prétendent, que ce soit de manière sincère ou seulement « pour les besoins de la discussion ». Des présupposés peuvent être créés ou abandonnés au cours d'une conversation. Ces modifications sont gouvernées par des règles, jusqu'à un certain point au moins. Ce qui est présupposé à l'instant t' dépend de ce qui est présupposé à l'instant antérieur t, ainsi que du déroulement de la conversation (et des événements proches) entre t et t', d'une manière telle qu'au moins certains principes généraux peuvent être établis à propos de la façon dont cela se produit.

Certaines des choses susceptibles d'être dites requièrent des présupposés appropriés. Elles sont acceptables si les présupposés requis sont présents, sinon, elles ne le sont pas. « Le roi de France est chauve » requiert le présupposé selon lequel la France a un roi et un seul ; « même George Lakoff pourrait gagner » requiert le présupposé selon lequel George n'est pas un des candidats de tête, ainsi de suite.

Nous n'avons pas besoin de nous demander quel est précisément le type d'inacceptabilité qui résulte de l'absence d'un présupposé requis. Certains disent qu'il s'agit de la fausseté, d'autres de l'absence de valeur de vérité, d'autres se contentent de dire qu'il s'agit du genre d'inacceptabilité qui résulte de l'absence d'un présupposé requis, et d'autres encore disent que cela peut varier d'un cas à l'autre.

---

travail sur la pragmatique et les conditionnels à l'université de l'Ontario occidental en mai 1978, et à un colloque sur la sémantique à l'université de Constance en septembre 1978.

Ce traitement des présupposés est repris de deux articles de R. Stalnaker : « Presuppositions », *Journal of Philosophical Logic*, 2, 1973, p. 447-457, et « Pragmatic Presuppositions », dans M.K. Munitz et P.K. Unger (eds.), *Semantics and Philosophy*, New York, New York UP, 1974.

Quoi qu'il en soit, il n'est pas aussi facile que vous pourriez le penser de dire quelque chose qui ne puisse pas être accepté en raison de l'absence de présupposés requis. Dites quelque chose qui requiert un présupposé manquant et ce présupposé en vient immédiatement à exister, ce qui rend ce que vous avez dit acceptable après tout. (C'est du moins ce qui se passe si vos interlocuteurs acquiescent de manière tacite – si personne ne dit « Mais la France a *trois* rois ! » ou « Qu'est-c'tu veux dire, "*même* Georges" ? ».) C'est pourquoi il est étrange de dire de but en blanc : « Tous les enfants de Fred sont endormis et Fred a des enfants ». La première partie requiert, et crée par là même, le présupposé que Fred a des enfants ; la seconde partie n'ajoute donc rien à ce qui est déjà présupposé lorsqu'elle est formulée ; elle n'est donc pas pertinente pour la conversation. Mais il n'aurait pas été étrange de dire à la place : « Fred a des enfants et tous les enfants de Fred sont endormis ».

J'ai affirmé que ce qui est présupposé évoluait de manière plus ou moins régulée au cours d'une conversation. Nous pouvons formuler à présent une règle importante : appelons-la *règle d'accommodation des présupposés*.

> Si on dit quelque chose à l'instant t, qui requiert le présupposé P pour être acceptable, et si P n'est pas présupposé juste avant t, alors – dans certaines limites et toutes choses égales par ailleurs – le présupposé P vient à exister à t.

Cette règle n'a pas encore été très bien énoncée, il ne s'agit pas non plus de la seule règle qui gouverne la cinématique des présupposés. Mais gardons-la néanmoins à l'esprit et continuons notre examen.

Exemple 2 : permissibilité[b]

Pour certaines raisons – cœrcition, déférence, objectifs communs –, deux personnes veulent toutes deux que l'une d'entre elles soit sous le contrôle de l'autre. (Du moins dans certaines limites, dans une certaine sphère d'action, ou pour autant que certaines conditions sont remplies.) Appelez l'une l'*esclave* et l'autre le *maître*. Le contrôle s'exerce verbalement de la manière suivante. À toute étape de l'esclavage, il y a une frontière entre les séries d'actions qui sont permises à l'esclave, et celles qui ne le sont pas. L'éventail des conduites permises peut s'étendre ou se réduire. Le maître déplace la frontière en disant certaines choses à l'esclave. Puisque l'esclave fait de son mieux pour que la série d'actions qu'il accomplit fasse partie de celles qui sont permises, le maître peut contrôler l'esclave en contrôlant ce qui est permis.

Voici comment le maître déplace la frontière. De temps en temps, il dit à l'esclave que telle et telle série d'actions n'est pas permise. La valeur de vérité de tout énoncé de ce type dépend de la frontière entre ce qui est permis et ce qui ne l'est pas. Mais si le maître dit que quelque chose n'est pas permis, et si cela est faux si la frontière reste inchangée, alors la frontière se déplace immédiatement vers l'intérieur. L'éventail de ce qui est permis se réduit de façon à ce que ce que dit le maître soit vrai après tout. De cette manière, le maître interdit certaines séries d'actions auparavant permises. Mais de temps en temps aussi, le maître se radoucit et dit à l'esclave que certaines séries d'actions de tel et tel type sont permises, sans dire toutefois précisément lesquelles. La frontière se déplace alors vers l'extérieur. L'éventail de ce qui est permis

---

b. Ce traitement de la permissibilité est discuté plus en détail dans mon article « A Problem about Permission », dans E. Saarinen *et alii* (eds.), *Essays in Honour of Jaakko Hintikka*, Dordrecht, Reidel, 1979.

s'étend, si besoin est (et si possible), de façon à ce que ce que dit le maître soit vrai. De cette manière, le maître permet des séries d'actions auparavant interdites.

La vérité des énoncés du maître au sujet de ce qui est permis – l'un des aspects de leur acceptabilité – dépend de l'endroit où passe la frontière. La frontière se déplace de manière régulée. La règle est la suivante, appelons-la *règle d'accommodation de la permissibilité*.

> Si, à l'instant *t*, le maître dit à l'esclave quelque chose sur la permissibilité qui requiert pour être vrai que certaines séries d'actions soient permises ou interdites, et si, juste avant *t*, la frontière est telle que l'énoncé du maître est faux, alors – dans certaines limites et toutes choses égales par ailleurs – la frontière se déplace à *t* de manière à rendre vrai l'énoncé du maître.

Cette formulation, là encore, n'est pas très satisfaisante. D'un côté, les limites et les conditions ne sont pas spécifiées. Mais, plus important, la règle telle qu'elle est énoncée ne dit pas exactement comment la frontière doit se déplacer.

Qu'en est-il si le maître dit que certaines séries d'actions de tel et tel type sont permises, alors qu'aucune d'elles n'était permise avant qu'il ne parle? D'après la règle, certaines d'entre elles doivent immédiatement devenir permises. Certaines – mais lesquelles? Peut-être celles qui étaient auparavant le plus près d'être permises. Très bien, mais nous avons à présent un nouveau problème. À chaque étape, il n'y a pas seulement une frontière entre ce qui est permis et ce qui ne l'est pas, mais il y a également une relation de presque-permis relatif, entre les séries d'actions situées du côté de celles qui sont interdites. Nous avons besoin non seulement de règles qui gouvernent le déplacement de la frontière, mais aussi de règles qui gouvernent la relation changeante de presque-permis relatif. Nous devons non seulement dire comment cette relation évolue lorsque le maître dit quelque chose au sujet de la permissibilité absolue, mais nous devons également dire comment elle évolue lorsqu'il dit quelque chose – comme il est susceptible de le faire – au sujet de la presque-permissibilité relative. Il pourrait par exemple dire que les séries d'actions les plus près d'être permises dans une classe A sont celles d'une sous-classe A'; ou que certaines séries d'actions de la classe B sont plus près d'être permises qu'aucune de la classe C. La règle est là encore une règle d'accommodation. La relation de presque-permissibilité relative se modifie, si besoin, de telle sorte que ce que dit le maître à l'esclave soit vrai. Mais, là encore, il ne suffit pas de dire cela. Cela ne suffit pas à déterminer précisément quelle est la modification.

C'étaient les exemples 1 et 2. Exemples de quoi? Je vais le dire dans un moment, mais avant tout, une digression.

Compter les points dans un match de base-ball

Il y a, à n'importe quelle étape d'un match de base-ball bien mené, un septuple de nombres $<r_v, r_h, h, i, s, b, o>$ que j'appellerai le *score* de ce match à cette étape. On peut détailler le score de la manière suivante : l'équipe visiteur a r_v points, l'équipe domicile a r_h points, c'est la h-ème mi-temps (h vaut 1 ou 2) de la i-ème manche[1], il y a s frappes, b lancers, et o outs. (Dans une autre terminologie, seule la première paire $<r_v, r_h>$ constitue le score, mais j'ai besoin d'un mot pour le septuple tout entier.) Une codification possible des règles de baseball consisterait en des règles de quatre types différents.

---

1. Il y a neuf manches dans un match de base-ball.

(1) *Spécifications de la cinématique du score.* Au départ, le score est <0, 0, 1, 1, 0, 0, 0>. Par la suite, si le score est s à l'instant t, et si les joueurs se comportent entre t et t' d'une manière m, alors à l'instant t', le score est s', s' étant déterminé d'une certaine manière par s et par m.

(2) *Spécifications du jeu correct.* Si le score est s à l'instant t, et si entre t et t' les joueurs se comportent d'une manière m, alors les joueurs se sont comportés de façon incorrecte. (Ce qui est correct dépend du score : ce qu'il est correct de jouer après deux frappes diffère de ce qu'il est correct de jouer après trois.) Est correct ce qui n'est pas un jeu incorrect selon ces règles.

(3) *Directive requérant un jeu correct.* Tous les joueurs doivent se comporter tout au long du match de manière telle que le jeu soit correct.

(4) *Directives concernant le score.* Les joueurs doivent s'efforcer de faire évoluer le score dans certaines directions. Les membres de l'équipe visiteur essaient de faire augmenter r_v et de réduire r_h, les membres de l'équipe domicile essaient de faire le contraire.

(Nous pourrions nous passer des règles de type (2) et (3) en ajoutant au score un huitième élément qui mesurerait, à une étape quelconque du match, la quantité de jeu incorrect jusqu'à cette étape. Les spécifications du jeu correct sont alors incluses parmi les spécifications de la cinématique du score, et la directive qui requiert un jeu correct devient l'une des directives qui concernent le score.)

On appelle parfois *règles constitutives* les règles de type (1) et (2). On dit qu'elles sont semblables à des définitions, bien qu'elles n'en aient pas la forme. Les règles de type (3) et (4) sont appelées *règles régulatives*. Elles sont semblables aux directives directes que sont « Interdit de fumer » ou « Restez à gauche ! ».

Nous pourrions expliquer ceci plus en détail de la manière suivante. Les spécifications de type (1) et (2) ne sont pas elles-mêmes des définitions de « score » et de « jeu correct », mais elles sont les conséquences de définitions raisonnables. En outre, on peut construire ces définitions de manière systématique étant donné les spécifications. Supposez que nous souhaitions définir la *fonction de score* : la fonction qui associe aux étapes du match des septuples de nombres qui indiquent le score à chaque étape. Les spécifications de la cinématique du score prises ensembles nous disent que la fonction de score évolue de telle et telle manière. Nous pouvons alors définir simplement la fonction de score comme la fonction qui évolue de telle et telle manière. Si les cinématiques du score sont bien déterminées, il y a alors une fonction et une seule qui évolue de façon appropriée ; et si c'est le cas, alors la fonction de score évolue de façon appropriée si et seulement si la définition qui en est suggérée est correcte. Une fois que nous avons défini la fonction de score, nous avons par là même défini le score et tous ses éléments à une étape quelconque. Par exemple, il y a deux *outs* à une certaine étape d'un match si et seulement si la fonction de score assigne à cette étape du match un septuple dont le septième élément est le nombre 2.

Passons ensuite aux spécifications du jeu correct. Prises ensembles, elles nous disent qu'un jeu correct se déroule à une étape du match si et seulement si le comportement des joueurs à cette étape est dans telle et telle relation avec le score à cette étape. Cela a la forme d'une définition explicite de jeu correct en termes du score et du comportement présents. Si le score présent a déjà été défini en termes de l'histoire du comportement des joueurs jusqu'à ce moment, comme nous venons de le suggérer, nous avons alors défini le jeu correct en termes du comportement présent et passé.

Une fois le score et le jeu correct définis en termes du comportement des joueurs, nous pouvons alors éliminer ces termes définis, dans la directive qui requiert le jeu correct ainsi que dans celles qui concernent le score. Grâce aux définitions construites à partir des règles constitutives, les règles régulatives deviennent de simples directives pour que l'on s'efforce de faire en sorte que le comportement présent soit dans une certaine relation, assez compliquée, avec l'histoire du comportement des joueurs lors des étapes antérieures du match. Un joueur pourrait essayer de se conformer à une directive de ce type pour diverses raisons : par obligation contractuelle peut-être, ou en raison d'un accord conventionnel passé avec ses partenaires de jeu et basé sur leur intérêt commun à jouir d'un match convenable.

Les règles du base-ball pourraient en principe être formulées sous forme de directives simples concernant le comportement et sans faire appel à des termes définissables pour le score et pour ses éléments. Ou bien elles pourraient être formulées comme des définitions explicites de la fonction de score, des éléments du score et du jeu correct, suivies par des directives dans lesquelles apparaissent les termes nouvellement définis. Il est facile de voir la raison pour laquelle aucune de ces méthodes pour formuler les règles n'a rencontré d'adeptes. La première méthode ferait tenir l'ensemble du règlement dans chaque directive, la seconde ferait tenir le règlement tout entier dans une unique définition explicite préliminaire. Éprouvant une certaine répugnance envers les phrases très longues, ce qui se comprend, nous faisons mieux de procéder comme nous le faisons, de manière plus détournée.

Une autre analyse est possible – qui équivaut pour le base-ball à l'opérationnalisme ou au réalisme juridique. Au lieu de faire appel à des règles constitutives, nous pourrions affirmer que le score est par définition tout ce qu'indique un certain tableau d'affichage. Quel tableau ? Différentes réponses peuvent être adoptées : peut-être est-ce le tableau visible avec ses rangées d'ampoules lumineuses, peut-être le tableau invisible dans la tête de l'arbitre principal, peut-être plusieurs tableaux dans plusieurs têtes, dans la mesure où ils s'accordent. Peu importe. Dans toute conception de ce type, les spécifications de la cinématique du score ont un statut modifié. Elles ne sont plus des règles consti-tutives semblables à des définitions, mais plutôt des générali-sations empiriques, sujettes à exception, sur la manière dont le comportement des joueurs tend à causer des modifications sur le tableau qui fait autorité. Selon cette analyse, il est impossible que ce tableau échoue à donner le score. Ce qui est possible, c'est que le score soit dans un rapport anormal et non désiré avec ses causes, ce que l'on pourrait peut-être reprocher à quelqu'un.

Il ne m'importe pas de dire quelle analyse est correcte pour le base-ball tel qu'il est effectivement pratiqué. Peut-être que la question n'a pas de réponse déterminée, ou peut-être qu'elle reçoit des réponses différentes pour le base-ball officiel et pour le base-ball de loisir. Je veux seulement distinguer les deux possibilités, et faire remarquer que les deux sont des options pertinentes.

Voilà qui met fin à la digression. Je voudrais proposer à présent quelques thèses générales sur le langage – des thèses qu'illustraient les exemples 1 et 2, et qui seront également illustrées par un certain nombre d'autres exemples.

Le score de la conversation

À une étape quelconque d'une conversation bien menée, ou de tout autre processus d'interaction linguistique, se trouvent associées plusieurs choses semblables aux éléments d'un score de base-ball. Je parlerai par conséquent de cet ensemble de choses comme du *score* de cette conversation à cette étape. Les points de ressemblance sont les suivants :

(1) Tout comme les éléments d'un score de base-ball, les éléments du score d'une conversation à une étape donnée sont des entités abstraites. Il se peut que ce ne soient pas des nombres, mais d'autres constructions ensemblistes : des ensembles de propositions présupposées, des lignes de démarcation entre les séries d'actions permises et celles qui ne le sont pas, ou d'autres choses semblables.

(2) Quel jeu est correct, cela dépend du score. La valeur de vérité des phrases, ou leur acceptabilité à d'autres égards, dépend des éléments du score de la conversation à l'étape de la conversation où elles sont prononcées. Peuvent dépendre du score non seulement les aspects de l'acceptabilité d'une phrase prononcée, mais aussi d'autres propriétés sémantiques qui jouent un rôle dans la détermination des aspects de l'acceptabilité. Par exemple, les éléments d'une phrase prononcée – parties de phrase, noms, prédicats, etc. – peuvent dépendre du score pour ce qui est de leur intension ou de leur extension.

(3) Le score évolue d'une manière plus ou moins gouvernée par des règles. Voici des règles qui déterminent la cinématique du score :

> Si le score de la conversation à l'instant t est s, et si le cours de la conversation entre t et t' est c, alors le score à l'instant t' est s', avec s' déterminé d'une certaine manière par s et par c.

Ou du moins :

> … alors à t' le score est l'un des membres de la classe S des scores possibles, avec S déterminé d'une certaine manière par s et par c.

(4) Il se peut que ceux qui participent à la conversation se conforment à des directives selon lesquelles ils doivent s'efforcer

d'orienter certains éléments du score de la conversation dans certaines directions, ou il se peut simplement qu'ils désirent le faire. Leurs efforts peuvent être coopératifs, comme lorsque tous les participants d'une discussion essaient d'augmenter la quantité de choses que chacun d'eux est prêt à présupposer. Ou bien il se peut qu'il y ait conflit, comme lorsque deux personnes qui débattent entre elles essaient chacune de faire reconnaître à son adversaire certaines composantes de son argument – de faire en sorte qu'il la rejoigne pour présupposer ces composantes –, et de lui faire abandonner les composantes de l'argument contraire.

(5) Dans la mesure où le score de la conversation est déterminé sur la base de son histoire et des règles qui en spécifient la cinématique, ces dernières peuvent être tenues pour des règles constitutives semblables à des définitions. Là encore, on pourrait remplacer les règles constitutives par des définitions explicites : on pourrait définir la fonction de score de la conversation par la fonction qui associe aux étapes de la conversation des n-tuples d'entités appropriées évoluant de la manière spécifiée.

Il serait également possible de définir le score de la conversation de manière opérationnaliste en termes des tableaux de score mentaux des membres de la conversation – en termes de certaines de leurs attitudes appropriées. Les règles qui déterminent la cinématique du score de la conversation deviennent alors des généralisations empiriques, sujettes à exception, sur la dépendance causale entre ce qu'enregistrent les tableaux de score et l'histoire de la conversation.

Dans le cas du score de base-ball, il semble que chacune des approches de la définition du score et du statut des règles soit satisfaisante. D'un autre côté, dans le cas du score de la conversation, il semble que les deux approches rencontrent des difficultés. Si les règles qui spécifient la cinématique du score de la conversation sont sérieusement incomplètes, comme il est probable qu'elles le soient, alors il se peut qu'il y ait fréquemment plusieurs candidats à la fonction de score, des candidats différents mais qui évoluent tous de la manière spécifiée. Mais il semble également difficile de dire, sans risque de circularité, ce que sont les représentations mentales qui constituent les tableaux de score des membres de la conversation.

Il est peut-être préférable d'adopter une troisième approche – une voie médiane qui s'appuie sur les deux possibilités précédemment envisagées. Le score de la conversation est, par définition, tout ce qu'indiquent les tableaux de score mentaux, mais nous nous abstenons d'essayer de dire ce que sont précisément les tableaux de score mentaux des participants à la conversation. Nous supposons que certaines représentations mentales sont présentes et jouent le rôle d'un tableau de score au sens suivant : ce qu'elles enregistrent dépend de l'histoire de la conversation exactement comme le score devrait en dépendre selon les règles. Les règles qui spécifient la cinématique du score déterminent de ce fait le rôle d'un tableau de score ; le tableau de score est tout ce qui remplit au mieux ce rôle ; et le score est tout ce qui est enregistré par ce tableau de score. Les règles qui spécifient la cinématique du score sont dans une certaine mesure constitutives, mais selon cette troisième approche elles n'entrent que de façon détournée dans la définition du score. Ce n'est pas un mal si elles sous-déterminent l'évolution du score, et il est possible que le score évolue parfois d'une manière qui viole ces règles.

Règles d'accommodation

Il y a une grande différence entre le score d'un match de baseball et le score d'une conversation. Supposez que le batteur se rende à la première base après trois lancers seulement. Son comportement constituerait un jeu correct s'il y avait quatre lancers et non trois. C'est juste dommage – son comportement n'a pas du tout pour conséquence que *c'est* le cas qu'il y *a* quatre lancers et que son comportement *est* correct. Il n'y a pas de règle d'accommodation pour le base-ball telle que si un quatrième lancer est requis pour rendre correct le jeu en cours, alors ce fait même suffit à modifier le score de sorte qu'il y a immédiatement quatre lancers.

Les jeux de langage sont différents. Comme mes exemples vont le montrer, je l'espère, le score de la conversation tend à évoluer de la manière requise pour que tout ce qui se passe vaille comme jeu correct. Je reconnais que ce n'est pas là chose invariable, mais seulement une tendance. Je reconnais aussi que le score de la conversation change également pour d'autres raisons. (Comme lorsque quelque chose de remarquable se produit sur les lieux de la conversation et qu'il est immédiatement présupposé que cela s'est produit.) Cela étant, je suggère qu'un grand nombre d'éléments du score de la conversation obéissent à des règles d'accommodation, et que ces règles occupent une place de premier choix parmi les règles qui gouvernent la cinématique du score de la conversation.

Rappelez-vous nos exemples. Exemple 1 : ce qui est présupposé évolue selon une règle d'accommodation qui spécifie que toute présupposition requise par ce qui est dit vient immédiatement à exister, à condition que personne ne fasse d'objection. Exemple 2 : ce qui est permis évolue selon une règle d'accommodation qui spécifie que les limites de l'ensemble des conduites permises se déplacent de façon à rendre vrai tout ce qui peut être dit à leur sujet, à condition que ce qui est dit soit dit par le maître à l'esclave et qu'il existe bien une modification qui rende vrai ce qu'il dit. Voici un schéma général pour les règles d'accommodation du score de la conversation :

Si, à l'instant t, quelque chose est dit qui requiert que l'élément s_n du score de la conversation ait une valeur dans le domaine r pour être vrai, ou encore acceptable, et si s_n n'a pas de valeur dans le domaine r juste avant t, et si telles et telles autres conditions sont valables, alors à t l'élément de score s_n prend une valeur dans le domaine r.

Une fois que nous avons ce schéma à l'esprit, nous en trouverons, je crois, de nombreux exemples. Dans la suite de cet article, j'examinerai un certain nombre d'autres exemples. Je n'aurai pas grand-chose de nouveau à dire sur ces exemples particuliers, ce qui m'intéresse c'est le modèle commun qu'ils donnent à voir.

Exemple 3 : descriptions définies[c]

Il n'est pas vrai qu'une description définie « le F » dénote x si et seulement si x est le seul et unique F qui existe. Il n'est pas vrai non plus que « le F » dénote x si et seulement si x est le seul

---

c. La question des descriptions définies gouvernées par la saillance est examinée dans mon livre *Conterfactuals*, Oxford, Blackwell, 1973, p. 111-117, et dans l'article de J. McCawley, « Presupposition and Discourse Structure », dans D. Dinneen et Ch.-K. Oh (eds.), *Syntax and Semantics*, 11, New York, Academic Press, 1979. On peut trouver un traitement similaire des démonstratifs dans Isard, *op. cit.*

M. Pinkal (« How To Refer with Vague Descriptions », dans R. Bäuerle *et alii* (ed.), *Semantics from Different Points of View*, Berlin, Springer-Verlag, 1979) note une complication supplémentaire : si certaines choses hautement saillantes sont des cas-limites de la propriété F, alors les degrés de F et la saillance peuvent être interchangeables.

Les descriptions indéfinies qui ouvrent la voie à des expressions référentielles sont discutées dans l'article de Ch. Chastain, « Reference and Context », *Minnesota Studies in the Philosophy of Science*, 7, 1975, p. 194-269, et dans l'article de S. Kripke, « Speaker's Reference and Semantic Reference », *Midwest Studies in Philosophy*, 2, 1977, p. 255-276.

et unique *F* dans un certain domaine de discours contextuellement déterminé. Car considérez cette phrase : « Le cochon grogne, mais le cochon aux oreilles qui pendent ne grogne pas » (Lewis). Et celle-ci : « Le chien s'est battu avec un autre chien » (McCawley). Elles pourraient bien être vraies. Mais pour qu'elles le soient, il faut que « le cochon » ou « le chien » dénotent l'un des deux cochons ou l'un des deux chiens qui appartiennent au domaine du discours.

Un traitement correct des descriptions doit plutôt être de ce type : « le *F* » dénote *x* si et seulement si *x* est le *F* le plus saillant dans le domaine de discours, selon un ordre de saillance contextuellement déterminé. La première de nos deux phrases signifie que le cochon le plus saillant grogne, mais pas le cochon aux oreilles pendantes le plus saillant. La seconde signifie que le chien le plus saillant s'est battu avec un chien moins saillant.

(Je passerai sous silence certaines complications. Peu importe ce qui arrive si deux *F* sont à égalité en ayant une saillance maximale, ou si aucun *F* n'est saillant. J'ignorerai cette difficulté plus importante encore : il est possible qu'une chose soit très saillante sous un de ses aspects, mais moins sous un autre. Il est possible que nous ayons en réalité besoin de faire appel à un ordre de saillance non pas pour les individus mais pour les individus-sous-un-aspect – c'est-à-dire pour les concepts individuels.)

Une chose peut gagner en saillance de différentes manières. Certaines ont à voir avec le cours de la conversation, d'autres pas. Imaginez que vous êtes à mes côtés pendant que j'écris ces mots. Il y a un chat dans la pièce, Bruce, qui s'est rendu très saillant en courant comme un fou dans tous les sens. Il est le seul chat dans la pièce, ou le seul chat en vue, ou encore le seul chat que l'on puisse entendre. Je commence à vous parler ainsi :

Le chat est dans le carton. Ce chat ne rencontrera jamais notre autre chat, parce que notre autre chat vit en Nouvelle-Zélande. Notre chat de Nouvelle-Zélande vit avec les Cresswells. Et il restera là-bas, parce que Miriam serait triste si le chat s'en allait.

Au début, « le chat » dénote Bruce, dans la mesure où c'est le chat le plus saillant pour des raisons qui n'ont rien à voir avec le cours de la conversation. Si je veux vous parler d'Albert, notre chat de Nouvelle-Zélande, je dois dire « notre autre chat » ou « notre chat de Nouvelle-Zélande ». Mais comme je parle de plus en plus d'Albert, et plus du tout de Bruce, j'augmente la saillance d'Albert par des moyens conversationnels. Finalement, dans la dernière phrase de mon monologue, je suis en position de dire « le chat » et de dénoter ainsi non pas Bruce mais le chat Albert nouvellement-le-plus-saillant.

L'ordre de saillance relative est, selon moi, un autre élément du score de la conversation. La dénotation des descriptions définies dépend du score. Par conséquent, il en va de même de la vérité des phrases qui contiennent de telles descriptions, ce qui est l'un des aspects de leur acceptabilité. D'autres aspects de l'acceptabilité dépendent à leur tour du score : la non-trivialité d'une part, et la possibilité de l'affirmation justifiée d'autre part.

Une des règles qui gouvernent la cinématique de la saillance est une règle d'accommodation. Supposez qu'à la fin de mon monologue, Albert soit plus saillant que Bruce, mais que je dise ensuite « Le chat va bondir sur vous ! ». Si Albert reste le plus saillant, et si « le chat » dénote le chat le plus saillant, alors ce que je dis est manifestement faux : Albert ne peut pas bondir depuis la Nouvelle-Zélande jusqu'à Princeton. Pour pouvoir être accepté, ce que j'ai dit requiert que « le chat » dénote Bruce, et par conséquent que Bruce soit de nouveau plus saillant qu'Albert. Si ce que j'ai dit le requiert, alors il en va immédiatement ainsi. En disant ce que j'ai dit, j'ai rendu Bruce plus saillant qu'Albert. Si je dis ensuite : « le chat préfère la nourriture en boîte », cela est vrai si Bruce préfère la nourriture en boîte, même si ce n'est pas le cas d'Albert.

Il en irait de même si j'avais dit à la place « le chat n'est pas dans le carton » ou « le chat est monté à l'étage ». Là encore, ce que je dis est inacceptable à moins que l'ordre de saillance ne change de sorte que Bruce s'élève au dessus d'Albert et que, par conséquent, « le chat » dénote de nouveau Bruce. Il y a cependant une différence en ce qui concerne le type d'inacceptabilité qui s'ensuivrait s'il n'y avait pas de changement. Il est trivialement vrai, et ce n'est par conséquent pas la peine de le mentionner, qu'Albert n'est pas dans le carton. (« Le carton » dénote le même carton que précédemment ; rien n'a été fait pour augmenter la saillance d'aucun carton en Nouvelle-Zélande.) En revanche, il peut être vrai ou faux qu'Albert soit monté à l'étage dans la maison des Cresswells en Nouvelle-Zélande. Mais je n'ai aucun moyen de le savoir, et donc aucun droit de dire que c'est le cas.

Nous pouvons formuler une *règle d'accommodation pour la saillance relative* plus ou moins comme suit. Il est préférable de parler simplement d'inacceptabilité, puisqu'il est fort possible que les trois types d'inacceptabilité que j'ai mentionnés ne soient pas les seuls à pouvoir provoquer un changement de saillance.

> Si quelque chose est dit à l'instant t qui requiert, pour pouvoir être accepté, que x soit plus saillant que y, et si, juste avant t, x n'est pas plus saillant que y, alors – toutes choses égales par ailleurs et dans certaines limites – à t, x devient plus saillant que y.

Bien qu'une règle d'accommodation telle que celle-ci énonce que les changements de score ont lieu lorsqu'ils sont nécessaires pour préserver l'acceptabilité, nous pouvons remarquer que la préservation n'est pas parfaite. Ce n'est pas une bonne pratique

conversationnelle que de compter trop sur les règles d'accommodation. Le monologue que l'on vient d'examiner en fournit un
exemple. En raison du fait que « le chat » dénote d'abord Bruce,
puis Albert, puis Bruce encore, ce que je dis est dans une certaine
mesure confus et difficile à suivre. Mais même si mon monologue
n'est pas parfaitement acceptable, ses défauts sont bien moins
graves que les défauts évités par les modifications de saillance
conformément à notre règle d'accommodation. La fausseté, la
vérité triviale ou l'affirmation non justifiée sont pires que des
changements confus de saillance et de référence.

(Il vaut la peine de mentionner une autre façon de modifier la
saillance relative par des moyens conversationnels. Je pourrais
dire « un chat est sur la pelouse » dans des circonstances où il est
manifeste pour tous ceux qui participent à la conversation qu'il y
a un chat particulier qui est responsable de la vérité de ce que je
dis, et du fait que je le dis. Peut-être que je regarde par la fenêtre, et
que vous présumez à juste titre que j'ai dit ce que j'ai dit parce que
j'ai vu un chat, et de plus (puisque j'ai parlé au singulier) que je
n'en ai vu qu'un. Ce que j'ai dit était une quantification existentielle ; par conséquent, à proprement parler, cela n'implique pas
qu'il soit fait référence à un chat particulier. Néanmoins, cela
augmente la saillance du chat qui m'a fait dire cela. Par conséquent, ce chat nouvellement-le-plus-saillant peut être dénoté par
des descriptions définies courtes, ou par des pronoms, dans le
dialogue suivant : « Non, il est sur le trottoir. » « Est-ce que Bruce
a remarqué le chat ? ». Comme le montrent ces exemples, cela
peut arriver même si le locuteur contredit mon premier énoncé
existentiel. Ainsi, bien que les descriptions indéfinies – c'est-
à-dire les idiomes de la quantification existentielle – ne soient
pas elles-mêmes des expressions référentielles, elles peuvent
augmenter la saillance de certains individus de manière à préparer
la voie pour les expressions référentielles qui suivent.)

Exemple 4 : aller et venir[d]

Venir, c'est se mouvoir vers un point de référence. S'en aller, c'est s'en éloigner. Parfois, le point de référence est fixé par la position des interlocuteurs au moment de la conversation ou au moment dont il est question dans la discussion. Mais parfois non. Dans un récit à la troisième personne, qu'il soit factuel ou fictionnel, il se peut que le point de référence choisi n'ait rien à voir avec la position d'aucun des interlocuteurs.

On peut fixer le point de référence au début d'un récit, ou le déplacer par la suite, au moyen d'une phrase qui décrit la direction d'un mouvement à la fois par rapport au point de référence et dans une autre direction. « Les voleurs viennent en ville » requiert pour être acceptable, et peut-être même pour être vrai, que le point de référence soit en ville. Sinon, il n'est pas approprié d'appeler « venir » le mouvement des voleurs vers la ville. On peut utiliser cette phrase pour fixer ou pour déplacer le point de référence. Lorsqu'elle est énoncée, le point de référence est immédiatement en ville, où il est requis qu'il soit. Après cela, à moins qu'on ne fasse quelque chose pour le déplacer ailleurs, venir est un mouvement vers la ville et aller un mouvement hors de la ville. Si on nous dit par la suite que lorsque les soldats sont venus, les voleurs s'en sont allés, nous savons qui s'est finalement retrouvé en ville et qui non.

Ainsi, le point de référence d'un récit est un élément du score de la conversation gouverné par une règle d'accommodation.

d. Voir Ch. Fillmore, « How To Know Whether You're Coming Or Going », dans K. Hyldgaard-Jensen (ed.), *Linguistik*, Königstein, Athenäum-Verlag, 1972, et « Pragmatics and the Description of Discourse », dans S.J. Schmidt (ed.), *Pragmatik/Pragmatics II*, Munich, Wilhelm Fink Verlag, 1976.

Remarquez que la règle doit permettre deux sortes de modifications. Il se peut que le point de référence se déplace simplement d'un endroit à l'autre, comme il est requis dans le texte suivant :

> Quand les voleurs sont venus en ville, les gens riches sont allés sur la côte. Mais les voleurs les ont rapidement suivis, alors ils sont allés chez eux.

Mais d'habitude le point de référence n'est pas complètement déterminé quant à sa position. Il peut devenir plus ou moins déterminé, comme il est requis dans ce qui suit :

> Après que les voleurs sont venus en ville, ils se sont réunis. Ils sont tous venus sur la place. Ensuite, ils sont allés vers une autre partie de la ville.

La première phrase place le point de référence en ville, mais pas en une partie déterminée de la ville. La deuxième phrase augmente la précision du point de référence en le situant sur la place. La fixation initiale du point de référence représente également une augmentation de sa détermination – le point de référence est complètement indéterminé au début, et il devient ainsi au moins un peu plus précisément situé.

Exemple 5 : Vague[e]

Si Fred est un cas limite de calvitie, il se peut que la phrase « Fred est chauve » n'ait pas de valeur de vérité déterminée.

---

e. Voir le traitement du vague dans mon article « General Semantics », *Philosophical Papers I*, Oxford, Oxford UP, 1983. Pour des arguments qui visent à montrer que presque rien n'est plat ou certain, voir P. Unger, *Ignorance*, Oxford, Oxford UP, 1975, p. 65-68. Pour un autre exemple de changements accommodants dans la résolution du vague, voir la discussion sur les origines des contrefactuels dans mon article « Counterfactual Dependence and Time's Arrow », dans *Philosophical Papers I, op. cit.*

Qu'elle soit vraie ou non, cela dépend de là où vous tracez la limite. Relativement à une certaine manière tout à fait raisonnable de tracer une frontière précise entre chauve et non chauve, la phrase est vraie. Relativement à d'autres délimitations, non moins raisonnables, elle est fausse. Rien dans notre usage du langage ne rend l'une de ces délimitations correcte et toutes les autres incorrectes. Nous ne pouvons sélectionner une délimitation une fois pour toutes (pas si nous nous intéressons au langage ordinaire), mais nous devons considérer le domaine tout entier des délimitations raisonnables.

Si une phrase est vraie pour tout le domaine, si elle est vraie indépendamment de la manière dont nous traçons la limite, nous avons assurément le droit de la traiter simplement comme vraie. Mais si une phrase est vraie dans une partie suffisamment grande du domaine qui délimite son caractère vague (en bref : si elle est *suffisamment vraie*), nous la traitons aussi plus ou moins comme si elle était simplement vraie. Si une phrase est suffisamment vraie (selon nos croyances), nous sommes disposés à l'affirmer, à y donner notre assentiment sans condition, à la classer parmi notre stock de croyances, ainsi de suite. La plupart du temps, nous ne rencontrons aucun problème en agissant de la sorte. (Mais parfois si, comme en témoignent les paradoxes qui surgissent en raison du fait que les raisonnements qui préservent la vérité ne préservent pas toujours la propriété d'être suffisamment vrai.)

Quand une phrase est-elle suffisamment vraie ? Quelles sont les parties « suffisamment larges » du domaine qui délimite son caractère vague ? Ce problème est lui-même vague. Et de manière plus importante pour ce qui nous intéresse ici, cela dépend du contexte. Ce qui est suffisamment vrai en une occasion ne l'est pas en une autre. Les niveaux de précision en vigueur diffèrent d'une conversation à l'autre, et ils peuvent changer au cours d'une

seule conversation. La phrase d'Austin « la France est hexagonale » est un bon exemple de phrase suffisamment vraie dans
plusieurs contextes, mais pas suffisamment vraie dans un grand
nombre d'autres contextes. Elle est acceptable pour de faibles
niveaux de précision. Élevez les niveaux et elle perd son caractère
acceptable.

Si l'on tient les niveaux de précision pour un élément du score
de la conversation, on trouve là encore une règle d'accommodation à l'œuvre. Une manière de modifier les niveaux consiste à
dire quelque chose qui serait inacceptable si les niveaux restaient
inchangés. Si vous dites : « l'Italie est en forme de botte » et que
cela ne pose pas problème, un faible niveau de précision est requis,
et le niveau baisse si besoin ; après cela, « la France est hexagonale » est suffisamment vrai. Mais si vous niez que l'Italie est
en forme de botte en attirant l'attention sur les différences, ce que
vous avez dit requiert un niveau de précision élevé, selon lequel
« la France est hexagonale » est loin d'être suffisamment vrai.

Je pense que la règle d'accommodation peut aller dans les
deux sens. Mais pour quelque raison, élever le niveau pose moins
de problème que de le baisser. Si le niveau est haut, et que l'on dit
quelque chose qui n'est suffisamment vrai que selon un niveau
abaissé, et que personne ne fait d'objection, alors on déplace
effectivement le niveau vers le bas. Mais il se peut que ce qui est
dit, bien que suffisamment vrai selon le niveau abaissé, semble
toujours ne pouvoir être accepté que de manière imparfaite. D'un
autre côté, élever le niveau parvient à sembler recommandable
même lorsque nous savons que cela interfère avec le but de notre
conversation. En raison de cette asymétrie, quelqu'un qui prend
part à des jeux de langage et qui a ce penchant peut s'en sortir
en tentant d'élever le niveau de précision autant que possible

– tellement haut peut-être qu'aucun objet matériel d'aucune sorte ne sera hexagonal.

Peter Unger a montré que presque rien n'était plat. Prenez une chose que vous tenez pour plate ; il trouvera quelque chose d'autre et vous fera admettre que c'est encore plus plat. Vous pensez que la chaussée est plate – mais comment pouvez-vous nier que votre bureau est plus plat ? Pourtant, « plat » est un *terme absolu* : il n'est pas cohérent de dire qu'une chose est plus plate qu'une autre chose plate. Ayant admis que votre bureau était plus plat que la chaussée, vous devez concéder que la chaussée n'est pas plate après tout. Peut-être affirmez-vous maintenant que votre bureau est plat, mais Unger peut sans aucun doute penser à une chose dont vous admettrez qu'elle est encore plus plate que votre bureau. Et il en va ainsi.

Certains pourront discuter la prémisse de Unger selon laquelle « plat » est un terme absolu ; mais il me semble que Unger a raison sur ce point. Ce qu'il dit être incohérent semble vraiment l'être. Cela signifie, je pense, qu'il n'est pas vrai qu'une chose soit plus plate qu'une autre chose plate, pour aucune délimitation du vague relatif de « plus plat » et de « plat ».

Je suggérerai que la bonne réponse à faire à Unger est de lui dire qu'il modifie le score par rapport à vous. Lorsqu'il dit que le bureau est plus plat que la chaussée, cela n'est acceptable que si le niveau de précision est augmenté. Selon les niveaux de départ, les bosses sur la chaussée étaient trop petites pour être pertinentes pour la question de savoir si la chaussée est plate ou non, aussi bien que pour celle de savoir si elle est plus plate que le bureau. Puisque ce que dit Unger requiert que le niveau de précision soit augmenté, le niveau augmente de manière correspondante. Il n'est alors plus suffisamment vrai que la chaussée est plate, ce qui ne change rien au fait que cela *était* suffisamment vrai *dans le contexte d'origine*. « Le bureau est plus plat que la chaussée » prononcé sur la base d'un niveau élevé ne contredit pas « la chaussée est plate » prononcé sur la base d'un niveau plus bas, pas plus que « c'est le matin » prononcé le matin ne contredit « c'est l'après-midi » prononcé l'après-midi. Unger n'a pas non plus montré d'aucune manière que le nouveau contexte était plus légitime que l'ancien. Il peut en effet créer un contexte inhabituel, dans lequel presque rien ne peut être appelé « plat » de manière acceptable, mais il n'a porté de ce fait aucun discrédit sur les contextes plus habituels, dans lesquels des niveaux de précision moins élevés sont en vigueur.

Parallèlement, Unger observe, correctement selon moi, que « certain » est un terme absolu ; à partir de là, il montre qu'il est rare que personne ne soit jamais certain de rien. Une réponse parallèle convient ici. En effet, la règle d'accommodation permet à Unger de créer un contexte dans lequel tout ce qu'il dit est vrai, mais cela ne prouve pas qu'il y ait quoi que ce soit de faux dans les affirmations de certitude que nous faisons dans des contextes plus ordinaires. Un contexte n'est pas défectueux du fait que nous puissions en sortir.

Exemple 6 : Modalité relative [f]

Le « peut » et le « doit » du langage ordinaire expriment rarement la possibilité absolue (« logique » ou « métaphysique »). D'habitude, ils expriment diverses modalités relatives. Toutes les possibilités existantes ne sont pas prises en considération. Si nous

f. Voir A. Kratzer, « What "Must" and "Can" Must and Can Mean », *Linguistics and Philosophy*, 1, 1977, p. 337-355. La sémantique de l'accessibilité considérée ici est équivalente à une forme légèrement restreinte de la sémantique de Kratzer pour la modalité relative.

ignorons les possibilités qui violent les lois de la nature, nous obtenons les modalités physiques; si nous ignorons les possibilités dont on sait qu'elles ne sont pas réalisées, nous obtenons les modalités épistémiques; si nous ignorons celles qui devraient ne pas être réalisées – ce qui inclut sans doute l'actualité – nous obtenons les modalités déontiques, ainsi de suite. Cela suggère que « peut » et « doit » sont ambigus. Mais selon cette hypothèse, comme Kratzer l'a montré de manière convaincante, les sens présumés de ces termes sont vraiment trop nombreux. Nous faisons bien de concevoir nos verbes modaux comme n'étant pas ambigus mais relatifs. Parfois, la relativité est rendue explicite. Des expressions modificatrices comme « au vu de ce qui est connu » ou « au vu de ce que requiert la coutume » peuvent servir à indiquer précisément quelles possibilités doivent être ignorées.

Mais parfois, aucune expression de ce type n'est présente. Alors le contexte doit nous guider. La frontière entre les possibilités pertinentes et les possibilités ignorées (en termes formels : la relation d'accessibilité) est un élément du score de la conversation qui entre dans les conditions de vérité de phrases avec « peut » ou « doit » ou d'autres verbes modaux. Cela peut changer au cours de la conversation. Une expression modificatrice « au vu de telle et telle chose » n'affecte pas seulement la phrase dans laquelle elle apparaît, mais, jusqu'à nouvel ordre, elle reste également en vigueur pour gouverner l'interprétation des verbes modaux dans les phrases suivantes.

Il est également possible que cette frontière se déplace conformément à une règle d'accommodation. Supposez que je discute avec un élu de la manière dont il pourrait régler un scandale. Jusque là, nous avons ignoré les possibilités qui signeraient son suicide politique. Il dit : « Vous voyez, il faut soit que je détruise les preuves, soit que j'affirme l'avoir fait pour stopper le communisme. Que puis-je faire d'autre ? », et je réponds brutalement : « Il y a une autre possibilité : vous pouvez faire passer l'intérêt public en premier pour une fois ! ». Cela serait faux si la frontière entre les possibilités pertinentes et les possibilités ignorées restait fixe. Mais cet énoncé n'est pas faux dans son contexte, car des possibilités ignorées jusqu'à présent entrent en considération et le rendent vrai. Et une fois la frontière déplacée vers l'extérieur, elle reste déplacée. S'il proteste en disant « Je ne peux pas faire ça ! », il est dans l'erreur.

Prenez un autre exemple. L'épistémologue de bon sens dit : « Je *sais* que le chat est dans le carton – il est là devant mes yeux – je ne *peux* tout simplement *pas* me tromper sur ce point ! ». Le sceptique répond : « Vous pourriez être victime d'un malin génie ». De cette manière, il attire l'attention sur des possibilités ignorées jusqu'à présent, sinon, ce qu'il dit serait faux. La frontière se déplace vers l'extérieur de telle sorte que ce qu'il dit soit vrai. Une fois que la frontière est déplacée, l'épistémologue de bon sens doit admettre sa défaite. Et pourtant, il ne se trompait nullement lorsqu'il prétendait avoir une connaissance infaillible. Ce qu'il disait était vrai étant donné le score tel qu'il était alors.

Nous avons l'impression que le sceptique, ou le critique brutal de l'élu, a le dernier mot. Là encore, c'est parce que la règle d'accommodation n'est pas complètement réversible. Pour certaines raisons, je ne sais pas lesquelles, la frontière se déplace facilement vers l'extérieur si ce qui est dit le requiert, mais elle ne se déplace pas si aisément vers l'intérieur si ce qui est dit le requiert. En raison de cette asymétrie, nous pouvons penser que ce qui est vrai sur la base de la frontière déplacée vers l'extérieur doit être d'une certaine manière plus vrai que ce qui est vrai sur la base de la frontière de départ. Je ne vois aucune raison de suivre cette impression. Espérons par tous les moyens que le progrès vers la vérité soit irréversible. Ce n'est pas une raison pour penser que n'importe quelle modification irréversible représente un progrès vers la vérité.

Exemple 7 : Performatifs [g]

Supposez que nous ne soyons pas convaincus par l'affirmation d'Austin selon laquelle les performatifs explicites n'ont pas de valeur de vérité. Supposez également que nous souhaitions respecter le parallélisme de forme apparent entre un performatif comme « je baptise par là même ce bateau le *Généralissime Staline* » et des énoncés non-performatifs tels que « Fred a baptisé par là même ce bateau le *Président Nixon* ». Nous trouverions alors naturel de traiter le performatif, de même que le non-performatif, comme une phrase ayant des conditions de vérité. Elle est vraie, lorsqu'elle est énoncée en une certaine occasion, si et seulement si le locuteur fait advenir le fait, par cette énonciation même, que le bateau indiqué commence à porter le nom « Généralissime Staline ». Si les circonstances sont heureuses, alors le locuteur fait effectivement advenir le fait, par son énonciation, que le bateau commence à porter ce nom. La phrase performative est par conséquent vraie à n'importe quelle occasion de son énonciation heureuse. Selon l'expression de Lemmon, c'est une phrase vérifiable par son usage (heureux).

g. Pour la discussion d'origine sur les performatifs, voir J.L. Austin, « Performative Uterrances », *Philosophical Papers*, Oxford, Oxford UP, 1961 [dans ce volume, p. 233-260]. Pour un traitement de cette question selon la perspective ici privilégiée, voir E.J. Lemmon, « On Sentences Verifiable by Their Use », *Analysis*, 22, 1962, p. 86-89 ; I. Hedenius, « Performatives », *Theoria*, 29, 1963, p. 1-22 ; et L. Åqvist, *Performatives and Verifiability by the Use of Language*, Filosofiska Studier, Uppsala University, 1972. Isard (*op. cit.*) suggère comme moi que les énonciations performatives sont semblables aux autres énonciations qui « modifient le contexte ».

On peut décrire ce qui a lieu lorsque le bateau acquiert son nom et que le performatif est vérifié par son usage comme une modification du score de la conversation, gouvernée par une règle d'accommodation. L'élément pertinent du score est la relation qui associe les bateaux à leurs noms. La règle d'accommodation s'énonce à peu près comme suit :

> Si quelque chose est dit à l'instant t qui requiert pour être vrai que le bateau s porte le nom n; et si s ne porte pas n juste avant t; et si la forme et les circonstances de ce qui est dit satisfont certaines conditions de félicité, alors s commence à porter le nom n à t.

Notre phrase performative requiert effectivement, pour être vraie, que le bateau indiqué porte le nom « Généralissime Staline » au moment où elle est énoncée. Par conséquent, lorsque la phrase est énoncée avec félicité, le bateau porte immédiatement ce nom.

D'autres conditions sont nécessaires pour que cette phrase soit vraie : le bateau ne doit pas avoir porté ce nom auparavant, le locuteur doit faire advenir le fait que le bateau commence à porter ce nom, et il doit le faire en prononçant cette phrase. Dans n'importe quelle occasion d'énonciation heureuse, ces conditions supplémentaires se remplissent d'elles-mêmes. Notre règle d'accommodation suffit à expliquer la raison pour laquelle la phrase est vérifiée par son usage heureux, en dépit du fait qu'elle ne traite que d'une partie de ce qui est requis pour rendre la phrase vraie.

On pourrait traiter de façon similaire un grand nombre d'autres performatifs. Dans certains cas, cette suggestion pourrait paraître surprenante. « Avec cette alliance, je te prends pour épouse » est vérifié par son usage heureux puisque la relation de mariage est un élément du score de la conversation gouverné par une règle d'accommodation. Le mariage est-il alors un phéno- mène *linguistique* ? Bien sûr que non, mais cela n'était pas impliqué. La leçon que l'on peut tirer des performatifs, quelle qu'en soit la théorie, est que l'usage du langage se fond dans d'autres pratiques sociales. Nous ne devrions pas présumer qu'une modification du score de la conversation n'a d'impact qu'à l'intérieur ou *via* le domaine du langage. Nous avons en effet déjà rencontré un autre contre-exemple : le cas de la permissibilité, examiné dans l'exemple 2.

Exemple 8 : planifier

Supposez que vous et moi projetions quelque chose – disons, de voler du plutonium dans une usine de retraitement et d'en faire une bombe. Au fur et à mesure que nous parlons, notre plan s'élabore. Presque toujours, il se développe en devenant de plus en plus complet. Parfois, cependant, certaines parties auparavant fixées sont révisées, ou du moins ouvertes à la reconsidération.

De même que certaines des choses que nous disons dans la conversation ordinaire requièrent des présupposés appropriés, de même certaines des choses que nous disons au cours de notre planification requièrent, pour être acceptables, que le plan contienne des dispositions appropriées. Si je dis « alors tu conduis la voiture avec laquelle on va s'enfuir jusqu'à la porte sur le côté », cela n'est acceptable que si le plan inclut des dispositions pour avoir une voiture permettant de s'enfuir. Il se peut que cela ait déjà fait partie du plan, ou non. Si ce n'est pas le cas, cela peut devenir une partie du plan juste parce que c'est requis par ce que j'ai dit. (Comme d'habitude, ce processus peut être invalidé. Vous pourriez laisser de côté la voiture pour s'enfuir, du moins pour l'instant, en disant « Est-ce qu'on ne ferait pas mieux d'utiliser des mobylettes ? ».) Le plan est un élément du score de la conversation. Les règles qui gouvernent son évolution sont parallèles aux règles qui gouvernent la cinématique de ce qui est présupposé, et elles incluent une règle d'accommodation.

Le parallèle entre le plan et ce qui est présupposé est tellement bon que nous pourrions aussi bien nous demander si notre plan ne *fait* pas simplement partie de ce que nous présupposons. Vous pouvez dire les choses ainsi si vous le souhaitez, mais il faut faire une distinction. Il se peut que nous prenions pour acquis, ou prétendions prendre pour acquis, que notre plan sera mis à exécution. Dans ce cas, nous projetterions et présupposerions à la fois que nous allons voler le plutonium. Mais il se peut que nous ne le fassions pas. Il se peut que nous élaborions notre plan non pas pour le réaliser, mais pour montrer que la sécurité de l'usine doit être améliorée. Il se peut alors que le plan et ce qui est présupposé soient en conflit. Nous projetons de voler le plutonium tout en présupposant tout du long que nous ne le ferons pas. Et à vrai dire, il se peut que notre planification soit émaillée de commentaires qui requièrent des présupposés contraires au plan. « Alors je tirerai sur le garde (je suis content de ne pas le faire vraiment) pendant que tu détruis les projecteurs ». À moins de faire une distinction entre le plan et les présupposés (ou de distinguer deux niveaux de présupposés), nous devons penser que les présupposés disparaissent et réapparaissent constamment au cours d'une telle conversation.

La distinction entre le plan et les présupposés n'est pas identique à la distinction entre ce que nous prétendons prendre pour acquis et ce que nous prenons effectivement pour acquis. Lorsque nous projetons de voler le plutonium et que nous présupposons que nous ne le ferons pas, il se peut que nous ne prenions pour acquis ni que nous allons le faire, ni que nous n'allons pas le faire. Chacun de nous pourrait secrètement espérer rallier l'autre à la cause terroriste et exécuter le plan après tout.

Une seule et même phrase peut requérir, et si nécessaire créer, à la fois les dispositions du plan et les présupposés. « Alors tu conduis la voiture avec laquelle on va s'enfuir jusqu'à la porte sur le côté » requiert à la fois une voiture pour s'enfuir et une porte sur le côté. La voiture est planifiée. La porte est plus vraisemblablement présupposée.

BIBLIOGRAPHIE

ALSTON W.P., *Illocutionary Acts and Sentence Meaning*, Ithaca-London, Cornell UP, 2000.

AMBROISE B., *Qu'est-ce qu'un acte de parole ?*, Paris, Vrin, 2008.

AMSELEK P. (éd.), *Théorie des actes de langage, éthique et droit*, Paris, PUF, 1986.

ANGENOT M., *Dialogues de sourds*, Paris, Payot, 2008.

AUSTIN J.L., *Sense and Sensibilia*, Oxford, Oxford UP, 1962; trad. fr. P. Gochet, revue par B. Ambroise, *Le langage de la perception*, Paris, Vrin, 2001.

– *Philosophical Papers*, J.O. Urmson et G.J. Warnock (eds.), London, Oxford UP, 1967; trad. fr. partielle L. Aubert et A.-L. Hacker, *Écrits philosophiques*, Paris, Seuil, 1994.

– *How To Do Things With Words*, Oxford, Oxford UP, 1962; trad. fr. G. Lane, *Quand dire c'est faire*, Paris, Seuil, 1970.

AVRAMIDES A., *Meaning and Mind – An Examination of a Gricean Account of Language*, Cambridge (Mass.), The MIT Press, 1989.

AYER A.J., *Language, Truth and Logic*, New York, Dover Publications, 1952; trad. fr. J. Ohana, *Langage, vérité et logique*, Flammarion, Paris, 1956.

BAKER G. et HACKER P., *Language, Sense and Nonsense*, Oxford, Basil Blackwell, 1984.

BARWISE J. et PERRY J., *Situations and Attitudes*, Cambridge (Mass.), MIT Press, 1983.

BENVENISTE É., *Problèmes de linguistique générale*, vol. 1, Paris, Gallimard, 1966.

– *Problèmes de linguistique générale*, vol. 2, Paris, Gallimard, 1974.

BOURDIEU P., « The Scholastic Point of View », *Cultural Anthropology*, vol. 5, n° 4, 1990, p. 380-391 ; rééd. dans *Raisons Pratiques*, Paris, Seuil, 1994.

– *Langage et pouvoir symbolique*, Paris, Seuil, 2001.

BOUVERESSE J., *La parole malheureuse*, Paris, Minuit, 1971.

– *Wittgenstein, La rime et la raison*, Paris, Minuit, 1973.

– *Le mythe de l'intériorité*, Paris, Minuit, 1976.

– *Herméneutique et linguistique*, suivi de *Wittgenstein et la philosophie du langage*, Combas, L'éclat, 1991.

BÜHLER K., *Sprachtheorie* [1934], Stuttgart, Lucius & Lucius Verlagsgesellschaft, 1999 ; trad. fr. D. Samain, *Théorie du langage*, Marseille, Agone, 2009.

BURKHARDT A. (ed.), *Speech Acts, Meaning and Intentions*, Berlin-New York, De Gruyter, 1990.

CARNAP R., *Introduction to Semantics*, Cambridge (Mass.), Harvard UP, 1942.

CAVELL S., *The Claim of Reason*, New York, Oxford UP, 1979, trad. fr. S. Laugier et N. Balso, *Les Voix de la Raison*, Paris, Seuil, 1996.

– *Must We Mean What We Say ?* [1969], Cambridge, Cambridge UP, 1976 ; trad. fr. C. Fournier et S. Laugier, *Dire et vouloir dire*, Paris, Le Cerf, 2009.

CHAPPELL V.C., *Ordinary Language*, Englewood Cliffs, Prentice Hall, 1964.

CHAUVIRÉ Ch., *Voir le visible*, Paris, PUF, 2003.

—, LAUGIER S. et ROSAT J.J. (éds.), *Wittgenstein, Les mots de l'esprit, philosophie de la psychologie*, Paris, Vrin, 2001.

CHOMSKY N., *Cartesian Linguistics*, New York, Harper and Row, 1965.

– *Language and Problems of Knowledge*, Cambridge (Mass.), The MIT Press, 1988.

CLARK H.H., *Arenas of Language Use*, Chicago (Ill.), Chicago UP, 1992.

– *Using Langage*, Cambridge (Mass.), Cambridge UP, 1996.

COSENZA G., *Paul Grice's Heritage*, Turnhout, Brepols, 2001.

DAVIDSON D., « Vérité et signification » [1967], dans D. Davidson, *Enquêtes sur la vérité et l'interprétation*, trad. fr. P. Engel, Nîmes, Jacqueline Chambon, 1993, p. 41-68.

DIAMOND C., *The Realistic Spirit, Wittgenstein, Philosophy, and the Mind*, Cambridge (Mass.), MIT Press, 1991; trad. fr. E. Halais et J.Y. Mondon, *Wittgenstein, L'esprit réaliste*, Paris, PUF, 2004.

DUCROT O., *Le dire et le dit*, Paris, Minuit, 1984.

– *Dire et ne pas dire*, Paris, Hermann, 1991.

FORNEL M. de, « Légitimité et actes de langage », *Actes de la recherche en sciences sociales*, n° 46, 1983, p. 31-38.

– « Rituel et sens du rituel dans les échanges conversationnels », dans R. Castel, J. Cosnier et I. Joseph (éds.), *Le parler frais d'Erving Goffman*, Paris, Minuit, 1989, p. 180-195.

GARDINER A., *Speech and Language*, Oxford, Oxford UP, 1932.

GEIS M.L., *Speech Acts and Conversational Interaction*, Cambridge (Mass.), Cambridge UP, 1995.

GOFFMAN E., *Interaction Ritual: Essays on Face-to-Face Behaviour*, New York, Doubleday Anchor, 1967; trad. fr. A. Kihm, *Les rites d'interactions*, Paris, Minuit, 1974.

– *Forms of Talk*, Philadelphie, University of Pennsylvania Press, 1981; trad. fr. A. Kihm, *Façons de parler*, Paris, Minuit, 1987.

GRANDY R.E. et WARNER R., « Paul Grice », *Stanford Encyclopedia of Philosophy*, 2006, http://plato. stanford.edu/entries/grice.

GRICE H.P., « Meaning », *Philosophical Review*, vol. 66, 1957, p. 377-388, rééd. dans Grice, *Studies in the Way of Words*, Cambridge (Mass.), Harvard UP, 1989, chap. 14, p. 213-223.

– « Utterer's Meaning, Sentence-Meaning, and Word-Meaning », *Foundations of Language*, vol. 4, August 1968, p. 225-242, rééd. dans Grice, *Studies in the Way of Words*, Cambridge (Mass.), Harvard UP, 1989, chap. 6, p. 117-137.

– « Utterer's Meaning and Intentions », *Philosophical Review*, vol. 78, 1969, p. 147-177, rééd. dans Grice, *Studies in the Way of Words*, Cambridge (Mass.), Harvard UP, 1989, chap. 5, p. 86-116.

– *Studies in the Way of Words*, Cambridge (Mass.), Harvard UP, 1989.

HABERMAS J., *On the Pragmatics of Communication*, M. Cooke (ed.), Cambridge, Polity, 1999.

HALE B. et WRIGHT C., *A Companion To The Philosophy Of Language*, Oxford, Blackwell, 1997.

HANKS W.F., *Language and Communicative Practices*, Boulder, Westview Press, 1996.

HART H.L.A., *The Concept of Law*, Oxford, Oxford UP, 1961.

KERBRAT-ORECCHIONI C., *Les actes de langage dans le discours*, Paris, Nathan, 2001.

KORTA K. et PERRY J., « Pragmatics », *Stanford Encyclopedia of Philosophy*, 2006, http://plato.stanford.edu/entries/pragmatics.

KRIPKE S., « A Completeness Theorem in Modal Logic », *Journal of Symbolic Logic*, 24, 1959, p. 1-15.

– *Naming and Necessity* [1972], Harvard, Harvard UP, 1980; trad. fr. P. Jacob et F. Récanati, *La Logique des noms propres*, Paris, Minuit, 1982.

LAKOFF G. et JOHNSON M., *Metaphors We Live By*, Chicago (Ill.), University of Chicago Press, 1980; trad. fr. M. de Fornel, *Les métaphores dans la vie quotidienne*, Paris, Minuit, 1985.

LAUGIER S., *Du réel à l'ordinaire*, Paris, Vrin, 1999.

– *Wittgenstein, les sens de l'usage*, Paris, Vrin, 2009.

— et CHAUVIRÉ Ch. (éds.), *Lire les* Recherches Philosophiques, Paris, Vrin, 2006.

LEECH G., *Principles of Pragmatics*, London-New York, Longman, 1983.

LEWIS D.K., *Convention : A Philosophical Study*, Harvard, Harvard UP, 1969.

– « General Semantics », *Synthese*, 22, 1970, p. 18-67 ; rééd. dans D.K. Lewis, *Philosophical Papers*, vol. I, New York-Oxford, Oxford UP, 1983, p. 189-232.

– *Counterfactuals*, Cambridge (Mass.), Harvard UP, 1973, rééd. 1986.

– « Languages and Language », dans K. Gunderstone (ed.), *Minnesota Studies in the Philosophy of Science*, vol. VII, Minneapolis, University of Minnesota Press, 1975, p. 3-35 ; rééd. dans D.K. Lewis, *Philosophical Papers*, vol. I, New York-Oxford, Oxford UP, 1983, p. 163-188.

– *Philosophical Papers*, vol. I, New York-Oxford, Oxford UP, 1983.

– *On the Plurality of Worlds*, London, Blackwell, 1986.

LOAR B., *Mind and Meaning*, Cambridge, Cambridge UP, 1982.

MACKINNON C.A., *Only Words*, Cambridge (Mass.), Harvard UP, 1993 ; trad. fr. I. Croix et J. Lahana, *Ce ne sont que des mots*, Paris, Des Femmes, 2007.

MONTAGUE R., « Pragmatics », dans R. Klibansky (éd.), *Contemporary Philosophy – La Philosophie contemporaine*, Florence, La Nuova Italia Editrice, 1968.

– « Universal Grammar », *Theoria*, 36, 1970.

NARBOUX J.-Ph., « Ressemblances de famille, caractères, critères », dans *Wittgenstein, Métaphysique et jeux de langage*, S. Laugier (éd.), Paris, PUF, 2001, p. 69-95.

NERLICH B. et CLARKE D.D., *Language, Action and Context*, Amsterdam, John Benjamins, 1996.

La philosophie analytique, Cahiers de Royaumont, Paris, Minuit, 1962.

RAÏD L., « Signification et jeu de langage », dans *Wittgenstein, métaphysique et jeu de langage*, S. Laugier (éd.), Paris, PUF, 2001, p. 21-42.

RECANATI F., *La transparence et l'énonciation*, Paris, Seuil, 1978.

– *Les énoncés performatifs*, Paris, Minuit, 1981.

– *Direct Reference*, Oxford, Blackwell, 1993.

– *Literal Meaning*, Cambridge (Mass.), Cambridge UP, 2004.

– *Philosophie du langage (et de l'esprit)*, Paris, Folio-Gallimard, 2008.

REINACH A., « Die apriorischen Grundlagen des Bürgerlichen Rechtes », *Jahrbuch für Philosophie une phänomenologische Forschung*, t. 1, 1913; trad. fr. R. de Calan, *Les fondements a priori du droit civil*, Paris, Vrin, 2004.

ROSIER-CATACH I., *La parole comme acte*, Paris, Vrin, 1994.

– *La parole efficace*, Paris, Seuil, 2004.

RUSSELL B., *Écrits de logique philosophique*, trad. fr. J.-M. Roy, Paris, PUF, 1989.

SBISÀ M., *Linguaggio, ragione, interazione,* Bologna, Il Mulino, 1989.

– « Illocutionary force and degrees of strength in language use », *Journal of Pragmatics*, 33, 2001, p. 1791-1814.

– « Speech acts in context », *Language and Communication*, 22, 2002, p. 421-436.

– « Speech acts without propositions ? », *Grazer Philosophische Studien*, 72, 2006, p. 155-178.

SCHIFFER S., *Meaning*, with the Introduction to paperback edition, Oxford, Oxford UP-Clarendon Press, 1972, rééd. 1988.

SEARLE J.R., *Speech Acts: An Essay in the Philosophy of Language*, Cambridge (Mass.), Cambridge UP, 1969; trad. fr. H. Pauchard, *Les actes de langage*, Paris, Hermann, 1972.

– *Expression and Meaning*, Cambridge (Mass.), Cambridge UP, 1979; trad. fr. J. Proust, *Sens et expression*, Paris, Minuit, 1983.

– *Intentionality*, Cambridge (Mass.)-New York, Cambridge UP, 1983; trad. fr. C. Pichevin, *L'intentionalité*, Paris, Minuit, 1985.

– *Mind, Language and Society*, London, Weidenfield & Nicolson, 1999.

— et VANDERVEKEN D., *Foundations of Illocutionary Logic*, Cambridge (Mass.), Cambridge UP, 1986.

SEGERDAHL P., *Language Use, A Philosophical Investigation Into The Basic Notions of Pragmatics*, New York, Saint Martin's Press, 1996.

SOAMES S., *Philosophical Analysis in the Twentieth Century*, vol. 2, *The Age of Meaning*, Princeton (N.J.), Princeton UP, 2003.

SOULEZ A., *Wittgenstein et le tournant grammatical*, Paris, PUF, 2003.

SPERBER D. et WILSON D., *La pertinence – communication et cognition*, trad. fr. A. Gerschenfeld et D. Sperber, Paris, Minuit, 1989.

STALNAKER R.C., *Context and Content, Essays on Intentionality in Speech and Thought*, Oxford, Oxford UP, 1999.

STRAWSON P.F., *Logico-Linguistic Papers*, London, Methuen, 1971; trad. fr. J. Milner, *Études de logique et de linguistique*, Paris, Seuil, 1977.

– *Entity and Identity, and Other Essays*, Oxford, Oxford UP, 1997.

SZABO Z. (ed.), *Semantics versus Pragmatics*, Oxford, Oxford UP, 2005.

TRAVIS Ch., *Saying and Understanding : a Generative Theory of Illocutions*, Oxford-New York, Oxford UP-Blackwell, 1975.

– *The True and the False : the Domain of the Pragmatic*, Amsterdam, John Benjamins, 1981.

– *The Uses of Sense : Wittgenstein's Philosophy of Language*, Oxford, Oxford UP, 1989.

– « Annals of Analysis », *Mind*, vol. 100, April 1991, p. 237-264.

– « Order out of Messes », *Mind*, vol. 104, January 1995, p. 133-144.

– *Les liaisons ordinaires, Wittgenstein sur la pensée et le monde*, Leçons au Collège de France 2002, éd. et trad. fr. B. Ambroise, Paris, Vrin, 2003.

TSOHATZIDIS S. (ed.), *Foundations of Speech Act Theory*, London, Routledge, 1994.

VERNANT D., *Du discours à l'action*, Paris, PUF, 1997.

– *Discours et vérité*, Paris, Vrin, 2009.

WITTGENSTEIN L., *Tractatus logico-philosophicus*, Londres, Routledge and Kegan Paul, 1922; trad. fr. G.-G. Granger, Paris, Gallimard, 1993.

– *Philosophische Untersuchungen/Philosophical Investigations*, G.E.M. Anscombe (ed.), Oxford, Blackwell, 1953 ; trad. fr. E. Rigal (dir.), *Recherches philosophiques*, Paris, Gallimard, 2004.

– *The Blue and Brown Books*, R. Rhees (ed.), Oxford, Blackwell, 1958, 2ᵉ éd. 1969 ; trad. fr. M. Goldberg et J. Sackur, *Le cahier bleu et le cahier brun*, préface C. Imbert, Paris, Gallimard, 1996.

– *Zettel*, G.H. Von Wright et G.E.M. Anscombe (eds.), Oxford, Blackwell, 1967, trad. fr. J. Fauve, *Fiches*, Paris, Gallimard, 1970 ; nouvelle trad. fr. J.P. Cometti, Paris, Gallimard, 2008.

– *Über Gewissheit/On Certainty*, G.E.M. Anscombe et G.H. Von Wright (eds.), New York, Harper, 1969 ; trad. fr. *De la certitude*, Paris, Gallimard, 1976.

INDEX DES NOMS

TABLE DES MATIÈRES

PREMIÈRE PARTIE
SENS, INDEX, CONTEXTE

DANS LA MÊME COLLECTION

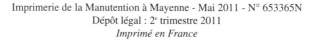
Imprimerie de la Manutention à Mayenne - Mai 2011 - N° 653365N
Dépôt légal : 2ᵉ trimestre 2011
Imprimé en France